Nansook Hong

Ich schaue nicht zurück

14 Jahre Hölle:
Ein Opfer der Mun-Sekte berichtet

Aus dem Amerikanischen übertragen von Cécile G. Lecaux

BASTEI LÜBBE

BASTEI-LÜBBE-TASCHENBUCH
Band 61446

1. Auflage: Februar 2000
2. Auflage: August 2002

Anmerkung der Autorin:
Die Namen von Shin June, Je Jin und Jin sind verändert worden, um die Anonymität dieser Familienmitglieder zu gewährleisten.

Vollständige Taschenbuchausgabe

Bastei Lübbe Taschenbücher ist ein Imprint
der Verlagsgruppe Lübbe

Deutsche Erstveröffentlichung

Originaltitel: IN THE SHADOW OF THE MOONS.
MY LIFE IN THE REVEREND SUN MYUNG MOON'S FAMILY
Originalverlag: Little, Brown & Company,
Boston/NewYork/Toronto/London

Umschlaggestaltung: ProduktionsAgentur Martinez
Titelbild: ProduktionsAgentur Martinez
Satz: hanseatenSatz-bremen, Bremen
Druck und Verarbeitung: Ebner & Spiegel, Ulm
Printed in Germany
ISBN 3-404-61446-1

Sie finden uns im Internet unter
http://www.luebbe.de

Der Preis dieses Bandes versteht sich einschließlich
der gesetzlichen Mehrwertsteuer.

Für meine Kinder

Vorwort

Das Signal meines Piepers riß mich aus dem Schlaf. Entsetzt sah ich, daß die Sonne bereits aufgegangen war. Licht strömte durch die Erkerfenster und fiel auf die blaugestreifte Tapete des Kinderzimmers. Vom Fußboden am unteren Ende von Shin Hoons Wiege aus, wo ich eingeschlafen sein mußte, kurz bevor der 8. August 1995 anbrach, konnte ich draußen die Umrisse der Berge sehen.

Ich wußte, daß es Madelene war, die versuchte, mich zu erreichen. Ein Blick auf meine Armbanduhr bestätigte mir, daß ich unser für 5.00 Uhr geplantes Treffen verschlafen hatte. Wie hatte mir das ausgerechnet an diesem Tag passieren können? Hatte ich nach Monaten geheimer Zusammenkünfte und sorgfältiger Planung in letzter Minute doch noch alles verpatzt?

Auf nackten Sohlen schlich ich über den breiten Flur zum Elternschlafzimmer; der rote Teppichboden schluckte das Geräusch meiner Schritte. Ich wagte kaum zu atmen, als ich ein Ohr an die schwarze Lacktür drückte. Ich hörte nur das rauhe Husten, das die nächtlichen Kokaingelage meines Ehemanns begleitete.

Wir konnten nur hoffen, daß Hyo Jins Rausch auch an diesem Morgen sein Bewußtsein trübte. Monatelang hatte er kaum wahrgenommen, daß Möbel, Kleider und Spielsachen aus dem zweiten Stock des Backsteinhauses verschwunden waren, das wir auf dem Anwesen seines Vaters, Reverend Sun Myung Mun, Gründer der Vereinigungskirche und selbsternannter Zweiter Messias, bewohnten.

Erst vor einer Woche hatten Hyo Jins blutunterlaufene Augen das Fehlen des IBM-Computers registriert, der immer in einer Ecke von Shin Junes Zimmer gestanden hatte. »Wo ist denn der PC?« hatte er Shin June gefragt, das älteste unserer fünf Kinder. Mit zwölf Jahren war sie ganz selbstverständlich in die Rolle der Komplizin geschlüpft. Das Leben auf dem Mun-Anwesen – in einer Atmosphäre, die weniger von Spiritualität geprägt war denn von Palastintrigen – hatte meine Kinder gelehrt, Geheimnisse für sich zu behalten.

»Er ist kaputt, Appa, er ist in Reparatur«, antwortete sie ohne zu zögern. Ihr Vater zuckte nur mit den Achseln und ging in sein eigenes Zimmer zurück.

Ich sage »sein« Zimmer, weil ich schon vor langer Zeit aus dem Elternschlafzimmer ausgezogen war. Tatsächlich war es eher die private Drogenhöhle meines Mannes als ein Schlafzimmer; der cremefarbene Teppichboden war mit Zigarettenstummeln und leeren Tequilaflaschen übersät, und im Fernseher liefen den ganzen Tag über Pornovideos.

Seit dem vergangenen Herbst hatte ich diesen Raum möglichst gemieden, seit ich Hyo Jin nach unzähligen falschen Versprechungen, endlich damit aufzuhören, erneut beim Kokainschnupfen ertappt hatte. Ich hatte versucht, das Kokain in der Toilette hinunterzuspülen, und er hatte mich deswegen so brutal verprügelt, daß ich befürcht hatte, er würde das Baby in meinem Bauch töten. Er hatte mich gezwungen, das auf dem Badezimmerfußboden verschüttete weiße Pulver zusammenzufegen. Währenddessen schlug er weiter auf mich ein. Später führte Hyo Jin religiöse Motive dafür an, daß er seine im siebten Monat schwangere Frau halbtot geprügelt hatte: Er habe mich lehren wolle, dem Sohn des Messias mit angemessener Demut zu begegnen.

Das sieben Hektar große, abgeschiedene Gelände auf dem wir lebten, befand sich in Irvington, vierzig Minuten nördlich von New York City. Es war der internationale Hauptsitz der Vereinigungskirche und Wohnsitz des Gründers der religiösen Bewegung, die der Welt als »Mun-Sekte« bekannt ist. Das Anwesen namens East Garden war seit vierzehn Jahren mein Gefängnis, seit jenem Tag, an dem Reverend Mun mich aus Korea hatte kommen lassen, als Kind-Braut für seinen ältesten Sohn, den Erben von Muns göttlicher Mission und seines irdischen Imperiums. Damals war ich gerade erst fünfzehn Jahre alt, ein naives Schulmädchen, das danach strebte, seinem Gott zu dienen. Inzwischen war ich neunundzwanzig und eine Frau, die bereit war, ihr eigenes Leben zurückzufordern.

Heute würde ich fliehen. Ich würde das einzige, was an meiner Ehe heilig war – meine Kinder – mitnehmen und den Mann verlassen, der mich mißhandelte, sowie den falschen Messias, der dies zuließ – zwei Männer, die so viele Fehler hatten, daß, wie ich inzwischen wußte, Gott sie niemals zu seinen Vertretern auf Erden bestimmt hat, weder den Vater Sun Myung Mun noch seinen Sohn.

Für jemanden, der nicht der Vereinigungskirche angehört, ist es leicht, darüber zu spotten, daß irgendwer so etwas jemals glauben konnte. Die meisten Menschen denken, wenn sie den Namen »Mun« hören, an junge Leute, die man einer Gehirnwäsche unterzogen hat und die ihr Leben darauf verschwenden, an irgendwelchen Straßenecken Blumen zu verkaufen, um die Taschen eines cleveren und charismatischen

Sektenführers zu füllen. Diese Sichtweise ist nicht ganz falsch, aber viel zu einseitig.

Ich wurde in meinen Glauben hineingeboren. Genauso wie man Kinder aus anerkannten christlichen Religionen lehrt, daß Jesus Christus Gottes Sohn ist, der auf die Erde entsandt wurde, um für die Sünden der Menschheit am Kreuz zu sterben, lernte ich in der Sonntagsschule, daß Reverend Mun von Gott erwählt sei, um Jesus' Mission zu vollenden, den paradiesischen Urstand wiederherzustellen. Reverend Mun war der Zweite Messias.

Zusammen mit seiner Frau gründete Reverend Mun die erste sündenfreie »Wahre Familie Gottes«. Seine Kinder, die »Wahren Kinder«, sollten auf dieser vollkommenen Grundlage aufbauen. Bei von Reverend Mun arrangierten Segnungen in Form von Massenhochzeiten, die auf der ganzen Welt für Aufsehen sorgen, werden reinblütige Mitglieder der Vereinigungskirche nach den Grundsätzen der Wahren Familie zusammengeführt.

Diese Überzeugungen klingen losgelöst von der Theologie, in die sie eingebettet sind, und von der Kultur, der sie entstammen, zugegebenermaßen bizarr. Aber was ist mit den Wundern, die Jesus vollbracht hat? Oder mit der Teilung des Roten Meeres? Sind biblische Geschichten von unbefleckter Empfängnis und Wiederauferstehung nicht ebenso phantastisch? Jede Religion ist eine Frage des Glaubens. Und wenn der meine ein anderer war, dann vielleicht nur in seiner Intensität. Gibt es einen umfassenderen, unschuldigeren Glauben als den eines Kindes?

Aber jeder Glaube wird von persönlichen Erfahrungen auf die Probe gestellt. Reverend Mun frei von Sünde? Die Mun-Kinder vollkommen? Ein Vater, der seine Verachtung für das bürgerliche Recht dadurch zeigt, indem er von Wahren Gläubigen Papiertüten voller Schwarzgeld aus unbekannter Quellen entgegennimmt? Eine Mutter, die so viel Zeit in schicken Boutiquen verbringt, daß ihr jüngster Sohn auf die Frage seiner Klassenlehrerin zum Alltag seiner Mutter antwortete »Sie geht shoppen«. Ein ältester Sohn, der raucht, betrunken Auto fährt, Drogen konsumiert und entgegen der Doktrin der Vereinigungskirche vor- und außerehelichen Sex praktiziert hat beziehungsweise praktiziert? Das soll die göttliche Familie sein? Tatsächlich läßt sich an diesen Mythos nur aus der Entfernung glauben.

Reverend Mun als den Betrüger zu durchschauen, der er ist, war ein langsamer und schmerzhafter Prozeß. Und er war nur möglich, weil diese Erkenntnis meinen Glauben an Gott nicht erschüttern konnte. Mun hat Gott ebenso im Stich gelassen, wie er mich und alle seine idealistischen und vertrauensvollen Anhänger im Stich gelassen hat.

Aber Gott hat mich nicht im Stich gelassen. Es war Gott, dem ich mich in meiner Einsamkeit und Verzweiflung zuwandte, ein Teenager, der in einem seltsamen Haus in einem fremden Land auf Knien Beistand erflehte. Nur Gott allein tröstete mich, eine Kindfrau in den Händen eines Ehemannes, der mich entweder wie ein Sexspielzeug behandelte oder seine unkontrollierten Wutausbrüche an mir abreagierte.

Gott führte mich auch jetzt, da ich nach meinen schlafenden Kindern und den Koffern sah, die wir über Wochen heimlich gepackt hatten. Mein Glaube an Sun Myung Mun war neunundzwanzig Jahre lang Mittelpunkt meines Lebens gewesen, aber ein verlorener Glaube ist nichts gegen die Liebe einer Mutter. In der abgeschotteten, vergifteten Welt der Wahren Familie waren meine Kinder mein einziger Quell des Glücks gewesen. Ich mußte ebenso um ihretwillen flüchten wie um meiner selbst willen.

Als ich den älteren das erste Mal anvertraute, daß ich fortgehen würde, wollte keins von ihnen bleiben, obwohl sie wußten, daß es das Ende des feudalen Daseins sein würde, das sie von kleinauf gekannt hatten. Dort, wo wir hingingen, würde es kein Herrenhaus mehr geben, keine Chauffeure, keinen Swimmingpool mit olympischen Ausmaßen, keine private Bowlingbahn, keine Reitstunden, keine Privatschulen, keine Japanischlehrer oder Ferien erster Klasse.

Außerhalb der Mauern des Mun-Anwesens würde man sie nicht als die Wahren Kinder des Messias verehren. Es würde keine Kirchenmitglieder geben, die sie anbeteten, sich vor ihnen verneigten und sich darum rissen, ihnen dienen zu dürfen.

»Wir möchten nur mit dir in einem kleinen Häuschen wohnen, Mama«, teilte mir die Älteste mit, deren bescheidener Traum sich mit dem meinen deckte.

Und doch hatten Zweifel und eine nicht erwartete Trauer mir den Großteil der Nacht den Schlaf geraubt. Noch lange nachdem im Haus Stille eingekehrt war, hatte ich betend und lautlos weinend die Flure und die vertrauten Zimmer durchquert. Jedesmal, wenn ich die Augen geschlossen hatte, waren die Fragen in mir aufgestiegen, die mich seit Monaten quälten: Tat ich das Richtige? War meine Flucht eine Manifestation von Gottes Willen oder nur ein Zeichen meines Versagens? Warum war es mir nicht gelungen, die Liebe meines Mannes zu gewinnen? Warum hatte ich es nicht geschafft, ihn zu ändern? Sollte ich besser bleiben und beten, daß mein Sohn, wenn er erst erwachsen war, die Vereinigungskirche auf den rechten Pfad zurückführte?

Aber mich plagten noch viel praktischere Ängste. Mir war bewußt, daß ich mich selbst und meine Kinder zu spirituellen Verstoßenen machte, indem ich den Machtbereich

Reverend Sun Myung Muns verließ, aber brachte ich uns damit auch körperlich in Gefahr? Würde die Kirche mich verfolgen, um mich mundtot zu machen? Oder war ich sicherer, wenn ich blieb? Wie oft hatte Hyo Shin gedroht, mich und die Kinder zu töten? Ich wußte, daß er im Drogen- oder Alkoholrausch durchaus in der Lage war, seine Drohungen wahr zu machen. Jedenfalls besaß er die nötigen Waffen hierzu – ein regelrechtes Arsenal, erworben mit Kirchengeldern –, das er dazu benutzte, mich und jeden anderen, der ihm in die Quere kam, zu terrorisieren.

Ich rief mir ins Gedächtnis, daß ich nicht übereilt handelte. Ich hatte diesen Tag seit dem vergangenen Winter geplant, als Hyo Jins letzte, bislang unverblümteste Affäre sogar Reverend Mun aus seiner üblichen Gleichgültigkeit gerissen hatte. Als Vater auf seinem Standpunkt beharrte, daß ich für die Sünden meines Mannes verantwortlich sei und mein Versagen als Ehefrau schuld sei an Hyo Jins Verfehlungen, wußte ich, daß ich fort mußte.

Ich hatte alle erdenklichen Vorsichtsmaßnahmen getroffen. Sobald ich den Entschluß zu fliehen gefaßt hatte, hatte ich begonnen, Geld beiseitezuschaffen. Ich hob von der Bank alles Geld ab, das ich für die Ausbildung der Kinder eingezahlt hatte. Ich sparte jeden Dollar der vielen Tausend, die Mrs. Mun mir gelegentlich als Taschengeld in die Hand drückte. Als sie mir für die Zeremonie zu Ehren der Geburt meines Babys in einer Boutique von Jeager etwas zum Anziehen kaufte, ließ ich die Preisschilder dran, um das eintausend Dollar teure Outfit hinterher zurückbringen zu können und mir den Kaufpreis erstatten zu lassen.

Mit Hilfe meines Bruders und seiner Frau, der ältesten Tochter Reverend Muns, fand ich ein bescheidenes Häuschen in dem Ort in Massachusetts, in dem die beiden bereits seit längerem als Ausgestoßene der Mun-Sekte lebten. Ich hatte sie beneidet, als sie seinerzeit die Kirche verließen, und jetzt, nur ein paar Jahre später, vertraute ich darauf, daß sie mich in die Freiheit führen würden, die sie selbst gefunden hatten. Ich hatte mich um sie ebenso gesorgt wie um meine eigenen Eltern, die Mitglieder der Elitegruppe von Muns ersten koreanischen Jüngern gewesen waren und sich etwa um die gleiche Zeit ebenfalls angewidert von der Vereinigungskirche abgewandt hatten. Meine Eltern warteten in Korea auf Nachricht von meinem Bruder, daß ich frei wäre.

Ich war ihnen allen so dankbar. Viel zu oft hatte ich die Unterstützung meines Bruders als selbstverständlich betrachtet, schon als Kind. Sogar wenn wir unterschiedlicher Meinung waren – und das waren wir oft – war Jim immer für mich da. Jim hatte Anwälte engagiert, die mir erklären sollten, wie ich mich und meine Kinder schützen konnte, wenn wir erst in Freiheit waren. Sie hatten uns auch geholfen, den Tag meiner Flucht auszuwählen. Wir würden an einem Dienstag fliehen, weil das Familiengericht in Massachusetts County, wo wir leben würden, immer mittwochs mißhandelte Frauen anhörte und einstweilige Verfügungen ausstellte, die es ihren gewalttätigen Partnern untersagten, sich ihnen zu nähern.

Ich versuchte außerdem, jene zu schützen, die ich zurücklassen würde. Kumiko war fünf Jahre mein Kindermädchen gewesen. Sie war eine überzeugte Anhängerin der Kirche und stammte, ebenso wie ihr Ehemann, der als Gärtner auf dem East-Garden-Anwesen arbeitete, aus Japan. Wochenlang hatte sie beobachtet, wie ich Kisten packte, dazu jedoch niemals etwas gesagt. Kein Munie wäre so impertinent, das Tun eines Mitglieds der Wahren Familie zu hinterfragen. Aber sie hatte jahrlang miterlebt, was ich erdulden mußte. Ich fürchtete, daß man sie verhören würde, wenn Reverend Mun von meinem Verschwinden erfuhr.

Einen Monat vor unserer geplanten Flucht fragte ich Kumiko, wo sie und ihr Mann auf der ganzen Welt am liebsten leben würden. Sie sagte, sie wollten nach Japan zurückkehren, zu den Eltern ihres Mannes. Ihre Schwiegereltern waren schon alt, und ihr Mann war ihr einziges Kind. Sie wollten heim, um sich um die Alten zu kümmern.

Ich wußte, daß es in East Garden ohne die Billigung von Mrs. Mun oder Mutter, wie wir sie nannten, keine personellen Veränderungen gab. Sie war dreiundzwanzig Jahre jünger als der alternde Sun Myung Mun und in zunehmendem Maße die eigentliche Macht hinter dem Thron. Wir hatten einander nie besonders nahe gestanden, nicht zuletzt weil sie sich gern mit machtgierigen Speichelleckern umgab, die sich dadurch einschmeichelten, daß sie ihr von meinen Verfehlungen als Ehefrau und Mutter berichteten. Und doch hatte jahrelange Erfahrung mich gelehrt, wie ich Mutter kleine Gefälligkeiten entlocken konnte.

Ich schmückte die Geschichte entsprechend aus: Kumikos Schwiegereltern wären nicht nur alt, sondern leidend, und das Paar müsse nach Japan zurückkehren, um sie zu versorgen. Lieber käme ich ohne Babysitter aus als sie von ihrer Pflicht abzuhalten. Ich wußte, daß letzteres Gehör finden würde. Wie oft hatte Vater sich beklagt, daß das Personal zu zahlreich wäre und seine Unterbringung und Ernährung zu kostspielig sei? Ein Babysitter und ein Gärtner weniger, und Vaters Wohlwollen war ihr sicher. Bereitwillig erklärte sie sich einverstanden, sie gehen zu lassen, und beauftragte mich, Peter Kim, die rechte Hand Reverend Muns, anzuweisen, ihnen das Geld für die Reise zu geben. Zwei Tage vor meiner Flucht flogen sie nach Japan.

Eine andere junge Frau, die mir mit dem Baby geholfen hatte, sollte in Kürze daheim in Korea einen Wachmann von East Garden heiraten, und ich legte ihr nahe, ihren Aufenthalt in der Heimat bis Oktober auszudehnen, damit möglichst viel Zeit zwischen unserer Flucht und ihrer Rückkehr lag.

Seit Reverend Mun sich auf dem Anwesen ein eigenes 24-Millionen-Dollar-Haus und Besprechungszentrum gebaut hatte, teilten wir uns das 19-Zimmer-Haus in East Garden mit Hyo Jins Schwester In Jin und ihrer Familie. Das Glück – oder Gott – hatte es so gefügt, daß sie am vergangenen Wochenende fortgefahren waren und noch einige Zeit wegbleiben würden. Aber auch wenn jemand In Jin verraten hätte, daß ich meinen Mann verlassen wollte, hätte sie das niemals ernstgenommen. Sie hätte eher gedacht, ich würde lediglich versuchen, Hyo Shin dazu zu bringen, sich zu benehmen, indem ich ihm drohte, ihm die Kinder wegzunehmen. Vielleicht auch, daß ich ihm eine Lektion erteilen wollte. Ich würde eh wieder zurückkommen. Weder In Jin noch sonst jemand innerhalb der Mun-Familie hätte es jemals für möglich gehalten, daß ich für immer gehen wollte.

Die Wahrheit ist, daß keiner von ihnen mich gut genug kannte, um zu wissen, was ich tun würde. Keiner von ihnen kannte mich auch nur im geringsten. In den 14 Jahren, die ich im Herzen der Mun-Familie verbracht hatte, hatte mich nie irgend jemand gefragt, was ich dachte oder fühlte. Sie befahlen, ich gehorchte. Heute würde ich ihre Ignoranz zu meinem Vorteil nutzen.

Leise weckte ich Shin Hoon. Er war an diesem Morgen neun Monate alt und ein so liebes Baby; er weinte nicht, als ich ihm einen kurzärmeligen Strampelanzug anzog und dann sachte seine Geschwister wachrüttelte. Ich wies die

Kinder an, sich ganz leise anzukleiden, und ging dann, um Madelene zu treffen.

Madelene Pretorius war im vergangenen Jahr meine erste echte Freundin geworden. Und jetzt war sie, am anderen Ende meines Piepers, ein wichtiger Fluchthelfer. Madelene war vor zehn Jahren bei einer Zufallsbegegnung mit einem Munie während eines Urlaubs in San Francisco auf einem Hafenpier geworben worden. Es ist eine klassische Rekrutierungstaktik der Kirche, sich mit jungen Menschen anzufreunden, die weit weg von zu Hause allein unterwegs sind. Die Unterhaltung wird rasch von Smalltalk über Philosophie auf die Kirche gelenkt. Eine solche Begegnung endet dann erfolgreich, wenn der Tourist sich einverstanden erklärt, an einem Vortrag oder einem Treffen teilzunehmen. Manche von ihnen kehren nie wieder heim.

In den letzten drei Jahren hatte Madelene für Hyo Jin in den Manhattan Center Studios gearbeitet, dem Aufnahmestudio, das die Kirche in New York City besitzt. Sie hatte den Kokainmißbrauch meines Mannes und seine cholerischen Anfälle hautnah miterlebt. Als ich sie in meinen Fluchtplan einweihte, hatte sie mir ihre Hilfe angeboten. Es war riskant. Wenn er herausbekam, daß sie mir geholfen hatte, würde er seine Wut an ihr auslassen.

Hyo Jin beäugte unsere Freundschaft bereits mißtrauisch. Erst vor wenigen Wochen hatte er uns in der Küche ertappt, als wir uns bei einer Tasse Tee flüsternd unterhielten. Er befahl mir, nach oben zu gehen, und forderte Madelene auf, East Garden zu verlassen. Oben hatte er dann gedroht, mir jeden einzelnen Finger zu brechen, wenn ich es wagte, eine persönliche Freundschaft mit einem Kirchenmitglied zu unterhalten. Solcherlei Drohungen waren typisch für seine besitzergreifende, diktatorische Art.

Ich zittere heute noch bei der Erinnerung an die Mittel und Wege meines Mannes, mich zu kontrollieren. Ich winkte dem Gärtner und den Wachleuten zu, als ich allein durch die schmiedeeisernen Tore von East Garden fuhr, um mich mit meiner Freundin zu treffen. Sie wartete vor dem örtlichen Delikatessengeschäft. Ich würde sie auf das Gelände schmuggeln, so wie ich in den vergangenen Wochen unsere Sachen hinausgeschmuggelt hatte. Fast täglich war ich mit Stühlen, Lampen, Kisten und Koffern an den allgegenwärtigen Überwachungskameras vorbeigefahren. Die Wachen hatten fraglos akzeptiert, daß ich nur die Wohnung neu möbliere und alte Kleider in Belvedere einlagerte, einem zweiten Mun-Anwesen ein Stück weiter die Straße hinunter. Mrs. Mun tat das ständig.

Tatsächlich war ich in die Stadt gefahren, zu dem Lagerraum, den ich angemietet hatte, um die vielen Dinge zu sammeln, die wir für unseren Neuanfang brauchten. Und heute war der Tag, an dem wir auch unser bisheriges Leben hinter uns lassen würden. Mein Bruder und Madelene warteten bereits.

Die Straßen von Irvington und Tarrytown waren ruhig. Es war Hochsommer, die Zeit, in der sich versprengte Touristen die Gegend mit den Einheimischen teilten. Aber zu dieser Stunde war kaum jemand auf der Straße. Ich traf Madelene an der vereinbarten Straßenecke und schmuggelte sie unter einer Decke versteckt auf das Anwesen, damit sie mir mit den Kindern helfen konnte. Wir würden zu dieser Straßenecke zurückkommen, ihren Wagen abholen, dann meinen Bruder an einer vereinbarten Stelle treffen und von dort aus in einem Wohnwagen nach Massachusetts fahren.

Nachdem wir die letzten Koffer in den Van geladen hatten, führten Madelene und ich fünf barfüßige Kinder auf

Zehenspitzen am Elternschlafzimmer vorbei, die Haupttreppe herunter und durch die Haustür nach draußen. Ihr Vater rührte sich nicht.

Madelene versteckte die Kinder in verschiedenen Lücken im überladenen Van, setzte sich neben mich und verbarg dann sich selbst unter einer Decke. Ich lenkte den Van langsam die lange, gewundene, von majestätischen Ulmen gesäumte Auffahrt hinunter und durch das Tor, wobei ich einem Wachmann zulächelte, der erst wenige Tage zuvor seinen Job angetreten hatte. Dann bog ich in die Sunnyside Lane ab. Und ich schaute nicht zurück.

1. Kapitel

Reverend Sun Myung Mun ist ein kleiner, stämmiger Mann mit schütterem grauen Haar, das er in einem Schwarzton färbte, der an Schuhcreme erinnerte. Würde man ihm in einer Straße irgendwo in Seoul begegnen, würde man ihn gar nicht bemerken, so unauffällig ist seine äußere Erscheinung.

Er ist studierter Elektroingenieur. Seine Rhetorik zeugt mehr von Durchhaltevermögen – er kann stundenlang auf Koreanisch referieren – als von Charisma. Wenn er auf Englisch predigt, ist er kaum zu verstehen und provoziert mit seiner holprigen Dialektik ungewollt Lacher.

Wie ist es diesem 78 Jahre alten Bauernsohn also gelungen, sich zum Führer einer religiösen Bewegung aufzuschwingen, die weltweit Millionen von Menschen in ihren Bann gezogen hat und sich an den Früchten ihrer Arbeit bereichert? Dies erklärt sich ebenso durch Zeitpunkt und Ort der Entstehung der Vereinigungskirche wie durch den Mann selbst.

Die messianische Botschaft Reverend Sun Myung Muns hätte vermutlich wie das Gebrabbel eines Wahnsinnigen geklungen, wäre sie auf einer Seifenkiste auf dem New York Times Square verkündet worden, aber der Erfolg Reverend Muns fußt auf koreanischer Erde, den spirituellen Traditionen meines Landes und den Wirren eines turbulenten Jahrhunderts der ausländischen Okkupation, des Bürgerkrieges und der politischen Teilung.

Korea ist ein Land, dessen Grenzen von seiner geographischen Lage bestimmt werden, eine Halbinsel, die durch die Nangnim-Berge und die Flüsse Yalu und Tumen gleichzeitig mit dem asiatischen Festland verbunden und von ihm getrennt ist. Diese natürlichen Grenzen haben meine Heimat über Jahrhunderte ebenso effektiv von der Außenwelt isoliert wie die 26 höchsten Berggipfel unsere Leute voneinander ferngehalten haben. Daß es uns gelungen ist, trotzdem eine nationale Identität und eine gemeinsame Sprache zu entwickeln, grenzt an ein Wunder.

Die ersten ausländischen Einflüsse kamen über die Bergpässe im Norden aus China sowie aus Japan, dessen größte Insel Honshu im Japanischen Meer nur 120 Meilen östlich liegt. Aufgrund von Koreas strategischer Lage hat man das Land einmal mit einer Garnele verglichen, die sich als Puffer zwischen Walen wiederfindet. Fremde, die es auf Koreas Seehäfen und natürliche Ressourcen abgesehen hatten, brachten ihren Handel und ihre Kulturen ins Land – und viel zu oft auch ihre Waffen. Auch ihren Glauben brachten sie mit.

Die ursprüngliche Religion Koreas ist eine Art Ur-Schamanismus. Schamanen, oder *mudangs*, wie wir sie nennen, werden die Fähigkeit zugesprochen, mit der Geisterwelt zu kommunizieren. Sie wahrsagen und bitten die Geister um ihren Segen beispielsweise in Form reicher Ernten oder der Heilung von irgend welchen Krankheiten. Außerdem stehen sie in Verbindung mit den Geistern, die in Wäldern und Bergen sowie einzelnen Bäumen und Felsen wohnen.

Als die Chinesen im vierten Jahrhundert den Buddhismus

in Korea einführten, verschwand dieser Volksglaube nicht wieder, formalisierte sich jedoch auch nicht zu einer eigenständigen Religion wie der Taoismus in China oder der Shintoismus in Japan. Die Koreaner verbanden ihren alten Glauben mit den buddhistischen Lehren, die bis zum 14. Jahrhundert der stärkste religiöse Einfluß in Korea blieben. Und auch als der Konfuzianismus aufkam, um in den folgenden fünf Jahrhunderten einen übergeordneten Platz im religiösen Alltag einzunehmen, existierte er neben der alten Tradition, anstatt diese abzulösen.

Dieser Prozeß der Integrierung eigener Überzeugungen in andere religiöse Doktrinen setzte sich bis ins 19. Jahrhundert fort, als der Buddhismus wiederauflebte und auch der christliche Glaube in Korea Anhänger fand. Auch heute noch, da das Christentum die sich am schnellsten ausbreitende Religion in einem noch größtenteils buddhistischen Land ist, hat der Volksglaube noch einen sehr großen Einfluß auf das Denken auch der modernsten Koreaner. Ein Christ, der am Sonntagmorgen in die Kirche geht, kann durchaus am Nachmittag dem Hausgott eine Opfergabe darbringen und hierin keinerlei Widerspruch sehen.

Aber neben dem Urglauben an die Ahnenverehrung und die Geisterwelt existiert in meiner Kultur ein ausgeprägter messianischer Zug. Der Gedanke, daß ein Messias oder »Herold des Rechten Weges« in Korea erscheinen wird, reicht viel weiter zurück als die Einführung des Christentums vor hundert Jahren. Er wurzelt in dem buddhistischen Gedanken des *Maitreja*, der konfuzianischen Idee des *Jin-In* oder »Wahren Menschen« und den koreanischen Weissagungsbüchern wie dem *Chung Gam Nok*.

Auch der Gedanke, daß Könige durch göttliches Recht herrschen, taucht bereits in den frühesten Legenden des

Landes auf. Im Kindesalter hören alle Koreaner das alte Volksmärchen von Tangun. Tangun war der Sohn des göttlichen Geistes Hwan-Ung, der wiederum der Sohn von Hwan-in war, dem Gott des Himmels. Der Legende zufolge gestattete Hwan-in seinem Sohn, vom Himmel hinabzusteigen und das Königreich des Himmels auf Erden zu gründen. Hwan-Ung kam nach Korea. Dort traf er auf einen Tiger und eine Bärin, die ihn fragten, wie sie zu Menschen werden könnten. Hwan-Ung gab ihnen eine heilige Speise zu essen. Die Bärin gehorchte und verwandelte sich in eine Frau; der Tiger weigerte sich und mußte ein Tier bleiben. Hwan-Ung heiratete die Frau, und aus dieser Vereinigung eines göttlichen Geistes mit einer ehemaligen Bärin ging Tangun hervor. Tangun wählte Pyongyang als königlichen Wohnsitz und nannte sein Königreich auf Erden Choson.

Die messianischen Gedanken des Reverend Sun Myung Mun fielen in der zweiten Hälfte des 20. Jahrhunderts auf fruchtbaren Boden. Wieviel von seiner offiziellen Biographie historisch korrekt und wieviel frei erfunden war, danach fragte ich als Kind nicht. Ich sog diese Geschichte über Reverend Mun in mich auf wie ein Reiskorn Wasser aufsaugt. Mir wurde von Geburt an eingebläut, daß er nicht nur ein heiliger Mann beziehungsweise ein Prophet war. Er war von Gott gesalbt. Er war der »Zweite Messias«, der göttliche Führer, der die Religionen der Welt unter seiner Führung vereinen und das Königreich des Himmels auf Erden wiederherstellen würde. Denunziationen durch Anhänger der etablierten Religionen, die ihn mit »Sektenführer« bezeichneten, setzten wir mit der Verfolgung Jesu gleich, dessen Mission Reverend Mun durch göttliche Eingebung zu vollenden strebte.

Reverend Sun Myung Mun wurde am 6. Januar 1920 als

fünftes von acht Kindern als Young Myung Mun in einem ländlichen Dorf der Provinz Nord-P'yongan im Nordwesten Koreas geboren, drei Meilen von der Küste entfernt. Sein Geburtsname bedeutet übersetzt »Leuchtender Drache«, was im späteren Leben für ihn zu einem Problem wurde, da der Drache ein Symbol des Satans ist. Daher änderte er seinen Namen, als er Wanderprediger wurde, in Sun Myung Mun.

Zum Zeitpunkt von Reverend Muns Geburt stöhnte mein Volk unter dem Joch der japanischen Besatzung. Japan hatte Korea 1905 kolonisiert, eine Kolonisation, die erst nach dem Zweiten Weltkrieg zu Ende ging. Damals betrug der Anteil der Christen in der koreanischen Bevölkerung weniger als ein Prozent, aber das Christentum fand regen Zulauf in unserer vielschichtigen Gesellschaft. Mitte der achtziger Jahre des 19. Jahrhunderts waren protestantische Missionare aus Europa in Korea eingetroffen. Sie hatten trotz ihrer Ablehnung der Ahnenverehrung überlebt, zum Teil, weil das Christentum lehrte, daß alle Menschen Gottes Kinder waren – ein fast revolutionärer Gedanke in einer immer noch sehr rigiden, feudalen Gesellschaft.

Sogar die Aristokratie im alten koreanischen Königreich Silla wurde nach dem sogenannten Knochenrang-System oder *kolp'un-je* klassifiziert. Die Elite wurde in drei Klassen unterteilt: die *songgol* oder »Klasse des Heiligen Knochens«, der die heiligen Könige entstammten, die *chin'gol* oder »Klasse des Wahren Knochens«, die dem Hochadel entsprach, und die *tup'um* oder »Obere Klassen«, die alle anderen Mitglieder des Adels einschlossen. Diese Unterteilung beeinflußte auch Sun Myung Muns bei der Organisation seiner eigenen Religion.

Die meisten Koreaner waren natürlich arme Bauern und

keine Aristokraten. Das Christentum schenkte ihnen die Hoffnung, auch wenn es auf Erden keine Gleichheit gab, es sie wenigstens im Himmel geben würde. Trotz ihrer geringen Zahl wurden die christlichen Kirchen bald zu Zentren des Widerstandes gegen die Besatzungsmacht. Ein Jahr vor Sun Myung Muns Geburt entwarf am 1. März 1919 eine Koalition von protestantischen Geistlichen, buddhistischen Mönchen und Anführern zahlreicher messianischer Sekten, die damals in Korea an Popularität gewannen, eine Unabhängigkeitserklärung von der Kolonialmacht Japan. Die Unterzeichner wurden verhaftet und eingesperrt.

Trotz des Rückschlags nahmen zahlreiche christliche Führer – jene, die nicht kollaborierten – ihren Widerstand gegen die japanische Okkupation wieder auf, als die Kolonialregierung Japanisch zur Nationalsprache Koreas erklärte und 1925 den Kult des Shinto-Schreins einführte. Koreanische Schulkinder mußten die Heiligkeit des japanischen Kaisers anerkennen und an heiligen Riten für seine Ahnen teilnehmen. Jeder koreanischen Familie wurde befohlen, in ihrem Heim einen Shinto-Schrein aufzustellen. Zweitausend Christen, die dies verweigerten, wurden inhaftiert; Dutzende wurden exekutiert.

Als Reverend Muns Familie 1930 zum Presbyterianertum übertrat, waren die verheerenden wirtschaftlichen Auswirkungen der japanischen Okkupation ebenso spürbar wie die religiöse Verfolgung. Fast alle koreanischen Bauern waren Pächter. Obwohl sie Rekordernten Reis einfuhren, wurde das meiste hiervon nach Japan exportiert, während das Volk in Korea hungerte. Japanische Staatsangehörige machten nur etwa 5 Prozent der Arbeitskräfte aus, hatten jedoch die meisten gehobenen Positionen in der Wirtschaft inne. Japanische Unternehmen besaßen 1932 beispielsweise 92 Prozent der Bergwerke, aber es waren koreanische Minenarbeiter, die unter Tage in sengender Hitze schufteten und über Tage in unbeheizten Hütten hausten. Jene wenigen Koreaner, die das Glück hatten, einen Regierungsposten zu ergattern, mußten sich mit niederen Ämtern begnügen.

Solche Unterdrückung bildete den Hintergrund von Sun Myung Muns Kindheit. Es wird erzählt, er sei ein gelehriger und frommer Junge gewesen, ein gläubiger Presbyterianer, der im Alter von zehn Jahren dem Beispiel seiner Eltern folgte und konvertierte. Das alles änderte sich am Ostermorgen 1936, als Sun Myung Mun sechzehn war. Er war oben auf einem Berghang ganz ins Gebet vertieft, als ihm – so behauptet er – Jesus erschien und ihm eröffnete, daß es Gottes Wunsch sei, daß er, Sun Myung Mun, Jesu Werk auf Erden vollende. Während Jesu Tod am Kreuz der Menschheit die spirituelle Erlösung beschert habe, sei seine Kreuzigung erfolgt, bevor er seine Mission abschließen konnte, den Menschen auch die physische Erlösung zu bringen, indem er den paradiesischen Urstand auf Erden wiederherstellte.

Zuerst weigerte sich der Junge zuzuhören, aber Jesus überzeugte Sun Myung Mun davon, daß Korea das neue Israel sei, das von Gott auserwählte Land für die Wiederkehr des Messias. Es obläge ihm, die »Wahre Familie Gottes« zu gründen.

Jahre später schrieb Reverend Mun über diese Vision: »Früh in meinem Leben betraute Gott mich als sein Werkzeug mit einer Mission ... Ich verschrieb mich rückhaltlos der Wahrheit, durchforstete die Hügel und Täler der spirituellen Welt. Dann kam der Tag, da der Himmel sich über mir auftat, und mir das Privileg zuteil wurde, direkt mit Jesus

Christus und Gott zu kommunizieren. Seitdem wurden mir zahlreiche erstaunliche Enthüllungen zuteil.«

Sun Myung Mun hat nie irgendeine theologische Ausbildung genossen. Zwei Jahre nach seiner ersten Vision ging er nach Seoul, um eine Ausbildung zum Elektroingenieur zu beginnen. 1941 reiste er nach Japan, um dort sein Studium an der Waseda-Universität fortzusetzen. In Tokio schloß er sich Kirchenhistorikern zufolge einer Untergrundbewegung an, die danach strebte, die Okkupation Koreas zu beenden. Er setzte seine persönliche Wahrheitssuche fort, indem er sich in die Geisterwelt begab, um persönlich mit Jesus, Moses, Buddha, Satan und Gott zu sprechen. Wie ihm diese Verklärung gelang, bleibt eins der Geheimnisse der Vereinigungskirche.

Wichtigster Bestandteil von Muns Lehren sind die »Göttlichen Prinzipien«, ein Dokument, das über viele Jahre hinweg entstanden ist. Die Grundlage bilden die Offenbarungen, von denen Mun behauptet, sie wären ihm durch das Gebet, das Studium der Bibel und seinen Unterhaltungen mit Gott und den großen Propheten zuteil geworden. »Göttliche Prinzipien« ist der zentrale Text der Vereinigungskirche, der allerdings nicht von Sun Myung Mun persönlich verfaßt wurde. Der Autor ist Hyo Won Eu, der erste Vorsitzende der Kirche und einer von Reverend Muns ersten Jüngern; die Basis für die »Göttlichen Prinzipien« bildeten Reverend Muns Notizen und ihrer beider Gespräche über Muns Offenbarungen.

Kwang Yol Yoo, ein Vereinigungsbiograph, schreibt, daß Reverend Mun nicht in der Lage war, seine göttlichen Offenbarungen schnell genug aufzuschreiben. »Er schrieb sehr schnell mit einem Bleistift in sein Notizbuch. Eine Person saß neben ihm und spitzte den Bleistift an, konnte aber dem

Schreibtempo nicht folgen. Als Vaters Bleistift stumpf wurde, konnte diese Person nicht schnell genug einen anderen anspitzen, so schnell schrieb er. Das war der Anfang von ›Göttliche Prinzipien‹.«

Dafür daß es ein von Gott inspiriertes Machwerk ist, finden sich Teile der »Göttlichen Prinzipien« in auffällig vielen bekannten Quellen wieder. Das 556 Seiten umfassende Textbuch der Vereinigungskirche ist eine Synthese von Schamanismus, Buddhismus, Neo-Konfuzianismus und christlichem Glauben. Es fußt auf der Bibel, östlichen Philosophien, koreanischen Legenden sowie den populären religiösen Bewegungen aus Reverend Muns Jugend und schustert daraus eine Art Patchwork-Theologie um Reverend Mun herum.

Die modernen Wurzeln der Vereinigungskirche findet man im *Ch'ondogyo*, der »Religion des Himmlischen Weges«, ursprünglich *Tonghak* oder »Östliche Lehre« genannt, eine Sekte des 19. Jahrhundert, die eng mit der traditionellen koreanischen Religion verbunden war. Wie auch die Vereinigungskirche predigte *Ch'ondogyo*, daß der Geist jedes Menschen von Gott geschaffen sei, unsere Seelen unsterblich und eines Tages alle Religionen vereint seien.

Sogar der zentrale Grundsatz der Vereinigungskirche, nämlich daß der Sündenfall nicht dadurch erfolgte, daß Eva die verbotene Frucht aß, sondern weil sie Geschlechtsverkehr mit dem Satan hatte, ist nicht Reverend Muns Erfindung. Diese Interpretation lernte er 1945 kennen, als er sechs Monate im Israel-Kloster in Seoul bei einer Visionärin namens Baek Mun Kim studierte. Kim lehrte ihn, daß das Paradies nur durch Reinigung des Blutes wiederhergestellt werden könne. Nach dieser Theorie wurde Evas Sünde über Satans Blutlinien an neue Generationen weitergegeben. Teil von Jesu Mission sei es gewesen, die Menschen von dieser Sünde reinzuwaschen, indem er heiratete und sündenfreie Kinder zeugte. Er starb jedoch, bevor er Gottes Werk vollenden konnte. Somit habe Jesu Tod den Menschen zwar die spirituelle, aber keine physische Erlösung gebracht.

Kim war nicht die einzige, die dies glaubte. Kim Seongdo gründete 1935 in Chulson in Nordkorea die *Holy Lord Church*. Sie behauptete, Jesus sei ihr erschienen, habe ihre Theorie des sexuellen Ursprungs des Sündenfalls bestätigt und versprochen, daß ein neuer Messias nach Korea kommen werde. Sie lehrte ihre Anhänger, daß sexuelle Abstinenz auch in der Ehe notwendig sei, um ein Umfeld zu schaffen, das rein genug sei, den Zweiten Messias zu empfangen. Nach ihrem Tod schlossen sich ihre Anhänger der Vereinigungskirche an und erkannten Reverend Mun als den Messias an.

»Göttliche Prinzipien« steht zu der langen messianischen Tradition im religiösen koreanischen Gedankengut:

Die koreanische Nation hat als das Dritte Israel seit der 500 Jahre währenden Herrschaft der Yi-Dynastie an die Prophezeiung geglaubt, daß der König der Rechtschaffenheit im Land erscheinen werde und ihm mit Beginn der Jahrtausendwende alle Länder der Welt Tribut zollen würden. Dieser Glaube hat die Menschen ermutigt, den bitteren Lauf der Geschichte zu ertragen, in Erwartung des großen Augenblicks. Das war der wahre messianische Gedanke des koreanischen Volkes, an den sie dem Chung Gam Nok, dem Buch der Prophezeiungen, zufolge glaubten ... Korrekt interpretiert, ist König der Rechtschaffenheit, Chung-Do Ryung (der Mensch, der Gottes Wort bringt) der koreanische Name für den Zweiten Messias. Durch Chung Gam

Nok hat Gott vor Einführung des Christentums in Korea die Wiederkehr des Messias irgendwann in der Zukunft verkündet. Inzwischen haben zahlreiche Gelehrte nachgewiesen, daß die meisten Prophezeiungen in diesem Buch mit jenen der Bibel übereinstimmen.

Die Vereinigungskirche lehrt, daß Gott Sun Myung Mun für diese Rolle auserwählt hat. Die »Göttlichen Prinzipien«, die 1973 von der Vereinigungskirche veröffentlicht wurden, sind in diesem Punkt eindeutig. »Als die Zeit reif war, schickte Gott seinen Boten, um die fundamentalen Fragen des Lebens und des Universums zu beantworten. Sein Name war Sun Myung Mun. Viele Jahrzehnte wanderte er auf der Suche nach der ultimativen Wahrheit durch einen weiten spirituellen Raum. Auf seinem Weg erduldete er Leid, das die menschliche Vorstellungskraft übersteigt. Gott allein wird sich daran erinnern. In dem Bewußtsein, daß niemand die ultimative Wahrheit zur Rettung der Menschheit finden kann, ohne die schwersten Prüfungen zu bestehen, rang er ganz auf sich gestellt mit Myriaden von satanischen Kräften in der spirituellen und der physischen Welt und triumphierte schließlich über sie alle.«

Muns Aufgabe bestand darin, Jesu Mission zu vollenden. Er würde eine vollkommene Frau heiraten und die Menschheit in den paradiesischen Zustand der Vollkommenheit zurückversetzen. Er und seine Frau würden die »Wahren Eltern der Welt« sein, ebenso frei von Sünde wie ihre Kinder. Von Mun gesegnete Paare würden Teil seiner reinblütigen Familie werden und nach dem Tod ins Paradies einkehren.

Als Individuen haben wir alle eine aktive Rolle in diesem Drama zu spielen. Bevor der Messias den Himmel auf Erden wiederherstellen kann, muß die Menschheit Buße tun für die Sünden der Vergangenheit. Um es mit den Worten der Vereinigungskirche auszudrücken, sie müssen eine »Abfindung« zahlen als Wiedergutmachung an Gott für die vergangenen Verfehlungen der Menschheit. Die strengen Verhaltensregeln der Vereinigungskirche – Rauchen, Alkohol, Glücksspiele und außerehelicher Sex sind verboten – sollen dem Einzelnen hierbei helfen.

»Die Göttlichen Prinzipien schreiben also vor, daß man die Wahren Eltern mehr lieben muß als sich selbst, seinen Ehegatten und seine Kinder«, hat Sun Myung Mun geschrieben. »Letztendlich ist der Wahre Vater die Achse, um die sich alle Kinder und die Nachwelt drehen.«

Vom Leben Reverend Muns heißt es, es sei ein Beispiel an Opferbereitschaft und geduldigem Leiden gewesen. Kirchenhistorikern zufolge wurde er 1945 das erste Mal inhaftiert, weil er angeblich Äpfel mit Falschgeld bezahlt hatte – eine infame Behauptung kommunistischer Beamter, die in ihm einen Spion aus dem Süden vermuteten.

Als er in Pyongyang begann, öffentlich zu predigen, wurden seine Ideen von den christlichen Geistlichen als gotteslästerlich abgelehnt und von den örtlichen kommunistischen Behörden verurteilt. Das war 1947. Die Stadt war von sowjetischen Truppen besetzt. Korea sollte in Kürze formell in zwei Staaten geteilt werden, den kommunistischen Norden unter sowjetischer Herrschaft, und den demokratischen Süden unter Einfluß der Vereinigten Staaten. Es heißt, die kommunistischen Behörden hätten Sun Myung Mun gefoltert und den Verletzten anschließend vor die Gefängnistore geworfen, wo er von einem seiner ersten Jünger, Won Pil Kim, aufgelesen und gesund gepflegt wurde. Reverend Mun fuhr mit dem Predigen fort, obwohl religiöse Lehren von den kommunistischen Behörden verboten worden waren.

Er sollte nicht lange auf freiem Fuß bleiben. 1948 wurde Mun erneut verhaftet, diesmal wegen »Propagierens von Chaos in der Gesellschaft«. Er wurde verurteilt und ins Hungnam-Gefängnis gesteckt, ein Arbeitslager, in dem die Häftlinge sich nicht selten zu Tode schufteten. Nach eigenen Angaben war Mund als Häftling Nr. 596 unterernährt und überarbeitet – er mußte Zentnersäcke mit Dünger füllen und in Zugwaggons laden. Das Ammoniumsulfat in dem Dünger verbrannte ihm die Haut an den Händen, aber er beklagte sich während der zwei Jahre und acht Monate im Lager kein einziges Mal.

»Ich habe nie aus Schwäche gebetet. Ich habe nie um Hilfe gefleht. Wie sollte ich Gott, meinem Vater, von meinen Leiden berichten und ihm so noch größeres Leid zufügen? Ich konnte ihm nur versichern, daß ich mich von meinen Leiden nicht unterkriegen lassen würde«, schrieb er.

Die strikte Ablehnung des internationalen Kommunismus seitens der Vereinigungskirche wurzelt in Reverend Muns persönlichen Erfahrungen. Seine antikommunistische Haltung sollte zu einem Grundsatz seiner religiösen Philosophie werden. Aufgrund dieser Überzeugung sollte er sich für den Rest des Jahrhunderts auf die Seite Südkoreas stellen, ganz gleich, wie sehr das dortige Regime das Volk auch unterdrücken mochte.

Während seiner Haftzeit fiel Nordkorea im Süden ein und provozierte einen Bürgerkrieg, der schließlich zur formellen politischen Trennung der Halbinsel führte. Die Streitkräfte der Vereinten Nationen drängten die kommunistischen Truppen zurück bis zum 38. Breitengrad, und im Oktober 1950 befreiten UN-Truppen die Gefangenen des

Hungnam-Gefängnisses, einen Tag vor Muns Hinrichtung, wie dieser behauptet. Nach der Befreiung machte sich Mun zusammen mit zwei seiner Anhänger, Won Pil Kim und Chung Hwa Pak, zu Fuß auf den Weg nach Südkorea. Der Kirchenlegende zufolge trug Sun Myung Mun Pak Hunderte von Meilen auf dem Rücken, nachdem dieser sich am Bein verletzt hatte. Ein körniges Photo dieser bemerkenswerten Tat wird innerhalb der Vereinigungskirche wie eine Ikone verehrt.

Mun ließ sich in 1951 in der Hafenstadt Pusan nieder und errichtete eigenhändig seine erste Kirche auf einem kleinen Hügel. Die Kirche, eigentlich kaum mehr als eine Hütte, hatte einen Lehmboden, Lehmwände und ein Dach aus Treibholz und Lebensmittelkisten der Armee. In der Stadt wimmelte es von Soldaten und Flüchtlingen, die vom Krieg entwurzelt worden waren. Mun schuftete tagsüber als Hafenarbeiter und abends predigte er.

Die offiziellen Biographen Reverend Muns lassen unerwähnt, daß Sun Myung Mun im April 1945 im Alter von 25 Jahren heiratete. Seine Frau, Sungil Choi, brachte ein Jahr später einen Sohn, Sung Jin, zur Welt. Sie lebten in Seoul, als Reverend Mun am 6. Juni 1946 zum Markt ging, um Reis zu kaufen. Auf dem Weg dorthin, so behauptet er heute, erschien ihm Gott und befahl ihm, sich sofort nach Nordkorea zu begeben, um dort zu predigen. Sun Myung Mun, der sich als vollkommener Vater aller Kinder Gottes bezeichnet, verließ seine Frau und seinen drei Monate alten Sohn ohne ein Wort der Erklärung. Sie sollten sechs Jahre lang nichts mehr von ihm sehen oder hören.

Erst als Reverend Mun 1951 mit seinen Jüngern in Pusan eintraf wurde Sungil Choi wieder mit ihrem Ehemann vereint. Sie blieben jedoch nicht lange zusammen.

Die Familie zog 1954 nach Seoul, wo Mun die Vereinigungskirche gründete, die er offiziell »Holy Spirit Association for the Unification of World Christianity« nannte. Aber die Ehe ging bald darauf in die Brüche. Reverend Mun tut diese Ehe mit einem einzigen Satz ab: »Als die Christen unsere Bewegung ablehnten, ließ meine Frau sich beeinflussen, und da sie schwach war, führte dies zum Bruch, und ich ließ mich scheiden.« Es war, als hörten Sungil Choi und ihr gemeinsamer Sohn Sung Jin auf zu existieren.

»Die Frau Reverend Muns war zunehmend unglücklich mit der Art, wie Reverend Mun sich den Menschen widmete, die sich seiner Bewegung anschlossen, und so reichte sie schließlich die Scheidung ein«, schrieb Hendrik Dijk in einer internationalen Veröffentlichung über die Vereinigungskirche. »Reverend Mun wollte das nicht, aber die Situation spitzte sich derart zu, daß er sich schließlich mit der Scheidung einverstanden erklärte. Sie hätte ihm folgen können, war hierzu jedoch nicht in der Lage. Auch auf theologischer Ebene waren sie uneins, da sie glaubte, der Messias würde auf den Wolken zurückkehren. Sie war stark beeinflußt von der Negativität der christlichen Kirchen.«

Die Trennung von seiner Frau fiel zusammen mit ersten veröffentlichten Berichten von sexuellen Übergriffen innerhalb der Vereinigungskirche. Es ging das Gerücht um, daß Reverend Mun von weiblichen Akoluthen verlange, im Rahmen eines religiösen Initiationsritus mit ihm Sex zu haben. Manche religiöse Sekten praktizierten seinerzeit rituelle Nacktheit und zwangen erwiesenermaßen Mitglieder im Rahmen eines Reinigungsritus, der *p'i kareun* genannt wurde, zum Geschlechtsverkehr mit einem messianischen Führer. Reverend Mun hat diesen Berichten stets widersprochen und behauptet, sie wären Teil einer Diskreditierungskampagne der anerkannten Glaubensgemeinschaften gegen die Vereinigungskirche gewesen.

In den Anfangstagen der Vereinigungskirche trafen sich die Mitglieder in einem kleinen Haus mit nur zwei Zimmern. Es wurde das »Haus der Drei Türen« genannt. Es wurde gemunkelt, daß man an der ersten Tür die Jacke, an der zweiten die Oberbekleidung und an der dritten die Unterwäsche ablegen mußte – in Vorbereitung auf sexuelle Handlungen. Es geht sogar die zweifelhafte Geschichte einer Frau um, die mit nicht weniger als sieben Lagen Kleidung in die Kirche ging, um sich in keinem Fall ganz ausziehen zu müssen.

Aufgrund dieser Geschichten, die im Juli 1955 kursierten, wurde Reverend Mun wegen groben Verstoßes gegen die guten Sitten verhaftet. Außerdem warf man ihm vor, er hätte sich der Wehrpflicht entzogen. Beide Anklagen wurden letztlich fallen gelassen, aber die Gerüchte, denen zufolge die Kirche *p'i kareun* praktiziere, hielten sich hartnäckig.

Mrs. Gil Ja Sa Eu, die Ehefrau des ersten Präsidenten der Vereinigungskirche – jenes Mannes, der die »Göttlichen Prinzipien« verfaßt hat –, war eine von fünf Professorinnen und vierzehn Studentinnen, die von der Ewha-Universität in Seoul entlassen wurden, weil die Verwalter den Gerüchten über die Vereinigungskirche Glauben schenkten.

In einer Ansprache 1987 verfolgte Mrs. Eu den Ursprung dieser Geschichten zurück bis zur »Holy Lord Church« von Kim Seongdo. Weil sie so inbrünstig beteten, sagte Mrs. Eu, »empfanden viele Angehörige jener Gruppe es so, als würden sie in den Urstand vor dem Sündenfall Adams und Evas zurückversetzt. Darum fühlten sie sich gereinigt und frei von jeglicher Sünde. Sie sagten ›Wir sind wie Adam und

Eva, die nackt waren und sich ihrer Blöße nicht schämten!‹ Und so kam es, daß sie einmal aus reiner Lebensfreude heraus ihre Kleider ablegten und nackt tanzten. Dieser Zwischenfall wurde in ganz Korea bekannt, und trotz der sehr entfernten Beziehung zur Vereinigungskirche wurde dies zu einem Grund für die Ablehnung unserer Kirche seitens anderer Christen.«

Die tatsächlichen Umstände jener Anfangstage wurden um so verworrener, als 1993 Chung Hwa Pak, jener Jünger, den Reverend Mun angeblich 1951 bis nach Südkorea getragen haben sollte, ein Buch mit dem Titel »Die Tragödie der Sechs Marien« veröffentlichte. In diesem Buch behauptet Pak, daß Reverend Mun *p'i kareun* praktiziert habe und seine erste Gattin ihn wegen seiner sexuellen Aktivitäten mit anderen Frauen verlassen hätte. Pak behauptet darüber hinaus, Reverend Mun habe 1953, also noch während seiner Ehe, eine Universitätsstudentin namens Myung Hee Kim geschwängert. Da Ehebruch in Korea als kriminelles Vergehen galt, soll Reverend Mun seine Geliebte zur Entbindung nach Japan geschickt haben. 1954 wurde ein Sohn namens Hee Jin geboren, den Mun zwar nicht als seinen Sohn anerkannte, von dem jedoch alle wußten. Der Junge kam dreizehn Jahre später bei einem Zugunglück ums Leben.

Chung Hwa Pak ließ sich nach der Veröffentlichung seiner Memoiren von Sun Myung Mun überreden, der Kirche wieder beizutreten. Er nahm seine Behauptungen zu den Anfängen der Vereinigungskirche später zurück. Ich habe mich immer gefragt, zu welchem Preis.

Meine eigenen Eltern konnten keine Hinweise auf sexuelle Übergriffe feststellen, als sie unabhängig voneinander in Seoul rekrutiert wurden, um der Vereinigungskirche beizutreten. 1957 war die Vereinigungskirche in 30 koreanischen

Gemeinden und Städten vertreten. Obwohl sie aus verschiedenen Gegenden und unterschiedlichen Verhältnissen stammten, fühlten meine Eltern sich aus dem gleichen Idealismus heraus zur Vereinigungskirche hingezogen. Religion hatte bis dahin für beide keine zentrale Rolle gespielt. Sie waren wie so viele andere junge Koreaner in den Fünfzigern, die noch unter den Folgen des Bürgerkriegs litten und einen Weg suchten, ihrem geteilten, verarmten Land zu helfen. Meine Mutter und mein Vater suchten, jeder auf seine Art, einen Sinn im Leben, der über ihr eigenes Wohl hinausging.

Mein Vater, Sung Pyo Hong, trat der Kirche 1957 bei. Seine Eltern hatten ihn aus der kleinen Ortschaft Ok-Gya in der Provinz Süd-Cholla, wo seine Familie auf einem kleinen Hof Reis und Gerste anbaute, in die Stadt geschickt, um Pharmazie zu studieren. Den Hof sollte nach alter Tradition sein älterer Bruder erben, während er und seine drei Schwestern sich anderweitig ihr Auskommen suchen mußten.

Es gefiel ihm in der Stadt. Er war ein fleißiger Student und dankbarer Sohn, so daß er sich hin und her gerissen fühlte, als seine Eltern ihre Mißbilligung an seinem Interesse für diese neue religiöse Sekte bekundeten. Er war wie die meisten Mitglieder auf der Straße für die Vereinigungskirche rekrutiert worden. Er und ein Freund wurden eingeladen, einem Vortrag eines Jüngers Reverend Muns beizuwohnen. Das Interesse meines Vaters war geweckt.

Schon bald nahm er regelmäßig an Vorträgen teil und fungierte als Hausmeister für die Kirche. Im Sommer und während der Schulferien zog er predigend umher und versuchte, neue Mitglieder zu werben. Er arbeitete unermüdlich für Reverend Mun, gab jedoch im Gegensatz zu so vielen anderen Rekruten sein Studium nicht auf.

Meine Mutter, Gil Ja Yoo, war in Gil-Ju aufgewachsen, im heutigen Nordkorea. Ihre Familie nahm am Massenexodus von Flüchtlingen teil, die in den vierziger Jahren nach Südkorea kamen. Sie bereitete sich gerade auf ihre Aufnahmeprüfung an der Universität vor, als sie ebenfalls eingeladen wurde, sich einen Vortrag der Vereinigungskirche anzuhören. Meine Mutter fühlte sich bis dato nicht für ein religiöses Leben berufen; sie war eine begabte klassische Klavierspielerin und träumte von einer Karriere als Konzertpianistin.

Ihre Eltern waren sogar noch entschiedener in ihrer Ablehnung Reverend Muns und seiner Kirche als jene meines Vaters. Meine Großmutter reagierte besonders heftig und verbot meiner Mutter, in die Kirche zu gehen. Aber meine Mutter schlich sich heimlich aus dem Haus, um trotzdem an den Gottesdiensten teilzunehmen. Mehr als einmal wurde sie hierbei erwischt und von einem ihrer Brüder verprügelt wegen ihres Ungehorsams.

Die meisten Koreaner waren wie meine Großeltern; sie sahen in der Vereinigungskirche eine bizarre, wenn nicht gar gefährliche Sekte. 1960 wuchs ihre Sorge, als Reverend Mun sich eine Braut erwählte, die der Menschheitsfamilie als Wahre Mutter dienen sollte. Hak Ja Han war erst siebzehn, als der 40jährige Reverend Mun sie zur Frau nahm. Ihre Mutter war eine treue Anhängerin Kim Seongdos gewesen und betrachtete Reverend Mun als den Zweiten Messias. Gern gab sie ihre Tochter her, damit sie die Wahre Mutter der Wahren Familie wurde.

»Der Sündenfall der Menschen läßt sich in wenigen Worten zusammenfassen: die Menschen verloren ihre Eltern«, schrieb Sun Myung Mun zum Ausschluß Adams und Evas aus dem Paradies. »Die Geschichte des Menschen ist seine

Suche nach seinen Eltern. Der Tag, an dem die Menschen ihren Wahren Eltern begegnen, ist der glücklichste Tag in ihrem Leben, weil bis zu diesem Augenblick jeder einzelne wie eine Waise ist, die in einem Waisenhaus lebt. Er hat keinen Ort, den er als wahres Zuhause bezeichnen könnte.«

Reverend Mun hat mir nie von seinem eigenen Vater erzählt, aber er sprach mit großem Respekt von seiner Mutter und ihrer Bereitschaft hart zu arbeiten. Sein Vetter erinnerte sich, daß Wahrer Vater ein kluges, bevorzugtes Kind in einer Familie mit sechs Töchtern und zwei Söhnen war. Zwei weitere Kinder, Zwillinge, waren noch im Säuglingsalter gestorben. Young Ki Mun, ein Vetter Reverend Muns, sprach 1989 in Korea bei einem Gottesdienst zum Gedenken an die Geburt Kyung Kye Kims, der Mutter Reverend Muns. Der Cousin erinnerte sich, daß Mun »als kleiner Junge der Schalk im Nacken saß. Als er sechs Jahre alt war, züchtigte seine alte Mutter ihn derart, daß er beinahe das Bewußtsein verlor. Ich denke, dieser Zwischenfall jagte seiner Mutter einen solchen Schrecken ein, daß sie nie wieder mit ihm schimpfte.«

Seinem Vetter zufolge war es auch seine Mutter, die Sun Myung Muns intellektuelle Fähigkeiten erkannte. Sie wollte unbedingt, daß er studierte. »Er mußte nach Japan gehen, um sein Studium fortzusetzen, aber da seine Eltern nicht in der Lage waren, ihn finanziell zu unterstützen, mußte er in sein Heimatdorf zurückkehren. Seine Mutter wollte das Land meines Vaters verkaufen, um für Wahrer Vaters Ausbildung in Japan aufzukommen, aber da das ganze Land auf den Namen meines Vaters eingetragen war, konnte sie es nicht verkaufen. Also bat sie mich, ihr den Stempel meiner Mutter zu beschaffen, damit sie das Land verkaufen und Wahrer Vater in Japan zur Schule schicken konnte.« Dieser

Betrug sei Teil des göttlichen Plans für den Messias. Um den göttlichen Plan zu unterstützen, mußten andere in der Mun-Familie leiden.

Hak Ja Hans Kindheit war stark geprägt von der spirituellen Bewegung, mit der ihre Mutter sich identifizierte. Sie führte ein sorgenfreies, behütetes Dasein auf der Insel Jejudo, bis sie und ihre Mutter 1955 nach Seoul übersiedelten. Sie wurde von ihrer Großmutter aufgezogen, da ihre Mutter so sehr mit ihrem eigenen religiösen Leben beschäftigt war. Ihr Vater hatte Frau und Kind verlassen, als sie noch sehr klein gewesen war. Als Hak Ja Han elf war, wurde ihre Mutter Sun Myung Muns Köchin. Hak Ja Han war noch ein Kind, als der Messias ihr das erste Mal begegnete und den Entschluß faßte, sie zu heiraten.

Reverend Mun erinnerte sich später:

Frauen der frühen Vereinigungskirche wollten mich lieben, auch wenn sie sich hierfür in Lebensgefahr begaben, und sie suchten mich sogar spät nachts noch auf. Und so wurde über uns getratscht. Die Frauen wußten nicht einmal, warum sie einem Mann, von dem sie wußten, daß er sich ganz auf Gott konzentrierte, solcherlei Besuche abstatteten. Und als dann die Heilige Hochzeit anstand, wünschten sogar die älteren Witwen, sie wären an Mutters Stelle. Manche Frauen behaupteten gar mit vor Überzeugung strahlenden Augen, die Wahre Mutter zu sein. Eine alte Dame von 70 Jahren sagte, sie wolle meine Frau werden und mir zehn Kinder schenken! Natürlich wußte sie selbst nicht, warum sie etwas Derartiges sagte. Frauen, die Töchter hatten, beteten inbrünstig zu Gott und sagten, ihnen sei offenbart worden, daß ihre Tochter die Wahre Mutter werden würde.

Aber die Frau, die dann wirklich die Wahre Mutter wer-

den sollte, trat völlig unerwartet in mein Leben. Sie war ein Mädchen, das nur wenige kannten. Ich war 40 und wollte ein 17jähriges Mädchen heiraten. Wenn das nicht Gottes Wille war, wer wäre dann verrückter gewesen als ich? Man bedenke, daß von diesem Moment an die große Verantwortung Mutters darin bestehen würde, alle Bürden der Vereinigungskirche auf sich zu laden. Viele wundervolle Frauen mit Universitätsabschluß sprachen vor und zählten ihre Qualifikationen auf, aber ich wies sie alle ab und wählte ein unschuldiges 17 Jahre altes Mädchen zur Mutter. Welche Überraschung! Alte Damen und Mütter schüttelten den Kopf und verdrehten die Augen.

Jugend sollte kein Hinderungsgrund für eine Eheschließung sein, erklärte Mun seinen Anhängern: »Sobald ihr bemerkt, daß Eure Kinder zu Jugendlichen herangewachsen sind und sich für sexuelle Belange interessieren, werden sie in Form einer Heirat gesegnet. Warum sollten sie von Gott abfallen? Gott oder der Himmel ist dafür verantwortlich, daß jeder Mensch auf Erden sich ernährt, sich bildet und heiratet. Heute arbeiten die Menschen hart und haben trotzdem nicht genug zu essen. Menschen wollen heiraten, aber es wird ihnen verwehrt ... Warum sollte jemand allein bleiben, nachdem in ihm der Impuls zu lieben erwacht ist? Es obliegt den Eltern, den richtigen Zeitpunkt zu bestimmen.«

Sun Myung Mun und Hak Ja Han heirateten am 11. April 1960 in der Hauptniederlassung der Kirche in Seoul. Ein Dutzend Mitglieder waren kürzlich ausgetreten und hatten außerhalb der Kirche verbreitet, daß Sun Myung Mun sich als Messias ausgebe und persönlich die Ehegatten seiner Jünger auswähle. Es kam zu Demonstrationen aufgebrachter Eltern von Kirchenmitgliedern draußen auf der Straße, als Sun Myung Mun und Hak Ja Han den heiligen Bund der Ehe schlossen.

Die Opposition war in Muns Augen ebenso schicksalhaft wie die Hochzeit. »Jesus wurde von der ganzen Nation angefeindet, von den Priestern, von allen. Die Wiederherstellung kann nur erfolgen, wenn wir uns in derselben Situation befinden wie Jesus. Darum wurde auch die gesamte koreanische Nation mobilisiert, um uns anzufeinden. Wir gingen den heiligen Bund der Ehe ein, während draußen vor den Toren gegen uns skandiert wurde. Hierdurch obsiegte die Vereinigungskirche inmitten der tobenden Schlacht. Hätten wir dies nicht getan, hätte Gott nicht frohlockt.«

Eine Woche später traute Sun Myung Mun seine drei ergebensten Jünger – Won Pil Kim, Hyo Won Eu und Young Whi Kim – mit Kirchenfrauen, die er für sie ausgewählt hatte. Auf diese Trauungen folgten innerhalb eines Jahres 33 weitere arrangierte Eheschließungen, darunter jene meiner Eltern. Mun hatte meinem Vater freigestellt, seine Braut selbst auszuwählen, ein höchst ungewöhnliches Privileg in Anbetracht der Tatsache, daß der Kirchenlehre zufolge die Ehe eine spirituelle Vereinigung war, die nicht durch Ablenkungen wie körperliche Anziehung gestört werden sollte. Mein Vater überließ Mun die Wahl.

Meine Eltern waren einander nie begegnet, als Sun Myung Mun sie füreinander bestimmte, aber sie beide waren voller Vertrauen, als er sagte, daß er sie deshalb zusammenbrächte, weil er wüßte, daß sie Kinder bekommen würden, die ihnen und der Vereinigungskirche zur Ehre gereichen würden.

Als meine Großmutter von der bevorstehenden Hochzeit Wind bekam, versteckte sie die Schuhe meiner Mutter und sperrte sie in ihrem Zimmer ein. Meine Mutter bat ihren jüngeren Bruder um Hilfe. Er fand ihre Schuhe und sperrte die Tür auf. Sie rannte den ganzen Weg bis zur Kirche. Meine Großmutter ließ nicht lange auf sich warten; aber sie kam zu spät. Als meine Eltern sie rufen und an die Kirchentür hämmern hörten, hatte Mun ihre Vereinigung bereits gesegnet.

Sun Myung Mun hat nie vergessen, wie mein Großmutter an jenem Tag in die Kirche stürmte, mit den Fäusten gegen seine Brust hämmerte und ihm vorwarf, daß er ihre Tochter mit einem ihr unbekannten Mann verheiratet habe, in einer Kirche, der sie mißtraue. Mit der Zeit gelangten Sun Myung Mun und ich beide zu der Überzeugung, daß ich das Temperament meiner Großmutter geerbt haben mußte.

2. Kapitel

Meine früheste Erinnerung ist die an einen kleinen dunklen Raum am Ende eines langen schmalen Flures. Falls es Fenster gab, kann ich sie vor meinem geistigen Auge nicht sehen. Falls Möbel vorhanden waren, kann ich mich an sie nicht erinnern. Ich sehe nur eine jüngere Ausgabe meiner selbst im Dunkeln auf dem Boden sitzen.

Ich war allein. Das Haus war leer, aber seltsamerweise empfand ich keine Furcht. Ich fühlte vielmehr so etwas wie Resignation, eine seltsame Empfindung für ein so kleines Mädchen. Aber ich spürte schon damals, daß mein Platz im Leben vom Schicksal bestimmt war und meine Aufgabe darin bestand, vieles zu erdulden.

Ich weiß nicht, worauf ich wartete – darauf, daß mein Bruder aus der Schule heimkehrte oder ein Babysitter von der Kirche kam –, aber weiß ich genau, wen ich nicht erwartete, den langen schmalen Flur entlangkommen zu sehen.

Meine Mutter war den Großteil meiner Kindheit abwesend. Ich verbrachte meine ersten Kindheitsjahre damit, sie zu vermissen, mit einer tiefreichenden und unartikulierten Sehnsucht, einem physischen Schmerz tief im Inneren meines Herzens. Wie mein Vater war auch sie erfüllt von der Inbrunst eines frischbekehrten religiösen Konvertiten. Als erste Jünger Reverend Sun Myung Muns erachteten meine

Eltern es als ihre heilige Pflicht, die Kunde zu verbreiten, daß der Zweite Messias gekommen sei, um neue, noch frömmere Mitglieder für die noch in den Anfängen steckende Vereinigungskirche zu gewinnen.

Kinder verkomplizierten diese Aufgabe, auch wenn unsere Existenz allein schon Ausdruck der Mission waren. Mun hatte die ersten 36 gesegneten Paare angewiesen, möglichst viele Kinder zu zeugen, als Fundament der Wahren Göttlichen Familie. Er erwartete von seinen Jüngern, daß sie gleichzeitig ganz Korea, später gar die ganze Welt bereisten, um in seinem Namen zu predigen und »Zeugnis abzulegen«. Sun Myung Mun lehrte seine Anhänger, daß Gott sich ihrer Kinder annehmen würde, wenn seine Anhänger sich dafür seiner annahmen. Die Dringlichkeit von Muns Mission war sogar stärker als das Band zwischen Mutter und Kind.

Es war die religiöse Pflicht meiner Eltern, uns auf die Welt zu bringen, aber ich wußte schon sehr früh, daß nicht wir oberste Priorität hatten, sondern Sun Myung Mun. Sie ernährten uns, sie kleideten uns, sie gaben uns Obdach. Ich weiß, daß sie uns liebten. Aber das, wonach ein Kind sich am meisten sehnt – Zeit und Aufmerksamkeit –, das konnten unsere Eltern uns nicht geben.

Ich war das zweite von sieben Kindern, die Gil Ja Yoo und Sung Pyo Honh in den ersten zwölf Jahren ihrer Ehe zeugten. Ich wurde in Seoul auf einer Bettrolle auf dem Fußboden des Häuschens meiner Großmutter mütterlicherseits geboren. Meine Großmutter hat ihrer Tochter nie verziehen, daß sie sich einer Kirche angeschlossen hatte, die sie selbst und die meisten anderen Koreaner als verrückte Sekte betrachteten, aber sie hat sie in der Not nie abgewiesen.

Die Kirche selbst konnte kein Geld erübrigen, so daß Sun Myung Mun seine Jünger völlig mittellos und nur mit ihrem eigenen Überlebenswillen ausgestattet quer durch das ganze Land schickte. Meine Eltern zogen nicht gemeinsam umher. Um den Wirkungskreis zu vergrößern, befahl Mun seinen Anhängern, sich zu zerstreuen und allein Gottes Wort zu verkünden. Und so reisten meine Eltern in verschiedene Richtungen, um Koreas kleinere Orte und noch kleinere Dörfer aufzusuchen.

Wir wurden der Obhut meiner Großmutter, verschiedener Tanten oder sogenannter Schwestern überlassen, unverheirateten Kirchenmitgliedern, die Mun dienten, indem sie die Kinder der verheirateten Jünger beaufsichtigten. Nachdem ich meine eigenen Kinder geboren hatte, fiel es mir noch schwerer zu verstehen, wie meine Eltern es hatten fertigbringen können, ihre Kinder anderen, teilweise völlig fremden Personen zu überlassen. Und das sollte eine vollkommene Familie sein?

Ich weiß wohl, daß meine Geschwister und ich mehr Glück hatten als einige andere. Manche von Sun Myung Muns Anhängern gaben ihre Söhne und Töchter in Waisenhäusern ab, um das heilige Wort predigen zu können. Einige holten sie dort nie wieder ab.

1965 beschrieb Sun Myung Mun seine Idealvorstellung von Kindererziehung: »Wir stellen uns ein Heim für die Kinder unserer Anhänger vor, in dem verantwortungsbewußte Personen sie zumindest für ein paar Jahre erziehen und unterrichten. Das würde den Jüngern den nötigen Freiraum zum Predigen lassen. Es gibt in unserer Gruppe Leute, die ebenso qualifiziert wie willens sind, ein solches Heim mit angeschlossener Schule zu führen. Wir werden diesen Plan in der Zukunft verwirklichen, wenn wir mehr Geld haben, um ein solches Heim und die Kinder zu unterhalten. Das wird sehr gut sein für die Kinder, sehr gut für die Eltern und sehr gut für die Bewegung. Niemand kann das Himmlische Königreich allein betreten, das geht nur als Familie.« Er drängte seine frühen Anhänger, darunter meine Eltern, »Menschen zu finden, die genug Geld haben, um uns bei der Finanzierung einer solchen Schule zu unterstützen.«

Aber wie schwer es für mich auch war, von meiner Mutter getrennt zu sein, war das Leben für sie auch nicht leichter. Das Umherreisen war beschwerlich. Sie bettelte oder borgte Geld für einen Zugfahrschein, ließ sich auf einem Heuwagen mitnehmen, tat einfach alles, um die Botschaft der Ankunft des neuen Messias hinaus aufs Land zu tragen, und oft genug war der einzige Lohn für ihre Mühe die Feindseligkeit ihrer Zuhörerschaft. Die frühen Mitglieder der Vereinigungskirche wurden verhöhnt und gesteinigt, bespuckt und ausgelacht. Nur selten schenkte man ihnen Gehör.

Meine Mutter ertrug die ständigen Angriffe auf ihren Glauben mit inbrünstigen Gebeten. Aber während das Gebet ihren Seelenfrieden wiederherstellte, konnte es ihren Bauch nicht füllen, einen Bauch, der meist angeschwollen war vom Hunger oder von einer weiteren Schwangerschaft. Sie lebte von Reis und Wasser und von der Mildtätigkeit der Bauersfrauen, die ihren dicken Bauch sahen und Mitleid mit ihr hatten. Wenn ich an den unstillbaren Hunger während meiner eigenen Schwangerschaften denke, kann ich nur staunen, wie meine Mutter solche Entbehrungen still erduldet hat.

Ihre Tage waren lang und eintönig. Sie mietete ein Zimmer in einem Dorf und verbrachte ihre Tage damit, an Straßenecken zu predigen, während sie nachts in fast leeren Gemeindesälen sprach. Sie war einst ein scheues junges Mädchen gewesen, entwickelte sich jedoch in diesen Jahren zu einer großartigen Rhetorikerin. Sie hat nie gelernt, das

Rampenlicht zu genießen, aber mit der Zeit überwand sie ihre Furcht und man hörte ihr zu, wenn sie sprach.

Armut und Trennung waren jedoch nicht die einzigen Belastungen, mit denen meine Eltern in den ersten Jahren leben mußten. Als ich noch von meiner Mutter gestillt wurde, stürmten einmal Soldaten in das kleine Zimmer, das meine Eltern in Seoul gemietet hatten. Die Soldaten befahlen meinem Vater, das Haus zu verlassen, und führten ihn unter den entsetzten Blicken meiner Mutter ab. Das Verbrechen meines Vaters bestand darin, daß er seinen Militärdienst nicht geleistet hatte. In Korea war der Militärdienst für junge Männer ein Muß. Später erzählte er mir, daß er sich nicht bewußt der Wehrpflicht entzogen hätte, sondern daß man ihm versichert habe, man hätte arrangiert, daß er befreit worden sei.

Die Soldaten verrieten meiner Mutter an jenem Tag nicht, wohin sie meinen Vater brachten. Mit mir auf dem Arm und meinem zwei Jahre alten Bruder Jin im Schlepptau klapperte sie in Seoul sämtliche Gefängnisse und Polizeiwachen ab, bis sie ihn schließlich fand. Meiner Mutter kam nie der Gedanke, sich direkt an Sun Myung Mun zu wenden. Er war viel zu bedeutend, um ihn mit persönlichen Problemen zu belästigen, wie dringlich diese auch sein mochten. Während der Abwesenheit meines Vaters schuftete sie bis zum Umfallen, um uns zu ernähren und ein Dach über dem Kopf zu erhalten.

Trotzdem beklagten meine Eltern sich nie. Sie taten Gottes Werk. Sie betrachteten ihre Armut als adelnd. Sie akzeptierten ihre Entbehrungen als völlig unbedeutend, verglichen mit dem Leid, das Mun während der Gründerjahre der Vereinigungskirche hatte erdulden müssen: seine Gefängnisstrafen, seine Verfolgung seitens gottloser Kommunisten, sein langer Marsch nach Süden. Die Geschichte von Sun Myung Muns Prüfungen war bereits zur Legende geworden. Inzwischen lebte Mun allerdings sehr gut, erst recht wenn man seinen Lebensstandard mit dem seiner Jünger verglich.

Die Familie Mun bewohnte großzügige Räume gleich über der zentralen Kirchenstelle in einem der besseren Viertel Seouls. Sie lebten von der Arbeit der Kirchenmitglieder, die Mun und seine Familie bedienten, die Kinder versorgten, den Haushalt führten und die Wäsche wuschen.

Den Großteil meiner Kindheit lebten wir in verschiedenen Einzelzimmern, die wir in Häusern in einem Slum von Seoul namens Moontown mieteten. Der Name hatte nichts mit Sun Myung Mun[1] oder der Vereinigungskirche zu tun. Das Viertel befand sich lediglich auf einem baumlosen Hügel, der die südkoreanische Hauptstadt überragte und somit näher beim Mond[2] war. Es war ein Ghetto winziger, heruntergekommener dichtgedrängter Häuser in schmalen, gewundenen Straßen. Die Häuser waren alle gleich: einstöckige mit Kohleöfen beheizte Gebäude. Jedes Haus besaß ein mit Ziegeln gedecktes Dach und war von einer Steinmauer umgeben, in die entlang des oberen Randes Glasscherben eingelassen waren, um die Diebe abzuschrecken, die die Gegend unsicher machten.

Wir haben in Moontown in so vielen verschiedenen Zimmern gelebt, daß sie in meiner Erinnerung zu einer Einheit verschmelzen. Ich erinnere mich an die Außentreppe eines Hauses, wo Jin und ich »Vater, Mutter, Kind« spielten und unsere kleine Schwester Choong Sook mit Kieselsteinen

---

[1] Anmerkung des Übersetzers: im Englischen wird Mun *Moon* geschrieben
[2] Englisch *Moon*

fütterten, die sie auch gehorsam lutschte, bis eine Kirchenschwester uns befahl aufzuhören. Ich erinnere mich an ein anderes Haus, in dem wir zwei Zimmer an den entgegengesetzten Enden eines langen Flurs gemietet hatten. Eine Schwester bewohnte mit uns Kindern das eine Zimmer, und meine Eltern teilten sich den zweiten Raum. Eines Tages beschuldigte das Ehepaar, dem das Haus gehörte, meine Eltern, Kohlen gestohlen zu haben. Die Schwester regte sich derart auf wegen dieses Verdachts gegen meine grundehrlichen Eltern, daß sie sich lautstark bei unseren Vermietern beschwerte, woraufhin diese uns prompt alle hinauswarfen.

Das Zimmer, an das ich mich am besten erinnern kann, ist verbunden mit meiner schönsten Erinnerung an meinen Vater. Es war ein großer Raum, der mit Hilfe einer kleinen Kommode unterteilt war. Meine Mutter hatte gerade ihr fünftes Kind zur Welt gebracht, meine Schwester Chang Sook. Eine meiner Tanten war gekommen, um auszuhelfen. Wir vier größeren Kinder schliefen mit meiner Tante auf Bettrollen auf der einen Seite der Kommode; meine Eltern mit dem Baby auf einem Futon auf der anderen.

In unserer Raumhälfte war es dunkler. Ich sehnte mich danach, näher bei meinen Eltern zu schlafen, näher beim Licht. Als der Abend in die Nacht überging, tat ich so, als würde ich auf der Seite meiner Eltern einschlafen. Ich betete, daß sie mich liegen lassen würden, ganz nah an sie gekuschelt.

Aber es sollte nicht sein. Mein Vater hob mich hoch und trug mich zurück auf die dunkle Seite des Zimmers. Es war der körperlichste Kontakt mit ihm, an den ich mich erinnern kann. Ich fühle immer noch die Leichtigkeit, mit der er mich vom Boden aufhob, das Streicheln seines Hemdes an meiner Wange. Ich war so glücklich, daß er mich in den Armen hielt, daß es mich darüber hinwegtröstete, daß ich so weit weg von ihm und meiner Mutter schlafen mußte, so weit weg vom Licht.

Dieser zärtliche Augenblick ist mir wohl deshalb so lebhaft in Erinnerung geblieben, weil solche Momente sehr selten waren. Unser Alltag war geprägt von lähmender Routine und quälender Armut. Die einzige Intimität war die erzwungene Nähe der Armen. Es gab in Moontown keine privaten Wasseranschlüsse. Wir wuschen uns und putzten uns die Zähne an einem öffentlichen Wasserhahn in einer Gasse hinter dem Haus, und wir erleichterten uns in stinkenden Latrinen, die die gesamte Nachbarschaft benutzte.

Tankwagen fuhren durch Moontown, um die Latrinen abzupumpen, aber sie kamen viel zu selten. Ich zögerte jeden Gang dorthin solange hinaus, wie es ging. Wenn ich dann nicht mehr länger einhalten konnte, hielt ich die Luft an, sobald ich die Tür zum Klohäuschen aufmachte. Der Gestank nach menschlichen Exkrementen war sogar in den eisigen Wintermonaten überwältigend. Im Sommer war alles voller Fliegen. Wenn ich lange genug meine Nase losließ, um sie fortzuscheuchen, stieg sofort Brechreiz in mir auf, so daß ich nach Luft ringend aus der Latrine stürmen mußte.

Einmal wöchentlich suchte meine gesamte Familie das öffentliche Badehaus auf, um sich gründlich zu waschen. Jeder von uns hatte einen kleinen Metalleimer mit Seife, Haarwaschmittel, ein Handtuch und einen Satz sauberer Kleider bei sich. Wir bezahlten, und die Jungen traten durch eine Tür und die Mädchen durch eine andere. Im Inneren gab es zwei große Räume mit riesigen, dampfenden Wasserbecken. Ich sehe noch die Dutzenden von Frauen und Mädchen vor mir, die Seite an Seite im Wasser saßen, die Haut ganz rosig von der Hitze. Die Angestellten des Badehauses schrubbten für ein kleines Entgelt den wohlhabenderen Nachbarn den Rücken. Hinterher duschten wir uns und kehrten heim, für eine weitere Woche körperlich gereinigt.

Wir waren Kinder, und Kinder haben kein Gefühl für wirtschaftliche Unterschiede. Wir betrachteten uns nicht als besonders arm oder unterprivilegiert. Immerhin lebten wir nicht anders als unsere Nachbarn rechts und links von uns. Wir spielten mit Papierpuppen auf den Haustreppen und Karten auf den holprigen Gehwegen. Wir jagten einander durch die überfüllten Straßen auf dem Weg in noch überfülltere Klassenzimmer. Wir stritten und lachten nicht mehr und nicht weniger als die Leute, denen es besser ging als uns.

Was uns von den anderen abgrenzte, war nicht das Geld, sondern der Glaube. Ich wußte von Anfang an, daß unsere Religion unsere Familie anders machte, daß Mitglied der Vereinigungskirche zu sein etwas anderes war als Presbyterianer oder Buddhist. Außer mit meinen Freunden in der Kirche sprach ich mit niemandem über meinen Glauben. Ich wußte, daß andere unsere Religion für sonderbar oder gar gefährlich hielten. Ich legte keinen Wert darauf, andere auf meine Religion aufmerksam zu machen, aber wenn ich als kleines Kind auch nicht besonders stolz war auf unseren Glauben, schämte ich mich seiner auch nicht. Außer vielleicht zu Weihnachten. Dann wünschte ich mir, meine Familie wäre wie die Familien meiner Freunde außerhalb der Vereinigungskirche.

Christbäume und große Feiern der Geburt Jesu waren in Moontown aufgrund der dort herrschenden allgemeinen Armut zwar selten, aber in Seoul kommt der Weihnachtsmann sogar zu den Armen. Nur in unsere gemieteten Zimmer kam er nicht. Jedes Jahr, wenn ich an Heiligabend einschlief, hoffte ich insgeheim, daß in diesem Jahr der Weihnachtsmann ein kleines Geschenk ans Kopfende meines Bettes legen würde, so wie er es bei meinen Freunden tat. Und am Weihnachtsmorgen schluckte ich dann jedesmal die Tränen hinunter, wenn ich sah, daß er mich und meine Geschwister wieder einmal vergessen hatte.

Das war keine Grausamkeit seitens meiner Eltern. Sie waren so sehr damit beschäftigt, für das Wohl der Kirche zu schuften, ihre Gedanken und Herzen waren derart auf ihre Mission konzentriert, daß ihnen einfach nie in den Sinn kam, uns Weihnachtsgeschenke zu kaufen, erzählte meine Mutter mir später.

Wir betrachteten Weihnachten als einen Tag, an dem man sich den Lehren Jesu widmete. Obgleich man uns lehrte, daß es Jesus nicht gelungen war, seine göttliche Mission zu vollenden, ermutigte man uns, ihn wegen seiner zahlreichen spirituellen Erfolge zu ehren, indem man den Tag seiner Geburt feierte. Und das tat man als Erwachsener am besten dadurch, daß man diesen Tag für die Werbung neuer Mitglieder für die Vereinigungskirche verwandte, meinte Sun Myung Mun.

Wir konnten zwar den Weihnachtsmann nicht dazu bringen, uns zu besuchen, aber wir verstanden es dennoch, uns kleine Freuden zu verschaffen. Mein Bruder Jin wanderte durch die Straßen Moontowns und suchte nach Fenstern, die von einem verräterischen blauen Lichtflackern erhellt wurden, das bedeutete, daß dort einer der seltenen Fernsehapparate lief. Er hoffte dann auf eine unverschlossene Tür, und wenn er Glück hatte, konnte er sich in den Raum schleichen, in dem die Familie vor dem Fernseher saß. Manchmal gelang es ihm sogar, sich eine Sendung bis zum Ende anzusehen, ehe jemand den Fremden bemerkte und ihn auf die Straße zurückjagte.

Ich war von der Dreistigkeit meines Bruders ebenso schockiert wie fasziniert. Ich konnte mir nicht vorstellen, je so unerschrocken zu sein. Vielleicht lag es an der vielen Zeit, die ich als Kleinkind allein verbracht hatte, daß ich mich unter Menschen, sogar unter Verwandten, immer unbehaglich fühlte.

Als ich vier war und Jin sechs schickten unsere Eltern uns für ein Jahr zu der Schwester meiner Mutter und ihrem Mann, die in der zweitgrößten Stadt Koreas lebten, in Pusan. Unsere Eltern waren schlicht nicht in der Lage, ihre wachsende Familie zu ernähren und ihr ein Dach über dem Kopf zu beschaffen. Tante und Onkel waren kinderlos. Sie führten eine kleine Apotheke und wohnten in einem Zimmer über dem Laden.

Sie waren gut zu uns, aber Jin und ich hatten trotzdem Heimweh. Unten gab es ein Hinterzimmer, in dem ich mich aufhielt und allein beschäftigte, während meine Tante und mein Onkel arbeiteten. Ich kann mich noch gut daran erinnern, wie sehr ich mich freute, wenn Jin nach der Schule zu mir kam. Wir schmuggelten kleine Leckereien, meist einen Gesundheitsdrink namens Pakhasu, aus dem Laden ins Hinterzimmer, wo wir uns heimlich darüber hermachten. Allein hätte ich so etwas niemals gewagt.

Meine kleine Schwester Choong Sook war zur gleichen Zeit bei meinen Großeltern mütterlicherseits in ihrem Zwei-Zimmer-Haus in Seoul untergebracht worden. Der ältere Bruder meiner Mutter lebte zusammen mit seiner Ehefrau ebenfalls dort. Auch sie hatten keine eigenen Kinder, und meine Tante war ganz vernarrt in meine kleine Schwester, die sie mehr wie eine Tochter behandelte als wie eine Nichte.

Meine Mutter gestand mir später, daß sie es bereut habe, uns so lange fortgeschickt zu haben, und daß sie gewünscht hätte, es hätte eine Möglichkeit gegeben, die Familie zusammenzuhalten, während sie Sun Myung Mun diente. Damals war er jedoch ihre oberste Priorität, nicht wir. Das sollte nicht das Letzte sein, was meine Eltern bereuen sollten bezüglich der Opfer, die sie von ihren Kindern verlangten im Namen Sun Myung Muns und seiner Kirche.

Sobald ich aus Pusan zurückkehrte, schickte meine Mutter mich in die öffentliche Schule. Ich war erst fünf, ein ganzes Jahr jünger als alle meine Klassenkameraden. Nach so vielen Jahren der Einsamkeit geriet ich beim Anblick des lärmerfüllten Schulgebäudes, das von übermütigen Kindern wimmelte, in Panik. Immer wieder weigerte ich mich hinzugehen. Diese Verhaltensstrategie blieb natürlich nicht folgenlos. Ein Lehrer mußte kommen und mich holen, wodurch er noch mehr verhaßte Aufmerksamkeit auf mich lenkte, wenn er mich ins Klassenzimmer schleifte.

In jeder Klasse meiner Grundschule drängten sich an die achtzig Kinder. Ich war kreuzunglücklich, fühlte mich verloren inmitten der Menge und war zu schüchtern, auch nur meine elementarsten Bedürfnisse mitzuteilen. Ich kann mich noch gut an das grausame Gelächter meiner Klassenkameraden erinnern, als sich unter meinem Pult eine Urinlache bildete. Ich hatte mich nicht getraut, dem Lehrer zu sagen, daß ich austreten mußte.

In der Kirche, die von Anfang an Mittelpunkt unseres Lebens gewesen war, fühlte ich mich nicht so fremd. Anstatt Märchen erzählte meine Mutter uns vor dem Einschlafen inspirierende Geschichten aus dem Leben Sun Myung Muns. Seine Biographie war uns vertrauter als unsere eigene. Photos von Mun und seiner Wahren Familie aufzuhängen war unser erstes Ritual, jedesmal, wenn wir neue Räume bezogen. Außerdem wurde in unserem Zimmer ein Schrein aufgestellt. In der Mitte befand sich ein Photo der Wahren Eltern, umgeben von Blumen und *shimjung*- oder »Herz«–Kerzen. Diese Kerzen waren von Mun gesegnet worden und sollten die Kräfte Satans schwächen.

Der Sonntag war der Tag der Gottesverehrung in der Vereinigungskirche, auch wenn unser Tag viel früher begann und viel später endete als bei den Anhängern der größeren christlichen Religionen. Wir standen schon vor Morgengrauen auf, um uns für das Gelöbnis fertig zu machen, das um 5.00 Uhr begann. Sogar von Kleinstkindern und Säuglingen wurde erwartet, daß sie teilnahmen. Wie wir es haßten, so früh aufzustehen, als wir noch klein waren!

Das Gelöbnis wurde außerdem am ersten jedes Monats sowie an den kirchlichen Feiertagen aufgesagt. Nachdem wir uns aus den Betten gequält hatten, versammelten wir uns vor dem Schrein. Wir verneigten uns dreimal – einmal vor Gott, einmal vor Wahrer Vater und einmal vor Wahrer Mutter – und sagten dann die Worte des Textes mit dem Titel »Mein Gelöbnis« auf. Mit sieben Jahren kannte ich den ganzen Text bereits Wort für Wort auswendig:

1. *Als Mittelpunkt des Kosmos werde ich den Willen unseres Vaters erfüllen [der Zweck der Schöpfung] sowie die mir auferlegte Verantwortung [der Eigenperfektionierung]. Ich werde eine pflichtbewußte Tochter und ein Kind der Güte sein, um unserem Vater auf ewig in der vollkommenen Welt der Schöpfung zu dienen, indem ich ihm Glück, Ruhm und Ehre bringe. Das gelobe ich.*
2. *Ich werde mich völlig dem Willen Gottes unterwerfen, mir die gesamte Schöpfung als mein Erbe zu überlassen. Er*

gab mir Sein Wort, Seine Persönlichkeit und Sein Herz und schenkt mir, die ich gestorben war, neues Leben, macht mich Eins mit Ihm und zu seinem Wahren Kind. Hierfür hat unser Vater 6000 Jahre den aufopferungsvollen Weg des Kreuzes auf sich genommen. Das gelobe ich.

3. *Als Wahre Tochter werde ich dem Beispiel unseres Vaters folgen und mutig ins feindliche Lager stürmen, bis ich sie mit den Waffen besiegt habe, mit denen Er im Laufe der Geschichte für mich den Feind Satan besiegt hat, indem er Schweiß für Erde gesät hat, Tränen für Menschen und Blut für den Himmel, als Diener, jedoch mit dem Herzen eines Vaters, um Seine Kinder und das an Satan verlorene Universum wiederherzustellen. Das gelobe ich.*
4. *Individuum, Familie, Gesellschaft, Nation, Welt und Kosmos, die sich unserem Vater anvertrauen, der Quelle des Friedens, des Glücks, der Freiheit und aller Ideale, werden die ideale Welt eines Herzens in einem Leib verwirklichen, indem sie ihre ursprüngliche Natur wiederherstellen. Zu diesem Zweck werde ich eine Wahre Tochter werden, unserem Vater Freude und Zufriedenheit vergelten und als Vertreterin unseres Vaters der Schöpfung Frieden, Glück, Freiheit und alle Ideale in der Welt des Herzens schenken. Das gelobe ich.*
5. *Ich bin stolz auf die eine Souveränität, stolz auf das eine Volk, stolz auf das eine Land, stolz auf die eine Sprache und Kultur mit Gott als Mittelpunkt, stolz, das Kind des Einen Wahren Vaters zu sein, stolz auf die Familie, die eine Tradition erben wird, stolz, eine Arbeiterin zu sein, die danach strebt, die eine Welt des Herzens zu verwirklichen. Darum werde ich mit meinem Leben kämpfen.*

Ich werde verantwortlich dafür sein, meine Pflicht und Mission zu erfüllen.

Das schwöre und gelobe ich.
Das schwöre und gelobe ich.
Das schwöre und gelobe ich.

Nach dem Gelöbnis ließen unsere Eltern uns allein, um punkt 6.00 Uhr der Predigt Reverend Muns in der Kirchenzentrale beizuwohnen. Manchmal redete er stundenlang; fünfzehn Stunden am Stück waren keine Seltenheit. Er reagierte verärgert, wenn jemand aus der Gemeinde während seiner Predigten den Raum verließ, um sich zu erleichtern, so daß die Sonntage für die Erwachsenen, die auf dem nackten Holzboden des Versammlungssaales der Kirche saßen, eine ziemliche Qual sein konnten.

Ich begann schon als kleines Kind, die Sonntagsschule zu besuchen. Mit dem Bus war es ein weiter Weg von Moontown dorthin, und wir mußten sieben Mal umsteigen. Meine Mutter drückte Jin das Fahrgeld in die eine Hand und meine Hand in die andere. Ich trug eine rote Baumwollmütze, die mit einem Band unter meinem Kinn verschnürt wurde. In meiner Erinnerung blickte ich immer auf in das liebe Gesicht meines Bruders, während wir Hand in Hand die Straße hinuntergingen.

Ich habe immer zu Jin aufgesehen. Schon als kleiner Junge besaß er eine Weisheit, die über seine Jahre hinausging. Er besaß eine Güte, an der es mir mangelte. Wenn wir Schule spielten, war er der Lehrer und meine kleine Schwester und ich seine Schüler. Wenn Choong Sook die Antwort auf eine Frage nicht wußte, half er ihr. Ich schäme mich, wenn ich daran zurückdenke, wie ich ihn angeschrien habe, er wäre unfair, sie würde schummeln, er würde ihr einen ungerechten Vorteil verschaffen. Wie geduldig er mir auseinandersetzte, daß ältere Kinder den jüngeren helfen müßten!

Insgeheim beschämte mich seine Güte, aber ich war ein dickköpfiges Kind. Ich konnte nie zugeben, wenn ich unrecht hatte. Immer war es Jin, der sich nach einem Streit entschuldigte, den ich provoziert hatte.

Aber mein Bruder war keineswegs ein Heiliger. Jin hatte auch einen ausgeprägten Sinn für Ungehorsam. In der Nähe einer der Bushaltestellen auf dem Weg zur Kirche war immer ein Markt. Manchmal gingen Jin und ich anstatt in die Sonntagsschule dorthin und gaben das Fahrgeld für Leckereien aus. Daheim war der Speiseplan recht karg – es gab jeden Tag Reis und Sojabohnensprossen –, so daß mein Bruder und ich oft nicht widerstehen konnten, uns mit gewürzten Reisküchlein, Fischsuppe oder gebratenem Gemüse vollzustopfen.

Wenn wir nach einem dieser heimlichen Ausflüge heimkamen, verlangte meine Mutter von uns, ihr die Lektion aus der Sonntagsschule aufzusagen. Mir schlug das Herz bis zum Hals, und ich wollte schon gestehen, aber Jin lächelte nur und erzählte irgendeine Bibelgeschichte, an die er sich noch von der vergangenen Woche her erinnerte. Ich war verblüfft davon, wie überzeugend er war, aber der Schreck war uns beiden in die Glieder gefahren. Wir beschlossen, kein Risiko mehr einzugehen und gingen in der nächsten Woche wieder brav in die Sonntagsschule.

Die Kirche selbst war eins von mehreren Gebäuden auf einem sehr großen Grundstück in Seoul. Wir gingen durch ein verschnörkeltes Sicherheitstor auf einen großen Hof. Unsere Schuhe stellten wir in ein Regal gleich neben der Eingangstür.

Ich liebte es, in der Eingangshalle zu warten und zuzusehen wie die Mun-Kinder oben aus ihrer Wohnung herunterkamen. Mrs. Mun begleitete sie die Treppe hinunter, alle gepflegt und hübsch anzusehen in ihren teuren Kleidern, die eine Kirchenschwester frisch gewaschen und gebügelt hatte. Mrs. Mun war selbst so jung und schön, daß es einem kleinen Mädchen schwer gefallen wäre, diese königliche Erscheinung nicht zu bewundern. Wir nannten sie alle *Amonim* – das heißt auf Koreanisch »Mutter«.

Sun Myung Mun und seine Frau bekamen insgesamt dreizehn Kinder, aber als ich klein war waren es noch viel weniger. Je Jin, ihre älteste Tochter, war fünf Jahre älter als ich. Hyo Jin, der älteste Junge, vier Jahre. Ein weiteres Mädchen, In Jin, war weniger als ein Jahr vor mir geboren, Heung Jin war im selben Jahr wie ich geboren und Un Jin, seine Schwester, ein Jahr später. Muns Sohn Kook Jin war vier Jahre jünger als ich. Die anderen Kinder der Muns wurden nach ihrer Übersiedlung nach Amerika 1971 geboren.

Ich bewunderte die Mun-Kinder. Das taten wir alle. Wir beneideten sie um ihre schöne Mutter und ihren mächtigen Vater. Wir lernten, die Sonderbehandlungen zu akzeptieren, die ihnen von Erwachsenen zuteil wurden, die versuchten, sich bei Sun Myung Mun einzuschmeicheln. Wir versuchten immer, einen von ihnen in unsere Klasse in der Sonntagsschule zu kriegen, weil uns jede Woche von neuem mitgeteilt wurde, daß die Klasse, die das meiste Geld spendete, belohnt werden würde. Eins der Mun-Kinder in seiner Gruppe zu haben, war somit ein großer Vorteil. Wir anderen waren arm, aber die Mun-Kinder brachten jede Woche ganz neue Scheine für die Kollekte mit.

Diese Geldscheine hinterließen einen bleibenden Eindruck bei mir. Als ich ein kleines Mädchen war, sammelte ich glänzende koreanische Münzen,. Ich behielt nur die glänzendsten, polierte sie auf Hochglanz und nahm sie dann sonntags als meine ureigenste Opfergabe mit in die Kirche.

Ich hatte nicht viel, aber ich gab Gott und Reverend Mun, was ich hatte. Als ich später eigene Kinder hatte, behielt ich diese Gewohnheit aus Kindheitstagen bei und wählte die saubersten, neuesten Dollarnoten als Opfergabe an Gott.

In der Sonntagsschule lernten wir nicht nur die »Göttlichen Prinzipien« und die Offenbarungen Sun Myung Muns. Wir hörten Geschichten und Parabeln, die den Bibelgeschichten, die man den Kindern der anderen christlichen Religionen erzählte, sehr ähnlich waren. Hauptunterschied war, daß in unseren Geschichten nicht Jesus im Mittelpunkt stand, sondern Sun Myung Mun. Wir lauschten Berichten über seinen spirituellen Kampf zur Gründung unserer Religion; wir hörten Geschichten über seine Verfolgung und seine Leiden in den Händen der Ungläubigen. Man lehrte uns, daß er eine historische Gestalt sei, die die Last der gefallenen Menschheit auf ihren starken Schultern trug. Wir hätten uns keinen heiligeren oder tapfereren Anführer vorstellen können als Sun Myung Mun.

Den Wahren Kindern brachten wir eine ganz ähnliche Ehrerbietung entgegen. Wir prägten uns die Namen und Leistungen sämtlicher Mun-Kinder ein. Wir fügten ihren Vornamen die respektvolle Anrede *Nim* hinzu, wenn wir sie ansprachen. Ihre akademischen und künstlerischen Fähigkeiten und ihr höherer Lebensstandard galten uns als Beweis für ihre Überlegenheit. Man könnte fast sagen, daß wir sie vergötterten.

Aber auch unter uns anderen gab es eine Hierarchie. Die Gesegneten Kinder der ersten drei Jünger rangierten auf einer ganz eigenen Ebene, gefolgt von jenen unter uns, die Nachkommen der nächsten 33 Paare waren. Unter unseren Eltern herrschte ein starker Konkurrenzkampf bei dem Versuch, uns als potentielle spätere Ehepartner für die nächste

Mun-Generation zu präsentieren. War man mit den Muns verschwägert, sicherte man damit seiner ganzen Familie einen Platz im inneren Zirkel.

Für die Kinder jener Eltern, die nicht gesegnet worden waren, konnte die Kirche ein grausamer Ort sein. Mein Bruder war den Tränen nah, als er mir erzählte, wie ein kleiner Junge, ein nichtgesegnetes Kind, an einem Sonntag seinen Busfahrschein auf den Kollektenteller legte, woraufhin er von einem unsensiblen Erwachsenen ob seiner Dummheit grob angefahren wurde. Jin war entsetzt. Ganz offensichtlich war der Busfahrschein das Kostbarste gewesen, was der Junge besaß.

Als Kinder kamen wir nur selten in Kontakt mit Mun persönlich. Wir sahen ihn sonntags und an den Kirchenfeiertagen – und derer gab es viele: Tag der Eltern, Tag der Kinder, der Tag aller Dinge, Gottes Tag, Geburtstage der Wahren Eltern, Tag der Wahren Eltern zum Gedenken an die Hochzeit von Sun Myung Mun und Hak Ja Han, eine vollkommene Vereinigung, von der wir glaubten, daß sie das Paradies wiederherstellte und das Fundament bildete für den Himmel auf Erden. Am Kindertag am 1. Oktober wurde unsere Verbindung zu den Wahren Eltern als Kinder Gottes gefeiert. Der Tag aller Dinge symbolisierte die Herrschaft des Menschen über die restliche Schöpfung. Gottes Tag war der 1. Januar, der erste Tag des neuen Jahres, an dem wir unsere Gefolgschaft gegenüber Muns Mission neu gelobten.

Musik und Essen spielten immer eine zentrale Rolle bei den Kirchenfesten. Von den Kindern wurde erwartet, daß sie die Erwachsenen unterhielten, die bereits Obst und zubereitete Speisen auf reich geschmückten Opfertischen vor Reverend Mun und Mrs. Mun abgelegt hatten. Ich fürchtete mich davor, ausgewählt zu werden, um vor Sun Myung

Mun aufzutreten. Ich war noch sehr schüchtern, und es ließ sich nicht überhören, daß ich eine scheußliche Gesangsstimme hatte. In der vierten Klasse wurde ich zusammen mit zwei anderen Gesegneten Kindern, Freundinnen von mir, ausgewählt, um vor der gesamten versammelten Gemeinde für Sun Myung Mun und seine Frau zu singen. Wir hatten schreckliche Angst, was unserer Darbietung nicht eben förderlich war. Es fällt einem Kind nun einmal schwer, Ruhe zu bewahren im Angesicht eines Mannes, den es für Gottes leibhaftigen Gesandten auf Erden hält.

Noch im selben Jahr schickten meine Eltern mich auf eine Privatschule. Inzwischen konnten wir es uns leisten, ein bescheidenes Haus zu mieten, wenngleich unsere finanziellen Verhältnisse alles andere als gesichert waren. In Korea hat Bildung bei den Eltern höchste Priorität. Für meine Eltern war es ganz selbstverständlich, auch auf elementarsten Komfort zu verzichten, um ihren sieben Kindern die bestmögliche Ausbildung zu ermöglichen. Wir machten nur sehr selten Urlaub, aber ich hatte täglich Klavierunterricht.

Daß sie so großen Wert auf Bildung legten, bedeutete jedoch nicht, daß meine Eltern die Unterrichtsstunden immer pünktlich bezahlten. Eines nachmittags forderte einer unserer Lehrer mehrere von uns auf, nach dem Unterricht noch zu bleiben. Die Schulgebühren waren überfällig. Der Lehrer wollte zu jedem von uns nach Hause gehen, um das Geld einzusammeln. Ich schämte mich zu sehr, dem Lehrer und meinen Schulkameraden unser schäbiges Heim zu zeigen, und so führte ich sie statt dessen zum Arbeitsplatz meines Vaters.

Die Industrie, lehrt Mun, ist das Fundament, auf dem Gottes Himmelreich errichtet werden wird. Heute kontrolliert er ein Geschäftsimperium, das Lebensmittelverarbeitung, Fischerei, Handwerksbetriebe, Computer, Pharmazie, Schiffsbau und Elektronik umfaßt. Il Hwa war der erste Gebäudekomplex dieses Imperiums.

Il Hwa ist ein Pharmakonzern, der in vier modernen Fabriken in Korea über vierzig verschiedene pharmazeutische Produkte herstellt. Dort werden mit Kohlensäure versetztes Quellwasser und eine beliebte Limonade abgefüllt und zehn verschiedene Ginsengprodukte hergestellt. Mein Vater hat Il Hwa aus dem Nichts aufgebaut. Als ich meinen Lehrer und meine Klassenkameraden zu seinem Büro führte, war mein Vater Manager eines sehr erfolgreichen Unternehmens. Ich konnte sehen, daß sie beeindruckt waren, und sonnte mich im Erfolg meines Vaters.

Mein Vater war klüger als viele andere von Sun Myung Muns übereifrigen frühen Anhängern. Er hatte sich der Kirche angeschlossen, jedoch auch seine Ausbildung abgeschlossen. Ein Jahrzehnt lang, in dem er lieber an Straßenecken und in Kirchen predigte, nutzte er sein Pharmaziediplom nicht, aber 1971 drückte Mun ihm 500 Dollar in die Hand und meinte, die Kirche solle Ginsengprodukte entwickeln und herstellen. Mun hatte gehört, daß Ginseng sich in Japan, wo die Kirche ihren Einflußbereich stetig ausweitete, großer Beliebtheit erfreute. Ein japanisches Mitglied machte ihn darauf aufmerksam – völlig zu recht, wie sich herausstellte –, daß es für diese Produkte auch in Korea einen Markt gäbe.

Mein Vater hatte noch nie eine Ginsengwurzel gesehen, obgleich er natürlich wußte, daß man ihr in den östlichen Kulturen seit Jahrhunderten außergewöhnliche heilende und aufbauende Kräfte zuschrieb. Ginseng wurde nachgesagt, daß es den Alterungsprozeß verzögere, potenzsteigernde Eigenschaften besitze und die Vitalität fördere.

Mein Vater machte den ersten Schritt hin zum erfolgreichsten Pharmakonzern Koreas, indem er auf den örtlichen Mark ging, um sich diese Wunderwurzel einmal genauer anzusehen. In den nächsten zehn Jahren bekam ich meinen Vater kaum zu Gesicht, da er seine ganze Zeit der Aufgabe widmete, Il Hwa zu einem Pharmariesen aufzubauen, der auf koreanische Ginsengprodukte spezialisiert war, darunter Tee, Kapseln, Extrakt und Tonika. Er war schon weg, wenn ich morgens aufstand, und noch im Büro, wenn ich abends zu Bett ging.

Mein Vater verwandelte eine Idee in ein gewaltiges lukratives Unternehmen für Sun Myung Mun. Zu Il Hwas Erzeugnissen gehört unter anderem McCol, ein Softdrink, der in Korea fast ebenso beliebt ist wie Coca Cola. Il Hwas McCol und Ginseng-Up sowie das kohlensäurehaltige Mineralwasser haben das Unternehmen zu Koreas größter Getränkefabrik gemacht, mit einem Marktanteil von 62 Prozent und Exporten in über dreißig Länder.

Meines Vaters Hintergründe für die Erfindung McCols hatten ebenso viel mit sozialem Engagement zu tun wie mit Profitsteigerung für Il Hwa. Hauptbestandteil von McCol ist Gerste. Die Beliebtheit des Getränks – Sun Myung Mun trinkt es sogar in Amerika – hat einen neuen Markt für die Gerstebauern geschaffen, die inzwischen in Korea zu den Besserverdienenden gehören. Aber mein Vater, der Bauernsohn, war nicht auf irdische, sondern auf himmlische Reichtümer aus. Und so flossen die Reichtümer in Sun Myung Muns Taschen.

3. Kapitel

Die Kunstschule *Little Angels* gehört zu den besten Schulen für kreative und darstellende Kunst in Südkorea. Sie gehört der Vereinigungskirche, aber es gibt keine äußeren Anzeichen dafür, daß diese Schule, die Grund- und höhere Schule in sich vereint, in irgendeinem Bezug zu Sun Myung Mun steht. Die meisten Lehrer und der Großteil der Schüler sind keine Munies. Religion steht nicht auf dem Lehrplan.

Wie so viele Institutionen, die Mun weltweit betreibt, spielt die *Little Angels School of Arts* ihre Beziehung zu einer religiösen Sekte, die auch in der Heimat ihres Gründers immer noch mit großem Mißtrauen beäugt wird, bewußt herunter.

Ich kam in der sechsten Klasse auf diese Schule, die mein Bruder Jin bereits besuchte. Anfangs wurden dort nur Schüler der Klassen sieben bis zwölf unterrichtet, aber inzwischen wurde das Angebot auch auf Grundschulklassen ausgeweitet.

Die Schule befand sich in einem Randbezirk von Seoul, etwa fünfzehn Meilen von unserem Zuhause entfernt. Jin und ich gingen immer um 7.00 Uhr zu Hause los und nahmen den Citybus 522. Die Busse waren immer überfüllt mit Erwachsenen auf dem Weg zur Arbeit sowie mit Studenten, die schwere Taschen mit sich herumtrugen. Häufig fuhren ersteinmal vier oder fünf Busse vorbei, ohne zu halten, da sie bereits zu voll waren, um auch nur zwei weitere Fahrgäste mitzunehmen. Wir hätten uns lieber der Gefahr des Erstickungstodes ausgesetzt als die Busse vorbeifahren zu sehen.

Zuspätkommen wurde in der Schule nicht geduldet. Ein Schüler, der nicht rechtzeitig zum Unterricht erschien, mußte dreißig Minuten mit erhobenen Armen auf einer Betonbank vor dem Büro des Direktors sitzen. Anschließend mußte er dann ein Entschuldigungsschreiben an seinen Lehrer und seine Klassenkameraden verfassen wegen der Störung, die sein Zuspätkommen verursacht hatte.

Auf dem Weg zu und von der Bushaltestelle bestand Jin immer darauf, daß ich ein paar Schritte hinter ihm blieb. In Begleitung seiner kleinen Schwester gesehen zu werden, war einem Jungen im Teenageralter in Seoul genauso peinlich wie überall auf der Welt. Ich gehorchte, ohne zu murren. Ich hegte für meinen Bruder einen förmlichen Respekt, der meine Freunde außerhalb der Kirche erstaunte und belustigte. Wenn ich ihn ansprach, benutzte ich sogar die Anrede, die koreanische Kinder Erwachsenen vorbehalten.

In vielerlei Hinsicht ähnelte meine Beziehung zu meinem Bruder jener zu meinen Eltern. Die koreanische Kultur ist sehr streng und patriarchalisch. Mein Vater war ein anständiger Mann, aber Gleichberechtigung war für ihn ein Fremdwort. Er war das unangefochtene Oberhaupt unserer Familie. Seine Position wurde von den Lehren der Vereinigungskirche noch gestärkt. Eine Ehe basiert zwar auf gegenseitigem Respekt, aber die Frau nimmt ihrem Ehemann gegenüber eine »Objektstellung« ein, sowie die Menschheit gegenüber Gott eine »Objektstellung« einnimmt. Ich stellte die Machtverteilung zwischen meiner

Mutter und meinem Vater nie in Frage und richtete unbewußt mein Verhalten meinem Bruder gegenüber nach ihrem Vorbild.

Als ich auf die Mittelschule kam, waren Sun Myung Mun und seine Familie bereits in die Vereinigten Staaten ausgewandert. 1971 gab Gott ihm ein, er solle nach Amerika übersiedeln, weil die Vereinigten Staaten am Rande eines moralischen Zusammenbruchs stünden ähnlich jenem, der Rom im ersten Jahrhundert vernichtet hatte.

Er ging nach Amerika, um das Land vor sich selbst zu retten. Er predigte seine eigene Version des fanatischen Antikommunismus und moralischen Fundamentalismus. Er führte Rekrutierungen überall in den Vereinigten Staaten durch und fand reichlich Zulauf seitens der verunsicherten Jugendlichen im amerikanischen Generationenloch, jungen Menschen, die weder mit ihren Eltern noch mit Gleichaltrigen etwas anfangen konnten. Ihr Eintritt in die Vereinigungskirche erfolgte meist durch die CARP, die *Collegiate Association for the Research of Principles.*

Die CARP wurde 1973 in den Vereinigten Staaten gegründet, auf dem Höhepunkt der Proteste gegen die Ausweitung des Vietnamkrieges auf Kambodscha und Laos. Sun Myung Muns eindringliche Warnungen vor der kommunistischen Gefahr fielen weitgehend auf taube Ohren bei den amerikanischen Studenten, die sich vom Imperialismus ihres eigenen Landes abgestoßen fühlten. CARP-Rekrutierer wandten sich gezielt an die Idealisten und Einsamen an den Colleges; Studenten, die zu konservativ oder unpolitisch waren, um sich in der Antikriegsbewegung zu engagieren, fanden oft eine Aufgabe bei CARP.

Typisch für diese Mitglieder waren beispielsweise die Dutzende ordentlich gekleideter junger Menschen, die während des Watergate-Skandals vor dem Weißen Haus für Präsident Richard M. Nixon einen Tag lang beteten und fasteten. Sie hielten Schilder hoch, auf denen stand »Forgive, Love, Unite«. Man traf sie in der Washington Mall und am Rand von Antikriegsdemonstrationen, wo sie für den Patriotismus eintraten und den Mut Präsident Nixons angesichts seiner gottlosen Kritiker lobten.

Wenn die CARP-Mitglieder in den USA nicht gerade einem in Bedrängnis geratenen Präsidenten Mut zusprachen, verkauften sie an Universitäten, an Straßenecken, Flughäfen und Einkaufszentren Blumen, um Geld für Sun Myung Mun und seine göttliche Mission aufzubringen.

»Der Sieg der Alliierten im Zweiten Weltkrieg war an sich noch kein Endpunkt. Vom schicksalhaften Standpunkt aus diente er dazu, Amerika und die Welt auf die Ankunft des Zweiten Messias vorzubereiten«, hat Sun Myung Mun geschrieben. »Was ist geschehen? Die Vereinigten Staaten haben diese Vision nicht erkannt. 40 Jahre lang ist dieses Land den Weg der Laxheit, der Vergnügungssucht und der Zerstörung gegangen. Drogen haben das ganze Land unterhöhlt; junge Menschen wurden korrumpiert und mehr und mehr in die Kriminalität gedrängt; freier Sex ist zu einer Lebensart geworden. Aber diese Entwicklung hat sich nicht auf die USA beschränkt. Als führende Macht der freien Welt haben die Vereinigten Staaten alle mit ihren Krankheiten angesteckt. Wenn dieser Trend nicht gestoppt wird, muß die ganze Welt unweigerlich zugrunde gehen.«

Der einzige, der die Apokalypse aufhalten konnte, war selbstverständlich Sun Myung Mun selbst. Zu diesem Zweck bezog Mun zusammen mit seiner wachsenden Familie ein großes Haus in dem malerischen Ort Tarrytown im Hudson River Tal in New York. 1972 erwarb er dann fast 10

Hektar Land in Westchester County für 850 000 Dollar. Das Belvedere-Anwesen gehörte zu den architektonischen Schmuckstücken der Gegend. Das Stuckgebäude war 1920 gebaut worden und verfügte über 16 Schlafzimmer, sechs große Wohn- und Speisezimmer, zehn vollausgestattete Bäder sowie eine Großküche und war darüber hinaus voll unterkellert. Das Anwesen war von weiten Rasenflächen, altem Baumbestand und einem über 4000 Quadratmeter großen künstlich angelegten Teich mit Holzbrücke und Wasserfall umgeben. Es gab einen Swimmingpool und mehrere Tennisplätze. Von der natursteingepflasterten Sonnenterrasse im zweiten Stock aus hatte man einen atemberaubenden Blick auf den Hudson River.

Auf dem Grundstück standen noch fünf weitere Gebäude, darunter ein Gästehaus, das nur geringfügig kleiner war als das Herrenhaus; es umfaßte zehn Schlafzimmer, drei Bäder und zehn Wohnräume. Hinzu kamen ein Fachwerkcottage aus dem Jahre 1735 mit fünf Schlafzimmern, ein Gärtnerhäuschen, ein Künstleratelier, ein Sport- und Freizeitgebäude, eine 360 Quadratmeter große Garage und drei weitläufige Gewächshäuser.

Ein Jahr später kaufte Mun ein zweites, acht Hektar großes Anwesen in der Nähe von Belvedere für 566 150 Dollar. Mittelpunkt diese Anwesens war ein dreistöckiges Backsteinhaus mit zwölf Schlafzimmern, sieben Bädern, Wohnzimmer, Speisezimmer, Arbeitszimmer, Küche und einem riesigen Wintergarten auf der Westseite. Sun Myung Mun nannte das Anwesen East Garden, als er und seine Familie dort einzogen. Die Muns behielten eine Zimmerflucht in Belvedere für sich, benutzten jenes Anwesen jedoch in erster Linie, um dort Gäste unterzubringen und Kirchenveranstaltungen abzuhalten.

East Garden, von dem aus man ebenfalls einen malerischen Blick auf den Hudson River hatte, umfaßte noch mehrere kleinere Gebäude. Ein Wachhäuschen stand an der Zufahrt zur Sunnyside Lane, und ganz in der Nähe befand sich ein Pförtnerhaus mit zwei Schlafzimmern, Bad, Wohnzimmer, Küche und einem kleinen Keller. Vom Haupthaus aus hügelaufwärts gesehen, stand ein hübsches Steinhaus mit zwei Schlafzimmern, Bad, Wohnzimmer, Eßzimmer, Arbeitszimmer und Küche. Es wurde mit Cottage House bezeichnet.

New York wurde zur Basis von Muns Imperium, aber er reiste weiterhin regelmäßig nach Korea. Bei diesen Gelegenheiten besuchten er oder einer seiner höheren Angestellten manchmal die *Little Angels Art School*. Diese Besuche waren immer Anlaß zur Freude, einerseits wegen der Unterbrechung des Unterrichts, andererseits wegen der sich bietenden Gelegenheit, einen Blick auf den Mann zu erhaschen, den wir alle als den wohlhabenden Gönner der Schule betrachteten und einige von uns darüber hinaus als den neuen Messias.

Koreanische Schulen entsprechen weitgehend jenen in Japan und der Pazifikküste. Es wird großer Wert gelegt auf Auswendiglernen und Drill. Bei Abschluß der Schule beherrschte ich komplizierte mathematische Aufgaben, konnte jedoch nicht kritisch denken. Diese Fähigkeit wurde weder gelehrt noch geschätzt. Der kindliche Verstand wurde als leeres Gefäß betrachtet, das es mit Wissen zu füllen galt. Wir waren Ton, den es zu formen galt, Skulpturen, die noch modelliert werden mußten. Das galt ebenso für unsere moralische wie für unsere intellektuelle Entwicklung. Das Schulsystem, das in *Little Angels* nicht anders war als im übrigen Korea, legte großen Wert auf Respekt vor Autorität;

Konsens und Konformität, Gehorsam und Akzeptanz wurden groß geschrieben. Die Schule bereitete uns perfekt auf das Leben innerhalb einer autoritären Religion vor, die keinen Widerspruch duldete.

Da ich ein diszipliniertes Kind war, fielen mir akademische Fächer und Musik leicht. Nach koreanischem Standard war ich eine gute Schülerin. Ich spielte Klavier sehr pflichtbewußt, jedoch mit einer Emotionslosigkeit, die meine Mutter schmerzte. Ich habe ihre Leidenschaft für dieses Instrument leider nicht geerbt. In der dritten und der sechsten Klasse gewann ich von der Schule organisierte Klavierwettbewerbe, aber die Konzertbühne war ein Traum meiner Mutter, nicht der meine.

Im November 1980 erfuhren wir zu unserer Freude, daß die tägliche Schulroutine von einem Besuch Bo Hi Paks unterbrochen werden würde, eines engen Beraters Reverend Muns. Mun war inzwischen zum Liebling der konservativen Republikaner in den USA geworden. Er hatte die Kunst perfektioniert, sich mit möglichst vielen prominenten politischen Führern der Welt ablichten zu lassen, Bilder, die uns dann als Beweise für den wachsenden Einfluß des Vaters in der Welt präsentiert wurden.

An jenem Tag in *Little Angels* berichtete Bo Hi Pak von Vaters Einfluß auf den Ausgang der kürzlich erfolgten amerikanischen Wahlen. Eine Photographie von Präsident Ronald Reagan auf der Titelseite einer von Muns Zeitungen, der *News World*, die seinen überwältigenden Erfolg verkündete, wurde an die Wand projiziert, während Bo Hi Pak zu uns sprach. Ich muß gestehen, daß ich dem Inhalt seiner Rede keine große Aufmerksamkeit schenkte. Ich war dreizehn Jahre alt und in der achten Klasse. Internationale Politik interessierte mich nicht. Was ich von Amerika wußte, hatte weniger mir Politik zu tun als mit Mode, Musik, Kinofilmen und Popkultur.

Während des Vortrags wurde ich von dem Geplapper meiner besten Freundin Hae Sam Hyung abgelenkt, die neben mir saß. Hae Sams Eltern hatten der Gruppe von 72 Paaren angehört, die kurz nach meinen eigenen Eltern den Hochzeitssegen empfangen hatten. »Du weißt es noch nicht, aber du sollst mit Hyo Jin Kim verheiratet werden«, flüsterte sie, während Bo Hi Pak seinen eintönigen Monolog fortsetzte. Ich unterdrückte ein Lachen. »Das ist lächerlich«, sagte ich. Woher sollte sie so etwas wissen? Zwar kursierten immer Gerüchte darüber, wer auserwählt werden würde als Ehegatte eines der Wahren Kinder, aber diese Entscheidungen wurden von Reverend Mun getroffen und nicht von kichernden Schulmädchen.

Zwei Jahre später erschien mir die Vorstellung immer noch lächerlich. Ich hatte in meinem ganzen Leben nur ein paar Worte mit Hyo Jin Mun gewechselt. Es gab viele Gesegnete Kinder seines Alters, die geeignetere Ehegatten für ein 19jähriges Wahres Kind abgeben würden als ein 15jähriges Mädchen wie ich. Ich kannte Hyo Jin nicht besonders gut, hatte aber genug gehört, um zu wissen, daß er das schwarze Schaf der Mun-Familie war. Er war noch in der Grundschule, als die Muns nach Amerika übersiedelten. In Korea war er ein gewissenhafter aber lustloser Schüler gewesen. Peter Kim, Muns persönlicher Assistent, wurde zum Privatlehrer des jungen Erben. Hyo Jin schwor sich, daß er in Amerika mehr Freiheit haben würde als in Seoul.

Die Umstellung nach dem Umzug in die Staaten fiel ihm nicht leicht. Auf dem Mun-Anwesen in Tarrytown verlief das Leben noch isolierter als es in Seoul der Fall gewesen war. Daheim wurden die Mun-Kinder der Obhut von Kirchenältesten und Kinderfrauen überlassen; in der Schule waren sie absolute Außenseiter.

Sie besuchten die Privatschule Hackley, wo sie als Munies verspottet oder rundheraus verachtet wurden. Hyo Jin wurde mitten im Schuljahr der Schule verwiesen, weil er eine Waffe in die Schule mitgebracht und auf mehrere Klassenkameraden geschossen hatte. Hyo Jin behauptete, der Direktor hätte ihn als ehrlich und amüsant betrachtet, weil er zugab, daß sein einziger Grund für diese Tat Spaß an der Freude gewesen war. Trotzdem wurde er hinausgeworfen. Nach seinem Rausschmiß hatte er schreckliche Angst vor der Reaktion seines Vaters. Hätte Mun seinen Sohn damals entsprechend bestraft, hätte er uns allen möglicherweise viel Leid erspart. Statt dessen behandelte Mun Hyo Jin, als wäre dieser Opfer religiöser Verfolgung geworden. Diese Entschuldigung schob er zeitlebens vor, um keine Verantwortung für Hyo Jin zu übernehmen.

Mun und seine Frau waren nur selten zu Hause, und wenn sie einmal nicht irgendwo auf der Welt unterwegs waren, um für die Kirche zu werben, ignorierten sie ihre Kinder. Hyo Jin war ein besonders schwieriges Kind. Von Muns ältestem Sohn wurde erwartet, eines Tages den Platz seines Vaters an der Spitze der Kirche einzunehmen. Aber ein langhaariger Rockgitarrist, der sich ständig angegriffen fühlte, entsprach nicht Muns Vorstellungen von seinem Nachfolger.

Nachdem Hyo Jin aus Hackley hinausgeworfen worden war, quartierte Mun ihn bei Bo Hi Pak, einem seiner ersten Jünger, in McLean ein, einem wohlhabenden Vorort in Virginia, ganz in der Nähe von Washington DC. Sun Myung Mun meinte, die Erziehung der Kinder des Messias sei Sache seiner Anhänger. Immerhin hatte Mun selbst mit dem

Rest der Welt genug zu tun. Eine seltsam anmutende Einstellung für einen Mann, der sich als Mustervater der vollkommenen Familie bezeichnete, und niemand empfand die Diskrepanz stärker als Hyo Jin Mun.

In Washington verschlechterte sich Hyo Jins Benehmen nur noch mehr. In der großen öffentlichen Schule, die er dort besuchte, prügelte er sich mit Mitschülern oder stellte Schlimmeres an. In Washington kam er auch das erste Mal mit illegalen Drogen in Berührung.

»Nach Washington zu gehen und East Garden zu verlassen war sehr aufregend für mich«, teilte Hyo Jin 1988 bei einem Vortrag vor Kirchenmitgliedern mit. »Vater hatte mir verboten, mit Jugendlichen von außerhalb zu verkehren, aber ich wollte den Kontakt mit Menschen außerhalb unserer Gemeinschaft. Ich sah hierin eine Chance, Freunde zu finden. Ich dachte nicht darüber nach, was Vater wollte, es war mir egal. Ich wollte meine eigenen Freunde.

Nach meinem Umzug nach Washington fing ich an, Drogen zu nehmen. Ich wollte mich nicht länger von irgendwelchen Schlägern tyrannisieren lassen. Wenn man auf der High-School ist, muß man mit den Fäusten umgehen können. Ich fing an, Kampfsport zu betreiben. Ich wollte mir von niemandem mehr etwas gefallen lassen. In der Schule gab es verschiedene Gangs. Aber die, die die Kontrolle hatten, waren am stärksten. Wenn sie mich sahen, sahen sie nur den »Reisfresser«, so daß ich in viele Prügeleien verwickelt wurde. Je mehr ich kämpfte, desto öfter gewann ich. Dann wollten die anderen plötzlich meine Freunde sein. Ich hatte mir einen Ruf erworben und Respekt verschafft.«

Frustriert schickte Mun Hyo Jin zurück nach Korea, in der

Hoffnung, daß die Kontrolle der Kirchenältesten innerhalb seiner eigenen Kultur ihn zur Vernunft bringen würde. Es funktionierte nicht. Hyo Jin bot mit seinem langen schmutzigen Haar und den engen Bluejeans einen ungewohnten Anblick auf den Fluren von *Little Angels*. Er gründete eine Rock 'n' Roll-Band und erwarb sich einen Ruf als Rebell.

Es war schon schwer genug, als Jugendlicher einer mit Mißtrauen beäugten religiösen Sekte anzugehören, aber Hyo Jins Aussehen und Benehmen machten es uns anderen noch schwerer. Wir schämten uns seiner vor Nichtmitgliedern. Unser eigener musikalischer Geschmack tendierte mehr zur Klassik. Erschwerend kam hinzu, daß er Vaters strengem Verhaltenskodex mit Verachtung begegnete. Jeder in der Schule wußte, daß Hyo Jin rauchte, Freundinnen hatte und Alkohol trank. Es wurde sogar gemunkelt, er nehme Drogen. Er legte nie die Abschlußprüfung an der *Little-Angels*-Schule ab; Jahre später schickte die Schule ihm einfach sein Diplom.

Unter den 36 Gesegneten Paaren, den ersten Mitgliedern der Kirche, wütete ein erbitterter Konkurrenzkampf; alle wollten eine ihrer Töchter mit Hyo Jin Mun verheiraten. Die persönliche Stellung innerhalb der Kirche richtete sich unmittelbar nach der eigenen Nähe zu Sun Myung Mun. Mit ihm verschwägert zu sein war das höchste Ziel, das ein Kirchenmitglied sich erträumen konnte. Mr. Und Mrs. Young Whi Kim beispielsweise erwarteten aufgrund ihres Status als eines der ersten drei Paare, daß ihre älteste Tochter, Un Sook Kim, als Braut für Hyo Jin ausgewählt würde. Young Whi Kim war damals Vorsitzender der Vereinigungskirche in Korea. Ironischerweise verboten sogar jene Paare, die sich wünschten, daß eine ihrer Töchter Hyo Jin heiratete, ihren Kinder beiderlei Geschlechts den Umgang mit ihm –

wegen seiner Vorliebe für Sex, Drogen und Rock 'n' Roll. Was Hyo Jin betraf, hatte er mit einer »spirituellen« Heirat nichts am Hut.

»Als ich nach Korea zurückkehrte, ging ich mit zahlreichen Mädchen aus«, gestand er in seiner eben erwähnten Rede. »Eins der Mädchen hatte ich besonders gern und wollte es heiraten. Ihre Eltern waren hiervon recht angetan; sie meinten, Vater hätte viel Geld. Sie ermutigten uns und luden mich zu sich nach Hause ein. Sie waren sehr nett zu mir. Das Mädchen und ich standen uns sehr nah, wir lebten praktisch zusammen. Ich hatte Sex mit ihr. Ich wollte alles in meiner Macht Stehende tun, um bei ihr zu bleiben. Ich wollte sie heiraten oder keine. Nach der Schule schlief ich bei ihr oder sie bei mir. Das ging während der gesamten Zeit auf der High-School so.

Ich trank täglich eine Flasche Whisky. Wenn ich kein Geld hatte, kaufte ich billigen, starken Weizenwhisky. Ich mußte ständig betrunken sein ... ich war ganz unten. Ich lauschte meinem weinenden Herzen. Ich hatte das Gefühl zu ersticken. Ich wollte mich umbringen. Wie sollte ich Vater je wieder unter die Augen treten? Ich dachte mir, es wäre das Beste, einfach zu verschwinden, dann würde ich niemandem mehr zur Last fallen. Viele Male saß ich da und hielt mir eine Pistole an den Kopf, probte gewissermaßen den Ernstfall. Mir ging es nur um meinen physischen Leib. Ich war schlimmer als andere Jugendliche. Ich war so körperbezogen und egoistisch. Es war mir egal, ob ich andere Menschen verletzte. So war ich als Heranwachsender.«

Was wußte ich schon von Jungen, ganz zu schweigen von Jungen wie Hyo Jin Mun? In Korea besuchen Mädchen und Jungs normalerweise getrennte Schulen. In *Little Angels*, einer Kunstschule, die eine große Überzahl weiblicher Schüler anzog, gab es einige wenige Jungen, die sich jedoch von den Mädchen fernhielten. Die meisten Jungen waren Mitglieder der Vereinigungskirche und durften daher nicht mit Mädchen ausgehen.

Meine einzige romantische Begegnung – sofern man es überhaupt so nennen konnte – mit einem Jungen im Teenageralter hinterließ bei mir den Eindruck, daß das andere Geschlecht ein Ärgernis sei, daß man um jeden Preis meiden sollte. Als ich dreizehn war, wartete sonntags ein gleichaltriger Junge draußen vor der Kirche auf mich. Er war nicht Mitglied der Vereinigungskirche, lebte aber in der Nachbarschaft. Er mußte beobachtet haben, wie ich zur Bushaltestelle ging oder von dort kam. Jede Woche versuchte er, mich in ein Gespräch zu verwickeln, und jede Woche ignorierte ich ihn. Ich war erleichtert, als wir ein neues Kirchengebäude in einem anderen Viertel bekamen. Endlich würde ich ihn loswerden. Aber schon am ersten Sonntag wartete er draußen vor der neuen Kirche. Ich habe nie seinen Namen erfahren; irgendwann gab er auf und ließ mich in Ruhe.

Unter meinen Freundinnen in *Little Angels* gab es natürlich das übliche kindische Gerede, welche Jungen die süßesten wären. Ich hörte nur schweigend zu. Da ich so früh in die Schule gekommen war, war ich ein Jahr jünger als die meisten meiner Schulkameradinnen. Ich war auch körperlich kleiner, noch ein niedliches kleines Mädchen, während meine Freundinnen bereits zu anmutigen jungen Frauen erblühten.

Wir wußten, daß wir alle eines Tages von Sun Myung Mun mit dem Mann zusammengeführt werden würden, den wir auch heiraten sollten. Wir nahmen an, daß bis dahin noch Jahre vergehen würden, daß wir erst unser Studium abschließen und ein Leben als Erwachsene beginnen würden. Das Durchschnittsalter, in dem Frauen in Korea heirateten, lag bei 25. Ich wußte, daß ich Muns Wahl akzeptieren würde, wenn die Zeit gekommen war. Mein Eltern erwarteten es von mir. Ich würde gehorchen. Ich dachte nicht viel über die Ehe nach, da ich davon ausging, erst in mehreren Jahren mit diesem Thema konfrontiert zu werden und ich, wenn es soweit war, ohnehin nicht viel zu sagen haben würde.

In meinem Gehorsam meinen Eltern gegenüber unterschied ich mich nicht sehr von anderen jungen Frauen meiner Kultur. Arrangierte Ehen sind in Korea, wo sie jahrhundertelang traditionelles Mittel waren, den gesellschaftlichen Status einer Familie zu erhalten oder zu erhöhen, immer noch an der Tagesordnung. Viele junge Leute heiraten unter westlichem Einfluß aus Liebe, aber die meisten Koreaner bezweifeln allgemein, daß romantische Liebe ein solides Fundament ist für die Gründung einer Familie. So kommt es, daß auch Paare, die einander frei gewählt haben, sich die Richtigkeit ihres Entschlusses von einem Wahrsager bestätigen lassen.

Meine Naivität mit 15 Jahren war nicht zu überbieten. Meine Mutter hatte mir erklärt, was es mit der Regelblutung auf sich hatte, als ich zehn war. Es war das einzige Mal gewesen, daß sie und ich auch nur annähernd von Sexualität gesprochen hatten. Die Atmosphäre daheim war an diesem Tag so drückend, ihr Unbehagen so offensichtlich, als ob wir über eine tödliche Krankheit reden würden. Ich erinnere mich, daß ich mich förmlich wand, weil ihre Verlegenheit mich bedrückte. Daß sie sich wieder wohlfühlte war mir wichtiger als meine Neugier auf die Frauengeheimnisse, die sie mir mitzuteilen hatte.

Eigentlich war ich nicht sonderlich neugierig auf das, was das Getuschel und Gekicher zwischen Jungen und Mädchen auf den Schulfluren betraf. Ich versuchte gar nicht, die Pointen von Witzen zu entschlüsseln, die ich nicht verstanden hatte. Einmal stand ich im Bus neben einem Lehrer, dem nachgesagt wurde, daß er in der Schule Mädchen belästigte. Er nahm meine Hand und starrte mich auf der ganzen Fahrt an. Ich versuchte, meine Hand wegzuziehen, aber er war zu stark. Meine Finger wurden in seinem schraubstockartigen Griff erst rot, dann weiß. Ich fand das sonderbar, aber mir kam nie der Gedanke, sein Verhalten könnte sexuell motiviert sein.

Damals bei der Schulversammlung hatte ich meine Freundin ausgelacht, als sie eine Hochzeit zwischen mir und Hyo Jin prophezeit hatte, aber ich hatte trotzdem daheim meiner Mutter davon erzählt. Sie war überrascht gewesen, aber wir hatten nie wieder davon gesprochen. Eines Tages sollten wir nicht durch Gerüchte, sondern durch eine echte Verlobung im Hong-Haushalt abgelenkt werden.

Als ich seinerzeit in der *Little Angels Art School* eingeschult worden war, flüsterten die älteren Mädchen, an denen ich vorbeikam »Das ist Jins kleine Schwester«, und mir schwoll das Herz vor Stolz. Ich sonnte mich in seinem auf mich übertragenen Ruhm. Jin war der beliebteste Junge auf der Schule. Er sah gut aus, war klug und Klassensprecher. Es war eine Ehre, seine Schwester zu sein.

Mehr als ein Mädchen in der Schule schrieb ihm Liebesbriefe. Er errötete wegen der vielen Aufmerksamkeit, aber er war ein lieber Junge. Er nahm den Moralkodex der Kirche sehr ernst. Etwas anderes als geschwisterliche Beziehungen zu jemandem des anderen Geschlechts war verboten. Rendezvous waren nicht erlaubt. Wir mußten rein bleiben, bis Vater entschied, daß für uns die Zeit gekommen war zu heiraten.

Als Jin siebzehn war und ich gerade erst fünfzehn, spürte ich, daß bei uns daheim ein großes Ereignis bevorstand. Die Atmosphäre war wie aufgeladen. Eine unterschwellige Spannung und Erregung lag in der Luft, aber meine Eltern sagten uns Kindern nichts. Die Muns lebten damals bereits in den Staaten, aber es ging das Gerücht um, daß sie sich unter den Gesegneten Kindern in Korea nach einem Bräutigam für ihr ältestes Kind, Je Jin, umsahen. Jeder rechnete damit, daß der Bräutigam unter den Söhnen der ersten Jünger Young Whi Kim oder Hyo Won Eu ausgewählt werden würde; ihre Söhne, Jin Kun Kim und Jin Seung Eu, waren Freunde meines älteren Bruders.

Als ich eines Tages von der Schule kam, sah ich zu meiner Überraschung, daß meine Eltern beide ihre besten Kleider trugen. Ich konnte hören, wie Jin sich in seinem Zimmer anzog. Als er herauskam, trug er einen neuen Anzug und hatte sich das Haar streng zurückgekämmt wie ein koreanischer Geschäftsmann. Meine Geschwister und ich schnappten nach Luft. Er sah so erwachsen aus. Meine Eltern gaben keinerlei Erklärung ab, und wir fragten auch nicht. Erst als sie Stunden später mit Jin von ihrem geheimnisvollen Ausflug zurückkehrten, teilten sie uns sechs mit, daß unser Bruder als Bräutigam für Je Jin Mun ausgewählt worden wäre. Er sollte die Tochter des Messias heiraten. Er sollte Mitglied der Wahren Familie Gottes werden.

Ich war unbeschreiblich stolz. Jin war etwas Besonderes, und jetzt würde auch ich zu jemandem Besonderen werden, weil Jin mein Bruder war. Mein Stolz wich jedoch Trauer, als ich daran dachte, daß er die Familie verlassen würde. Er war noch so jung und nahm einen so wichtigen Platz in meinem

Leben ein. Bei uns daheim ging es nicht so religiös zu, daß nicht hin und wieder eine der strengen Kirchenregeln gebrochen worden wäre. Sun Myung Mun hatte Glücksspiel wegen seines schädlichen Einflusses verboten, aber meine Geschwister und ich spielten oft ein koreanisches Kartenspiel namens *Wha Tu*. Der Verlierer kaufte dem Gewinner manchmal zum Mittagessen eine Portion schwarzer chinesischer Nudeln, die ein Junge auf einem Fahrrad vom Restaurant bis zu uns nach Hause lieferte. Würde das ohne Jin jetzt ein Ende haben?

Wer würde mir bei den Hausaufgaben für den Kunstunterricht helfen, mit dem ich mich so schwer tat, wenn Jin fort war? Meine Trauer verblaßte jedoch neben der Choong Sooks, für die künftig ich die Älteste der Hong-Kinder war. Ich hatte nichts vom Beispiel meines Bruders gelernt, der seine Autorität mit Güte durchgesetzt hatte. Ich wählte eine direktere Umsetzung der Macht. Ich schäme mich zuzugeben, daß ich Choong Sook, die zwei Jahre jünger war als ich, wie meine Leibeigene behandelte. Meine Großmutter gab mir sogar den Spitznamen »Choon Hyang« nach der feinen Dame in einer berühmten koreanischen Liebesgeschichte, und nannte meine Schwester »Hyang Dan« nach dem Dienstmädchen dieser feinen Lady.

Wir waren wie vor den Kopf geschlagen, als wir erfuhren, daß Je Jin und Jin schon am nächsten Tag heiraten würden. Uns allen war die Bedeutung des Hochzeitssegens eingeschärft worden, seine zentrale Rolle in unserem spirituellen Leben und die angemessene Ernsthaftigkeit, mit der man diesen Augenblick erleben sollte. Je Jin und Jin konnten dafür unmöglich Zeit gehabt haben. Es war fast so, als würde Reverend Mun seine Tochter quasi bei einem Zwischenstopp auf einer seiner Reisen um die Welt mal eben verheiraten.

Die Heirat ist der Mittelpunkt der Vereinigungsdoktrin. Sun Myung Mun lehrt, daß, weil Jesus gekreuzigt wurde, bevor er heiraten und sündenfreie Kinder zeugen konnte, das Himmelreich auf Erden den Menschen verwehrt geblieben sei. Es ist Muns Aufgabe als Zweiter Messias, Jesu Werk zu vollenden. Mit Sun Myung Muns Heirat mit Hak Ja Han 1960 begann eine neue Ära, die innerhalb der Vereinigungskirche als »Ära des Vollendeten Testaments« bezeichnet wird. Dieses vollkommene Paar, die Wahren Eltern, gründeten die erste Wahre Familie, indem sie Kinder zeugten, die frei von Ursünde geboren wurden. Der Rest der Menschheit konnte Teil dieses sündenfreien Vermächtnisses werden, indem er den Hochzeitssegen der Vereinigungskirche empfing.

Reverend Mun und Mrs. Mun würden Jesu Mission, die Menschheit zu erlösen, vollenden, indem sie die Rolle Adams und Evas im Garten Eden übernahmen, diesmal ohne Sündenfall. Da die Vereinigungskirche predigt, daß der Sündenfall ein Akt sexuellen Fehlverhaltens war, wird Mun die Menschheit mittels einer »prinzipientreuen« monogamen Ehe erlösen. Andere Paare konnten nur von der satanischen Blutlinie Adams und Evas – von der Ursünde – befreit werden, indem sie den Segen empfingen und eins wurden mit der Wahren Familie.

Vor und nach der Segnung verlangt die Kirche von einem Paar, an mehreren komplexen Ritualen teilzunehmen, aber bei Je Jin Mun und Jin Hong wurde auf die meisten verzichtet. Muns Lehre besagt, daß zwischen der Trauungszeremonie und dem tatsächlichen Vollzug der Ehe im Rahmen der Drei-Tage-Zeremonie drei Jahre verstreichen sollen. In diesem Fall gab es keine Trauungszeremonie, keine Gelöbniszeremonie und auch keine Drei-Tage-Zeremonie, obwohl

Mun predigte, daß jedem einzelnen dieser Rituale eine tiefreichende theologische Bedeutung zukäme.

Theoretisch mußte man seit mindestens drei Jahren Mitglied der Vereinigungskirche sein, mindesten drei neue Mitglieder geworben haben und den geforderten finanziellen Beitrag zum Entschädigungsfond geleistet haben, bevor man in der Vereinigungskirche heiraten konnte. Diese Zahlung symbolisierte die Vereinigung und lehrte uns, daß die gesamte Menschheit die Schuld für den Verrat an Jesus teilt und jeder einzelne für diese kollektive Sünde zahlen muß.

Bei der Zusammenführungzeremonie mußte früher ein Paar vor Sun Myung Mun und Mrs. Mun treten, die den beiden die Bedeutung der Segnung darlegten und sie aufforderten, sich in verschiedene Räume zurückzuziehen, wo sie überlegen sollten, ob sie den für sie ausgewählten Partner akzeptierten. Als die Kirche größer wurde, wurde ein Segnungskomitee gebildet, das über die Zusammenführung von Paaren entscheiden sollte, aber in den Anfangstagen und später bei seiner eigenen Familie übernahm Sun Myung Mun diese Aufgabe noch selbst.

Die Heiliger-Wein-Zeremonie wird für gewöhnlich am selben Tag abgehalten wie die Zusammenführungszeremonie. Mann und Frau stehen einander gegenüber; erst trinkt die Frau einen halben Becher gesegneten Wein und reicht diesen dann an den Mann weiter. Die Frau trinkt zuerst, um Eva zu symbolisieren, die erste, die gesündigt hat, und nun als erste wieder in die Gnade aufgenommen wird. Die letzten Tropfen, die im Becher übrigbleiben, werden auf ein Heiliges Taschentuch gespritzt, das im Anschluß an die Segnung bei der Drei-Tage-Zeremonie benutzt werden soll. Nachdem ein Paar den Segen empfangen hat, wird eine private Entschädigungszeremonie abgehalten, bei der Ehemann und -frau einander rituell und symbolisch mit Stöcken den Satan »aus dem Leib prügeln«.

Die Drei-Tage-Zeremonie ist der Vollzug der Ehe. In den meisten Fällen darf das Paar in den ersten drei Jahren seines gemeinsamen Ehelebens keinen Sex haben. Verstoßen sie gegen dieses Verbot, müssen die Eheleute eine von Mun ersonnene komplizierte Abfolge sexueller Handlungen vornehmen. Am Morgen des dritten Tages kommt das Paar im Gebet zusammen. Anschließend baden Mann und Frau und trocknen ihre Körper mit dem Heiligen Taschentuch, das erst in Wein und anschließend in kaltes Wasser getaucht wurde. In den ersten zwei Nächten nimmt die Frau die beherrschende Stellung ein und symbolisiert dadurch eine geläuterte Eva, die erst Satan und dann dem gefallenen Adam die Gnade bringt. In der dritten Nacht übernimmt der Mann die beherrschende Stellung, und dieser Akt symbolisiert, daß Adam und Eva, beide geläutert, die Mission vollenden, die Gott ihnen im Anbeginn der Schöpfung zugedacht hatte.

Es war die erste Hochzeit eines Wahren Kindes von Sun Myung Mun und seiner Gemahlin. Das Fehlen so vieler der gewöhnlich mit der Segnung einhergehenden Rituale war ein ziemlicher Schock. Das Ganze hatte etwas von einer Blitzhochzeit an sich. Warum die Eile? fragte ich mich. Warum wurde gegen die Kirchendoktrin verstoßen, um Je Jin und Jin praktisch von einem Tag auf den anderen zu verheiraten? Erst viel später sollte ich erfahren, daß diese Regeln nicht für die Mun-Familie galten. Sie alle hatten gleich nach der Segnung Sex, sofern sie nicht schon vorher Sex gehabt hatten.

Aber hierüber dachten meine Geschwister und ich nicht nach, als wir ganz hinten in der Kirche saßen. Unsere Eltern waren zusammen mit den Muns und dem Brautpaar ganz vorn. Wir konnten kaum etwas sehen. Wir alle versäumten einen Schultag, um an der Zeremonie teilzuhaben. Je Jin war wunderschön in einem weißen Brautkleid, und mein Bruder sah besser aus denn je, wie der Plastikbräutigam oben auf einer Hochzeitstorte. Wir mußten uns anstrengen, um zu hören, wie sie ihre Gelöbnisse austauschten.

Gelobt Ihr, als erwachsener Mann und erwachsene Frau, die das Ideal der göttlichen Schöpfung vollziehen sollen, für alle Zeiten als Mann und Frau vereint zu bleiben?

Gelobt ihr, ein Wahrer Ehemann und eine Wahre Ehefrau zu sein, eure Kinder nach dem Willen Gottes großzuziehen und sie zu lehren, verantwortungsbewußte Führer vor eurer Familie, vor der ganzen Menschheit und vor dem allmächtigen Gott zu werden?

Gelobt ihr, als Wahre Eltern die Tradition der Familieneinigkeit zu erben und diese stolze Tradition an die nachfolgenden Generationen eurer Familie und der ganzen Menschheit weiterzugeben?

Gelobt ihr, eingebettet in das Ideal der Schöpfung, dem Willen Gottes und der Wahren Eltern zu folgen, Gottes Traditionen der Liebe zu Kindern, zwischen Bruder und Schwester, Ehemann und Ehefrau und Eltern [die vier großen Reiche des Herzen] sowie der Liebe von Großeltern, Eltern und Kindern [die drei großen Königreiche] zu fördern und die Menschen der Welt so zu lieben wie es Gott und Wahre Eltern tun? Und gelobt ihr, wenn die Zeit gekommen ist, die vollkommene Familie zu gründen, die den Grundstein bildet für das Königreich Gottes im Himmel und auf Erden?

Als sie ihr Gelöbnis ablegten, blickte ich quer durch den Raum auf Hyo Jin Mun, dessen langes Haar über den Kragen seines dunkeln Anzugs fiel. Er photographierte die Zeremonie, sah aber mürrisch und zornig aus. Das überraschte mich. Warum sollte jemand auf einer Hochzeit ein so unglückliches Gesicht machen? Erst rückblickend glaube ich zu begreifen, was ihm gegen den Strich ging: Ich vermute, daß Hyo Jin schmollte, weil nicht er im Mittelpunkt der Aufmerksamkeit stand.

Nach der Hochzeit fand in einem großen Ballsaal des Palace Hotels ein Empfang statt. Unsere Eltern und alle Muns nahmen daran teil, aber wir, Jins Geschwister, waren nicht eingeladen. Einer meiner Onkel ging mit uns sechs in einem Hotelrestaurant essen, aber wir waren untröstlich, von der Hochzeitsfeier unseres Bruders ausgeschlossen worden zu sein. Das Ganze war eine Mun-Angelegenheit; die Hongs spielten ganz offensichtlich nur die zweite Geige.

Kurz nach der Trauung flogen die Muns und Je Jin zurück nach Amerika. Je Jin studierte am *Smith College*, einem sehr angesehenen Frauencollege in Massachusetts. Jin zog in Sun Myung Muns Haus in Seoul, das er mit Hyo Jin und einer ganzen Armee von Personal teilte. Er hatte noch ein Jahr an der High-School vor sich, und es war nicht leicht, ein Visum zu bekommen, um in die USA zu reisen.

Das Zusammenleben mit Hyo Jin fiel meinem Bruder schwer. Hyo Jin war als Prinz aufgewachsen und führte sich wie einer auf. Er ließ seine Kleider einfach fallen, wenn er sich aus- oder umzog, und überließ es den Schwestern, sie aufzuheben. Die Hausangestellten kommandierte er herum als wären sie Leibeigene. Er brachte seine Freundinnen mit nach Hause und schlief dort mit ihnen. Er verpestete das ganze Haus mit Zigarettenrauch. Jin befand sich in einer unhaltbaren Situation. Er mißbilligte Hyo Jins Benehmen, konnte aber andererseits nicht den Sohn des Messias kritisieren. Hyo Jin war ein Wahres Kind, während Jin lediglich eins geheiratet hatte.

In mein Leben kehrte nach der Hochzeit meines Bruders wieder die alte Routine ein. Ich sah ihn in der Schule, aber wir unterhielten uns in der Regel nur kurz. Er lernte andauernd. Die Schule war um 15.00 Uhr aus, aber die älteren Schüler blieben häufig bis 21.00 Uhr, um sich auf die Aufnahmeprüfung der Universität vorzubereiten. Außerdem rangierte Jin jetzt auf einer anderen, höheren Ebene. Er war nicht mehr mein Bruder, sondern Mitglied der Wahren Familie. Ich vermißte ihn fürchterlich.

Wenn ich an meine eigene Zukunft dachte, was ich nur selten tat, glaubte ich, noch viele Jahre Ausbildung vor mir zu haben. Ich versäumte nie einen Schultag. Ich übte fleißiger am Klavier; vielleicht würde ich ja doch noch den Traum meiner Mutter erfüllen und Konzertpianistin werden. Vielleicht würde ich einen Pianisten heiraten; dann könnten wir gemeinsam auf den Konzertbühnen der ganzen Welt spielen. Hatte nicht ein Wahrsager meiner Mutter irgendwann gesagt, ich würde berühmt und einen bedeutenden Mann heiraten?

Aber solcherlei Gedanken waren nicht mehr als kindische Phantasien. Ich befolgte den strengen Kodex der Vereinigungskirche. Ich war völlig verdattert, als ich eines Nachmittags sah, wie das Mädchen, das neben mir saß, sich die Augen schminkte. Sie war nicht Mitglied der Kirche. Sie erzählte mir, sie sei nach der Schule verabredet. Ich war gleichermaßen fasziniert und entsetzt.

Sechs Monate nach der Segnung Je Jins und Jins, im November 1981, führte die *Little Angels Art School* zur Feier der Eröffnung eines neuen Theaters eine traditionelle koreanische Musik- und Tanzdarbietung auf. Die Schule war seit ihrer Gründung durch Sun Myung Mun 1974 stetig gewachsen. Das angrenzende »Zentrum für darstellende Künste« beherbergte auch das *Little Angels Folk Ballet*, das Mun 1965 ins Leben gerufen hatte. Die *Little Angels*, ein Ensemble von sieben- bis fünfzehnjährigen Mädchen, sind schon weltweit vor Staatsoberhäuptern aufgetreten sowie vor den Königshäusern Englands und Japans.

Ich besaß kein solches darstellerisches Talent. Bei der Aufführung wies man mir eine kleine Rolle im Chor zu. Ich war ein nervliches Wrack, als ich zusammen mit den anderen Mädchen hinter der Bühne wartete, das Haar zurückgekämmt und zu einem straffen Zopf geflochten, und in einem wunderschönen Kostüm, von dem ich jedoch wußte, daß es nicht über meine grauenhafte Stimme hinwegtäuschen konnte.

Der Chorleiter reihte uns gerade für unseren Auftritt auf, als plötzlich jemand meinen Namen rief. Unvermittelt stand die Direktorin an meiner Seite. »Deine Mutter hat eine Nachricht für dich geschickt«, sagte sie. »Du mußt gehen und dich umziehen.«

Ich kehrte zurück in die Garderobe und tauschte mein Kostüm gegen die Schuluniform. Ich stieg in den marineblauen Rock, knöpfte die weiße Bluse zu und zog den blauen Blazer über. Dann schlüpfte ich noch in den grauen Wollmantel mit dem schwarzen Pelzkragen, der zur Winteruniform gehörte, griff nach meiner roten Mütze und der roten Schultasche und lief zu der wartenden Limousine. Ich stieg hinten ein, ohne einen Schimmer zu haben, wohin man mich brachte. Es spricht Bände über das Ausmaß meines blinden Gehorsams, daß ich nicht danach fragte.

Ich war noch nie in der Privatresidenz der Muns gewesen. Es war ein riesiges Haus mit einem verschnörkelten Eingangstor, das auf einen großen Hof führte. Eine Schwester führte mich in ein elegantes Speisezimmer. Meine Mutter war bereits dort. Auf beiden Seiten des rechteckigen Tisches standen je drei Stühle. Am Kopfende des Tisches saß Reverend Mun; Mrs. Mun zu seiner Rechten. Neben ihr saß eine Frau, die ich noch nie gesehen hatte. Daneben wiederum saß Mrs. Young Whi Kim. Meine Mutter saß Mrs. Mun gegenüber. Meine Mutter lächelte und bedeutete mir, neben ihr Platz zu nehmen. Ich hielt den Blick gesenkt und konzentrierte mich auf das Muster von Licht und Schatten, das der große Kristallüster auf das weiße Leintuch warf.

Mein Kopf blieb gesenkt, während die Küchenschwestern uns einen Gang des Abendessens nach dem anderen servierten. Ich war zu eingeschüchtert, um Reis, Suppe, Kimchi, Meeresfrüchte oder Fleisch anzurühren. Ich schob die Speisen auf meinem Teller hin und her und betete, daß mich niemand beachtete.

Mir fiel auf, daß Mrs. Mun bester Laune zu sein schien. Es wurde viel gelacht, aber ich schenkte der Unterhaltung keine Beachtung, bis mir plötzlich aufging, daß sie von mir sprachen. Die Frau, die ich vorher noch nie gesehen hatte, starrte mich an. Sie äußerte sich zu meiner Stirn und meiner Kopfform. Sie war entzückt von der Frisur, die für die Aufführung gedacht gewesen war, weil sie es ihr ermöglichte, meine Ohren eingehender zu betrachten. Ich fühlte, wie mir brennende Röte in die Wangen stieg, als sie die positiven Eigenschaften meiner Ohren aufzählte: lange und große Ohrläppchen, gute Proportionen. Das alles bedeutete Glück und ein langes Leben.

Panik befiel mich, als meine Mutter nach dem Essen aufstand, um ihren Teller wegzubringen, als das Abendessen beendet war. Ich folgte ihr durch die Schwingtüren in die

Küche, wo die Schwestern lachten und lächelten, offensichtlich erfreut über mehr als nur die Form meiner Ohren. Auf der Heimfahrt war deutlich, daß auch meine Mutter zufrieden war, aber sie erklärte mir unseren Besuch bei den Muns mit keinem Wort. Und ich wußte, daß es sich für mich nicht gehörte zu fragen, wenn sie sich nicht von sich aus äußerte.

Ich war überrascht, als meine Mutter mich am nächsten Tag zum Friseur schickte, um mir eine Dauerwelle in das lange, glatte schwarze Haar machen zu lassen. Noch verwirrter war ich, als sie ihr blaues Kostüm für mich herauslegte. Sie sagte, darin würde ich erwachsener aussehen. In Begleitung meiner Eltern fuhr ich wieder zum Haus der Familie Mun. Diesmal hatten sich dort zahlreiche Gäste versammelt. Sämtliche hohen Würdenträger der Kirche waren da. Ich schien große Aufmerksamkeit zu erregen. Alle lächelten mich an. Das liegt nur an Mutters hübschem Kostüm, dachte ich. Ein Photograph knipste mich unablässig. Es gab Berge köstlicher Speisen.

Kurz darauf wurden meine Eltern und ich in einen Raum gebeten, wo wir mit den Muns allein waren. Meine Eltern nahmen den Muns gegenüber auf Kissen auf dem Fußboden Platz. Reverend Mun sprach so leise, daß ich ihn kaum verstehen konnte. Ich hielt den Kopf gebeugt. Während ich noch schweigend vor ihm kniete, bat Mun meine Eltern, ihre Tochter der Wahren Familie anzuvertrauen. Meine Mutter und mein Vater vermieden es, mich anzusehen, als sie einwilligten.

»Das ist es also«, sagte ich mir. »Man hat einen Ehemann für mich ausgesucht.« Sun Myung Mun stellte mir keinerlei Fragen. Er unternahm keinen Versuch, mich in ein Gespräch zu verwickeln, um mich kennenzulernen. Er wußte bereits genug. Wie sich herausstellte, war die fremde Frau beim Abendessen eine buddhistische Geisterbeschwörerin gewesen, eine Wahrsagerin, und sie hatte Mun versichert, daß ich ganz wunderbar zu Hyo Jin passen würde. Die Frau, die ich für mich selbst die »buddhistische Lady« nannte, war kein Mitglied der Vereinigungskirche. Weder ich noch meine Eltern kamen auf den Gedanken zu hinterfragen, warum Reverend Mun eine buddhistische Wahrsagerin zu Rate ziehen mußte, wenn er wirklich der Zweite Messias war und in direkter Verbindung zu Gott stand.

Ob ich mit seinem Sohn Hyo Jin vermählt werden wolle, fragte Vater. Ich zögerte nicht. Es war der Traum jedes Mädchens in der Vereinigungskirche, ein Mitglied der Wahren Familie zu heiraten. Wenn ich Hyo Jins Frau wurde, bedeutete das, daß ich eines Tages Mutter der Kirche sein würde. Ich fühlte mich demütig und geehrt. Daß Hyo Jin alles andere als ein Märchenprinz war, kam mir gar nicht in den Sinn. Eine Segnung war nicht nur die Vereinigung zweier Menschen, sondern die Vereinigung zweier Seelen. Gott würde Hyo Jin auf den rechten Pfad führen, und Reverend Mun hatte mich als Werkzeug dieser Mission auserwählt. »Ja, Vater«, antwortete ich, hob den Kopf und sah ihm in die Augen. »Sie ist hübscher als Mutter«, sagte er. Ich tat so, als hätte ich nicht gehört, fragte mich aber, was Mrs. Mun von dieser Bemerkung halten mochte. Ich wagte nicht, in ihre Richtung zu sehen.

Meine Verwandten und Freunde hatten mir mein ganzes Leben gesagt, ich wäre hübsch. Natürlich gab es viel hübschere Mädchen als mich, aber ich wußte, daß ich nett anzusehen war, und ich freute mich über Muns Kompliment. Ich habe nie erfahren, warum Sun Myung Mun ausgerechnet mich als Ehefrau für seinen ältesten Sohn ausgewählt hatte.

Vielleicht dachte er lediglich, ich sei hübsch, fleißig und aus guter Familie. Damals genügte mir das als Erklärung. Jahre später gelangte ich jedoch zu der Überzeugung, daß meine Jugend und meine Naivität den Ausschlag gegeben hatten. Ich war jünger als es Hak Ja Han bei ihrer Heirat mit dem Messias gewesen war. Für ihn war die ideale Frau ein Mädchen, das jung und passiv genug war, um sich zu unterwerfen, so daß er es nach seinen Vorstellungen formen konnte. Die Zeit sollte zeigen, daß ich zwar jung war, aber bei weitem nicht passiv genug.

Hyo Jin wartete in einem Nebenraum. Mun schickte mich zu ihm. Beide Parteien müssen der Segnung zustimmen, aber tatsächlich hatten wir beide keine andere Wahl. Wir wußten, daß Reverend Mun nicht viel von jenen hielt, die sich ihren Partner selbst aussuchten; eine Ehe sollte auf spiritueller und nicht körperlicher Harmonie basieren, und Reverend Mun war geeigneter als jeder andere, hierüber zu entscheiden.

Ich war noch nie mit einem fremden Jungen allein gewesen, schon gar nicht mit dem Sohn des Messias. Ich verneigte mich und grüßte ihn steif mit »Hyo Jin Nim«. Er entgegnete, daß ich auf den förmlichen Titel *Nim* verzichten könne, wenn wir heiraten sollten. Er forderte mich auf, mich zu ihm auf das Sofa zu setzen. Er hielt meine Hand. Ich versuchte, mich zu entspannen, war aber schrecklich schüchtern. Wir hatten einander nichts zu sagen. Nach einigen unbehaglichen Minuten meinte Hyo Jin wir sollten zu unseren Eltern zurückgehen.

Wir gingen hinunter ins Wohnzimmer, wo Mun zum Gebet aufgerufen hatte. Wir hielten uns alle bei den Händen. Mrs. Mun nahm einen Rubin- und Diamantring von einem Finger ihrer Hand und steckte ihn mir an, um unsere Verbindung zu besiegeln. Reverend Mun und seine Frau weinten beide und brachten ihre Hoffnung zum Ausdruck, daß Hyo Jin sich als Sohn des Messias würdig erweisen würde.

Als meine Eltern und ich heimfuhren, stieß meine Mutter sich schmerzhaft den Kopf, als sie sich bückte, um in den Wagen zu steigen. Unsere Kultur ist sehr abergläubisch. Wie oft sollten meine Mutter und ich uns in den folgenden Jahren noch fragen, warum wir diesen Zwischenfall nicht als Warnung für das kommende Leid erkannt hatten.

4. Kapitel

Ich reiste am 3. Januar 1982 illegal in die Vereinigten Staaten ein. Um ein Visa für mich zu erhalten, hatte die Vereinigungskirche sich eine Geschichte ausgedacht und behauptet, ich solle an einem internationalen Klavierwettbewerb in New York City teilnehmen.

Hätten die amerikanischen Einwanderungsbeamten mich spielen hören, hätten sie diese List sofort durchschaut. Eine Klavierspielerin mit einem so mäßigen Niveau wie meinem hätte niemals an einem solchen Wettbewerb teilnehmen können – falls es ihn überhaupt gegeben hätte. Um dieser Lügengeschichte Glaubwürdigkeit zu verleihen, ließ Sun Myung Mun mich von der besten Klavierschülerin von *Little Angels* nach New York begleiten; offiziell nahm sie ebenfalls an dem Wettbewerb teil.

Ich muß gestehen, daß ich an jenem kalten Wintertag nicht weiter über diesen Betrug nachdachte, als meine Eltern und ich meinen Geschwistern zum Abschied winkten und nach Amerika aufbrachen. Wir akzeptierten Muns Behauptung, der zufolge die Gesetze der Menschen hinter Gottes Plänen zurückstehen mußten. In diesem Sinne war das unrechtmäßig erlangte Visum nur ein göttliches Zeichen für den heiligen Bund der Ehe, den ich mit Hyo Jin Mun eingehen würde.

Um die Wahrheit zu sagen hatte ich in den sechs Wochen seit unserer Verlobung überhaupt nicht viel nachgedacht. Rückblickend denke ich, ich hatte damals viel Ähnlichkeit mit einer aufziehbaren Porzellanpuppe. Man dreht den Schlüssel, und sie geht, redet und lächelt. Ich war ein Schulmädchen und überwältigt von der Verwandlung, die ich buchstäblich über Nacht erfahren hatte. Am einen Tag war ich noch ein Kind, das aus dem Raum gescheucht wurde, wenn Erwachsene sich über ernste Angelegenheiten unterhalten wollten, und am nächsten Tag war ich plötzlich Mitglied der Wahren Familie und wußte nicht, wie ich mich verhalten sollte, wenn Ältere sich respektvoll vor mir verneigten.

Nachdem Hyo Jin und seine Eltern nach Amerika zurückgekehrt waren, verbrachten meine Mutter und ich Wochen damit, mir eine Garderobe zusammenzustellen, die zu meiner Verwandlung vom Mädchen zur Frau paßte. Mit meinen Schuluniformen, T-Shirts und Jeans war es vorbei. Mein kindliches Ich wurde unter maßgeschneiderten Kostümen und konservativen Kleiderschichten begraben. Und so fremd ich mich in meiner neuen Rolle auch fühlen mochte, genoß ich es doch, im Mittelpunkt zu stehen. Welches Mädchen würde es nicht genießen, wenn reihenweise Dinnerpartys zu seinen Ehren veranstaltet werden? Wem würde die Anerkennung anderer, die so viel älter sind als man selbst, nicht den Kopf verdrehen?

Sofern es einen Hinweis auf die schweren Zeiten gab, die mich erwarteten, dann war es das Unbehagen, das ich stets in der Gegenwart meines Bräutigams verspürte. Im Dezember kehrte Hyo Jin Mun ohne seine Eltern für kurze Zeit nach Korea zurück. Unsere Begegnungen verliefen in gespannter Atmosphäre, nicht nur wegen des Mangels an gemeinsamen Interessen, sondern vor allem, weil er mich unablässig bedrängte. Meine Mutter hatte mir mehrere Bücher über die Ehe zu lesen gegeben, aber mir war immer noch nicht klar, wie der sexuelle Akt konkret vor sich ging.

Hyo Jin nahm mich während seines Aufenthaltes mit zu sich nach Hause, unter dem Vorwand, mir sein Zimmer zeigen zu wollen, wo er mich dann prompt zum Bett dirigierte. »Leg dich zu mir«, sagte er. »Du kannst mir vertrauen. Wir werden bald verheiratet sein.« Ich tat, was er verlangte, und versteifte mich sofort ängstlich, als seine ganz offensichtlich erfahrenen Hände mich begrapschten, und seine Finger sich durch die verschiedenen Lagen meiner Winterkleider arbeiteten. »Berühr mich hier«, befahl er und führte meine Hände an seinem Innenschenkel entlang. »Streichle mich hier.«

Innerhalb der Vereinigungskirche ist Sex vor der Ehe strikt untersagt. Da Sun Myung Mun lehrte, daß der Fall durch einen sexuellen Akt provoziert wurde, galt vor- und außerehelicher Sex als die schlimmste Sünde, die man begehen konnte. Und nun mußte ich, ein verängstigtes Mädchen von fünfzehn Jahren, einem Sproß der Vereinigungskirche und dem Sohn des Messias klarmachen, daß wir beide ewige Verdammnis riskierten, wenn wir taten, was er verlangte. Er schien mehr belustigt als verärgert angesichts meiner selbstgerechten Naivität. Ich für meinen Teil glaubte von ganzem Herzen daran, daß Gott mich auserwählt hatte, um Hyo Jin von seinem sündigen Pfad abzubringen.

Ich hatte ja keine Ahnung, wie schwierig diese Aufgabe sein würde. Auch als die Maschine der *Korean Airlines* auf dem Kennedy-Flughafen in New York landete, verschwendete ich noch keinen Gedanken darauf, wie mein Leben in Amerika aussehen würde, Lichtjahre entfernt von allem, was mir vertraut war, und von all den Menschen, die ich liebte. Voller Demut angesichts meiner Wahl zu Hyo Jin Muns Braut und mitgerissen von den Ereignissen, die andere für mich in Gang setzten, fragte ich mich zu keiner Zeit, wie ein gewöhnlicher Sterblicher sich in die »göttliche« Familie Sun Myung Muns einfügen oder wie ein tugendhaftes Mädchen einen älteren und rebellischen jungen Mann wie Hyo Jin Mun zähmen sollte.

Als wir in New York von Bord gingen, wurde ich in der Menge, die auf den US-Zoll zudirigiert wurde, von meinen Eltern getrennt. Der uniformierte Beamte blickte unwillig drein, als ich ihm meine zwei großen Koffer reichte. Unfreundlich sagte er etwas zu mir, aber da ich kein Englisch sprach, konnte ich seine Fragen nicht beantworten. Es gab einige Aufregung, und jemand rief etwas, ehe man mir endlich zur Hilfe kam.

Ich sah zu, wie der Zollbeamte meine ordentlich gefalteten Kleider auf den Tresen häufte und die Seiten- und Innentaschen meines Gepäcks durchwühlte. Wonach suchte er? Was sollte ich schon bei mir haben?

Mir kam gar nicht in den Sinn, daß der Zollbeamte allen Grund hatte, mißtrauisch zu sein: Wo waren meine Noten für den angeblichen Klavierwettbewerb? Warum hatte ich so viel Gepäck, wenn ich doch nur so kurze Zeit bleiben wollte? Trug ich nicht ein Kettchen im Wert von mehreren Tausend Dollar um den Hals, das ich in Korea als Verlobungsgeschenk erhalten hatte? Hatten die Kirchenführer mir nicht geraten, sie unter meinem braven braunen Kleid zu verstecken?

Als ich in den USA einreiste, befand sich die Aversion gegen Sun Myung Mun gerade auf ihrem Höhepunkt. Er galt in den Vereinigten Staaten als Gefahr für die Allgemeinheit, so wie seinerzeit Jim Jones, der Anführer der Volkstempler-Sekte, der 1978 über 900 seiner Anhänger bei einem Massenselbstmord in Guayana einen tödlichen Cocktail aus Fruchtsaft und Zyanid verabreicht hatte. Die Zeitungen in Amerika waren voller Geschichten von jungen Leuten, die von Muns Anhängern einer Gehirnwäsche unterzogen worden waren. Überall im Land gab es neuerdings »Deprogrammierer«, die von Eltern dafür bezahlt wurden, daß sie ihre Kinder aus den Zentren der Vereinigungskirche entführten und die Gehirnwäsche wieder rückgängig machten.

Da ich selbst in die Vereinigungskirche hineingeboren worden war, wußte ich nur wenig über die Anwerbetechniken, wegen derer unsere Kirche in die Schußlinie geraten war. Ich stand melodramatischen Schlagworten wie »Gehirnwäsche« skeptisch gegenüber, aber es stimmte wohl, daß neue Mitglieder von ihren alten Freunden und ihrer Familie isoliert wurden. Kirchenmitglieder wurden ermutigt, möglichst viel über die Neuen in Erfahrung zu bringen, damit eine ganz individuelle Annäherung auf sie zugeschnitten werden konnte, um sie für die Kirche zu gewinnen. Mitglieder bombardierten Neuzugänge förmlich mit so viel Aufmerksamkeit, daß es kaum verwunderlich war, daß die jungen Leute so begeistert waren von ihrer neuen »Familie«, eine Methode, die »Love-bombing« genannt wurde.

Gewöhnlich war es die alte Familie des Rekruten, die unheilige Motive hinter dieser Liebe propagierenden religiösen Gemeinschaft vermutete. In dem Jahr meiner Einreise kam es nicht selten vor, daß Reisende auf dem Flughafen, an roten Ampeln oder an Straßenecken von jungen Leuten angesprochen wurden, die Souvenirs oder Blumen für die Vereinigungskirche verkauften. Betteln ist eine harte und demütigende Arbeit, aber die Anhänger Sun Myung Muns sind hierin erfolgreicher als die meisten anderen. Um Geld zu bitten fällt um vieles leichter, wenn man der Überzeugung ist, hiermit das gute Werk des Messias zu unterstützen.

Die amerikanische Regierung hatte ebensoviele Fragen zu Sun Myung Muns Finanzen wie amerikanische Eltern zu seiner Theologie. Senator Robert Dole, der ranghöchste Republikaner im Finanzausschuß des Senats hatte bei Besprechungen zur Vereinigungskirche empfohlen, die Bundessteuerbehörde sollte die Steuerverhältnisse Muns und seiner Kirche einer sorgfältigen Prüfung unterziehen. Erst einen Monat vor meiner Verlobung hatte eine staatliche *Grand Jury* in New York Sun Myung Mun wegen Einkommenssteuerhinterziehung für die Jahre 1972 bis 1974 für schuldig befunden sowie der Konspiration zum Zwecke der Steuerhinterziehung. Zweifellos hatte diese Vorgeschichte mehr mit der gründlichen Überprüfung meines Gepäcks am Kennedy-Flughafen zu tun als die Größe meiner Koffer.

Natürlich wußte ich hiervon nichts. Ich wußte nur, daß ich nach Amerika gereist war, um zur Familie Mun zu stoßen. Hyo Jin Mun ging ungeduldig vor dem Zoll auf und ab. Als ich herauskam, ganz aufgewühlt wegen der unfreundlichen Behandlung, sehnte ich mich nach dem Trost meiner Eltern, aber Hyo Jin brachte mich sofort zum Parkplatz, wo er seinen schwarzen Sportwagen geparkt hatte, ein Verlobungsgeschenk seines Vaters. Er hatte einen kleinen Blumenstrauß mitgebracht, war aber derart aus der Ruhe gebracht von der Verzögerung, daß er beinahe vergaß, ihn mir zu überreichen. Meine Eltern würden in East Garden zu uns stoßen, erklärte er. Ich war zu müde, um zu widersprechen.

Ich sagte kein Wort auf der 45minütigen Fahrt von New

York City in nördliche Richtung nach Westchester, durch die noblen Vororte, in denen Manhattans Firmenmanager und Wirtschaftselite in anheimelnden ländlichen Ortschaften entlang des Hudson River lebten. Es war schon spät. Es war zu dunkel, als daß man viel hätte sehen können, und ich war so müde, daß mir ohnehin alles egal war.

Ich wurde erst aufmerksamer, als wir durch die schwarzen schmiedeeisernen Tore fuhren. East Garden – endlich. Hyo Jin nickte dem Wachmann in dem Wachhäuschen zu und fuhr dann die lange, gewundene Auffahrt hinauf. Trotz der Dunkelheit glaubte ich, genau die Stelle auf der weiten Rasenfläche zu erkennen, die ich so viele Jahre ehrfürchtig angeschaut hatte. Bei uns zu Hause in Korea hing nämlich eine Photographie der Wahren Familie, die auf dem smaragdgrünen Rasen ihrer amerikanischen Residenz saß. Bislang war mein Glaube an die Perfektion der Menschen auf diesem Photo unerschütterlich gewesen. Wie sie in ihren teuren Kleidern vor ihrem imposanten Haus posierten, stellten sie für uns die vollkommene Familie dar, der wir nacheiferten. Dieses Photo bedeutete mir so viel wie anderen Teenagern Photos irgendwelcher Popstars.

Reverend Mun, Mrs. Mun und ihre drei ältesten Kinder empfingen uns an der Tür. Ich verneigte mich tief vor Vater und Mutter, voller Demut, in ihrem Haus sein zu dürfen. Ich hörte einen zweiten Wagen vorfahren, als ich durch das gewaltige Foyer zum gelben Zimmer geführt wurde, einen wunderschönen Wintergarten. Wo waren meine Eltern? Wann würden sie und die Kirchenältesten eintreffen? Ich würde doch sicher nicht allein mit Reverend Mun und seiner Frau reden müssen!

Als ich das Haus betrat, blieb ich stehen, um meine schweren Winterstiefel auszuziehen. In Korea betrat man niemals ein fremdes Haus, ohne sich erst die Schuhe auszuziehen. Das ist ein Zeichen des Respekts und der Reinlichkeit. Hyo Jins Schwester In Jin stoppte mich. Ich sollte ihre Eltern nicht warten lassen. Im gelben Zimmer tauschten wir Belanglosigkeiten über meinen Flug aus. Ich lächelte, sprach wenig und hielt den Blick gesenkt. Ich war unbeschreiblich nervös; ich war noch nie mit der Wahren Familie allein gewesen. Ich war wie gelähmt von einer Mischung aus Furcht Angst und Ehrfurcht und sehr erleichtert, als ich eine Wagentür zuschlagen hörte, was die Ankunft meiner Eltern signalisierte.

Während unsere Eltern sich im Erdgeschoß unterhielten, führte Hyo Jin mich im Haus herum. So riesig es auch erscheinen mochte, wimmelte es im ganzen Haus von Kindern und ihren Kinderfrauen. Bei meiner Ankunft in den Staaten war Mrs. Mun zum 13. Mal schwanger. Die meisten der kleineren Kinder und ihre Babysitter schliefen in jener Nacht bereits in ihren kasernenartigen Zimmern im dritten Stock. Als ich sie in ihren Betten liegen sah, sehnte ich mich schmerzlich nach meinen jüngeren Geschwistern daheim in Korea, vor allem nach dem jüngsten, Jin Chool, der gerade erst sechs Jahre alt war.

Es war schon weit nach Mitternacht, als wir uns von den Muns verabschiedeten, und ein Fahrer meine Eltern und mich nach Belvedere fuhr, jenem Anwesen, das ebenfalls der Kirche gehörte und auf dem Gäste der Wahren Familie untergebracht wurden. Erst zeigte man meinen Eltern ihr Zimmer, dann führte man mich den Flur hinunter zu dem schönsten Schlafzimmer, das ich je gesehen hatte. Der Raum war in Rosa- und Cremetönen gehalten und wäre einer Prinzessin würdig gewesen. Neben dem riesigen Doppelbett gab es eine Sitzecke mit einem großen Sofa und bequemen Sesseln. An der Decke hing ein Kristallüster, und es gab zwei begehbare Kleiderschränke, die größer waren als manches Zimmer, in dem wir in meiner Kindheit in Seoul gewohnt hatten. Das Bad war gigantisch, und die originalen, handbemalten weißblauen Kacheln spiegelten noch die Eleganz der zwanziger Jahre wieder, in denen das Haus gebaut worden war.

Noch nie hatte ich ein solches Zimmer gesehen. Es gab sogar einen Fernseher. Ich fummelte an der Fernbedienung herum, und obwohl ich kein Wort Englisch verstand, erkannte ich gleich, daß ich eine Art Werbung sah. Ich wünschte, ich hätte ein Photo von meinem Gesichtsausdruck, als ich erkannte, daß es ein Werbespot für Hundefutter war. Spezielles Futter für Hunde? Völlig verblüfft verfolgte ich, wie ein Hund durch eine Küche zu einem Napf voller brauner Brocken trottete. In Korea fressen Hunde Küchenabfälle. In meiner ersten Nacht in Amerika schlief ich überwältigt ein: ich war in einem Land, das so reich war, daß man für Hunde spezielles Futter herstellte!

Am Morgen kam ein Fahrer, um meine Eltern und mich zurück nach East Garden zu fahren, wo wir zusammen mit den Muns im holzgetäfelten Speisesaal frühstückten. Von dort aus erledigt Sun Myung Mun alle geschäftlichen und kirchlichen Angelegenheiten. Jeden Morgen kommen irgendwelche Angestellte, um ihm auf Koreanisch von seinen zahlreichen Unternehmen auf der ganzen Welt zu berichten. An dem langen rechteckigen Tisch entscheidet Mun, in welche Projekte er einsteigen will, welche Gesellschaften er kaufen möchte und welche Angestellten befördert oder degradiert werden sollen.

Die Mun-Kinder nehmen ihre Mahlzeiten nicht zusammen mit ihren Eltern ein. Sie treten jeden Morgen als erstes vor den Frühstückstisch, um sich vor ihren Eltern zu verneigen, und werden dann in die Küche gebracht, wo sie vor der Schule oder dem Spielen frühstücken. An diesem Morgen durften die älteren Kinder mit ihren und meinen Eltern an einem Tisch sitzen. Ich sah die jüngeren, die durch die Küchentür linsten, um einen Blick auf mich, ihre neue Schwester zu werfen. Mir wurde warm ums Herz, als ich ihr Kichern hörte, und war um so schockierter, als ich erfuhr, daß die Mun-Kinder kein Koreanisch sprachen.

Reverend Mun predigte doch, daß Koreanisch die Universalsprache des Himmelreiches wäre. Er hatte geschrieben »Englisch wird nur in den Kolonien des Himmelreiches gesprochen! Wenn die Bewegung der Vereinigungskirche weiter fortgeschritten ist, wird Koreanisch internationale und offizielle Sprache der Vereinigungskirche sein; die offiziellen Konferenzen werden auf Koreanisch abgehalten werden, so wie vergleichbare katholische Konferenzen auf Latein abgehalten werden.« Ich wußte, daß man Mitglieder weltweit ermutigte, Koreanisch zu lernen, und so war ich verwirrt davon, daß Reverend Mun und Mrs. Mun es versäumt hatten, ihren eigenen Kindern jene Sprache beizubringen, von der ich dachte, daß sie die Sprache Gottes wäre.

An diesem Morgen wurde ich überwältigt von den fremdartigen Gerüchen eines amerikanischen Frühstücks. Es gab Speck und Würstchen, Eier und Pfannkuchen. Mir wurde leicht übel beim Anblick all dieser Speisen. In Korea war ich eine schlichte Mahlzeit am Morgen gewöhnt; dort gab es nur *Kimchi* und Reis. Mrs. Mun hatte die Küchenschwester angewiesen, Papaya zu servieren, ihre Lieblingsfrucht. Sie wußte, daß ich eine so exotische Spezialität noch nie gegessen hatte, und drängte mich, sie zu probieren. Sie zeigte mir, wie man die Frucht mit Zitronensaft beträufelte, um das

Aroma zu verstärken, aber ich konnte einfach nichts essen. Sie schien verärgert. Meine Mutter aß die Papaya, die vor mich hingestellt worden war, und lobte Mrs. Mun für ihre hervorragende Wahl.

Reverend Mun spürte mein Unbehagen. Er wandte sich direkt an Hyo Jin. »Nansook ist an einem ihr völlig fremden Ort, in einem fremden Land. Sie spricht weder die Sprache noch ist sie mit den hiesigen Bräuchen vertraut. Das hier ist dein Zuhause. Du mußt lieb zu ihr sein.« Ich war so unendlich dankbar, daß Reverend Mun meinen Ängsten Rechnung trug, daß ich nur am Rande registrierte, daß Hyo Jin nicht antwortete.

Hyo Jin besuchte mich in Belvedere, aber diese Begegnungen waren wenig ermutigend. Sie machten nur noch deutlicher, wie wenig wir zueinander paßten. Ich hatte Angst vor ihm. Er versuchte, mich zu umarmen, und ich entzog mich ihm. Ich wußte nicht, wie man sich einem Jungen gegenüber benahm, ganz zu schweigen von einem Mann, den ich in Kürze heiraten sollte. »Warum läufst du vor mir weg?« fragte er. Wie sollte ich ihm verständlich machen, daß ich zu jung war, um mich selbst zu verstehen? Ich fühlte mich geehrt, als spirituelle Partnerin für den Sohn des Messias ausgewählt worden zu sein, aber ich war noch nicht soweit, die Frau eines Mannes aus Fleisch und Blut zu werden.

Die nächsten Tage waren für mich wie eine Folge aneinandergereihter Traumsequenzen. Ich bewegte mich wie ein Roboter von Szene zu Szene, ganz benommen vor Erschöpfung und den unzähligen Eindrücken, die auf mich einstürmten. Ich ging da hin, wohin man mich schickte. Ich tat, was man mir sagte, allein darauf konzentriert, keine Fehler zu machen und das Mißfallen der Wahren Eltern zu erregen.

Mrs. Mun fuhr mit meiner Mutter und mir zum Einkaufen zu einem Einkaufszentrum in einem Vorort. Ich hatte noch nie so viele Geschäfte gesehen. Mrs. Mun steuerte zielstrebig die teuersten Boutiquen an. Bei *Neiman-Marcus* suchte sie unvorteilhafte, matronenhafte Kleider in dunklen Farben aus, die ich anprobieren sollte. Für sich selbst wählte sie Sachen in leuchtendem Rot oder Königsblau. Ich schätze, sie verübelte mir damals meine Jugend. Sie hatte am Tag meiner Verlobung ihren Mann sagen hören, ich wäre hübscher als sie. Mir fiel es schwer zu glauben, daß eine so schöne Frau wie Hak Ja Han auf irgend jemanden eifersüchtig sein sollte, erst recht nicht auf ein Schulmädchen wie mich. Sie war nur ein Jahr älter gewesen als ich, als sie Sun Myung Mun geheiratet hatte, und mit 38 und mit ihrem 13. Kind schwanger besaß sie immer noch eine makellose Haut und edle, feine Züge.

Nach außen hin war sie mir gegenüber sehr großzügig, rief mich in der ersten Woche zu sich und schenkte mir ein Kleid, das sie nicht mehr trug, sowie ein hübsches Goldkettchen. Ich zog das Kettchen im Badezimmer wieder aus, als ich das Kleid anprobierte, und ließ es versehentlich auf dem Waschbeckenrand liegen. Sie schickte später ihr Mädchen mit der Kette zu mir. Mrs. Mun öffnete mir ihren Kleiderschrank und ihre Geldbörse. Aber ich spürte, daß sie vom ersten Tag an ihr Herz vor mir verschloß.

Die Stellung der ersten Schwiegertochter innerhalb einer koreanischen Familie ist traditionell mit großem Ansehen verbunden. Sie übernimmt die Rolle der Mutter und wird zur zentralen Figur der ganzen Familie. Es gibt im Koreanischen sogar einen speziellen Ausdruck für die erste Schwiegertochter: *mat mea nue ri*. Es war von Anfang an klar, daß ich diese Rolle innerhalb der Mun-Familie nicht einnehmen würde. Ich war zu jung. »Ich mußte Mutter erst großziehen«, sagte Reverend Mun immer. Erst viel später erkannte ich, daß man einem Außenstehenden niemals eine Schlüsselrolle innerhalb der Mun-Familie zugestanden hätte. Als Schwiegertochter oder Schwiegersohn mußte man seinen Platz kennen. Für mich bedeutete das, daß ich bei Familienzusammenkünften als letzte Platz nehmen durfte und am weitesten von Sun Myung Mun entfernt saß.

In Anbetracht der Aufmerksamkeit, die die Zollbeamten mir auf dem Flughafen gewidmet hatten, hielt Reverend Mun es für ratsam, tatsächlich einen Klavierwettbewerb zu veranstalten. Ich geriet in Panik. Ich hatte nicht geübt. Ich hatte keine Noten mitgebracht. Meine Mutter beruhigte mich und meinte, ich könnte ein Stück von Schumann spielen, das ich für den Unterricht in *Little Angels* auswendig gelernt hatte. Ich war einigermaßen beruhigt; ich war ziemlich sicher, dieses Stück noch zu beherrschen. Hyo Jin und Peter Kim, Muns persönlicher Assistent, fuhren mich eines Nachmittags nach New York City, um mir Gelegenheit zu geben, auf der Bühne des Manhattan Center zu proben, einem Zentrum mit Musikstudio in Midtown, das der Kirche gehörte und wo auch der Wettbewerb stattfinden sollte.

Ich saß allein auf dem Rücksitz von einer von Muns schwarzen Mercedes-Limousinen und riß die Augen auf, als die Wolkenkratzer vor uns auftauchten. Ich wußte, daß ich beeindruckt sein sollte, aber es war ein kalter, grauer Januartag, und der einzige Eindruck, der sich mir aufdrängte, war der, daß New York schrecklich leblos wirkte. Rückblickend vermute ich, daß dieser Eindruck wohl mehr mit meinen eigenen Gefühlen zu tun hatte; sie waren so gefroren wie die Betonwüste draußen vor den Wagenfenstern.

Im Manhattan Center trafen wir auf Hoon Sook Pak, die Tochter von Bo Hi Pak, eines der höchsten Kirchenbeamten. Sie war in Hyo Jins Alter, und er hatte während der unruhigen Jahre auf der Mittelschule bei ihrer Familie in Washington DC gewohnt. Sie sollte später Ballerina bei der *Universal Ballet Company* werden, Koreas erstem Ballettensemble, das von Sun Myung Mun gegründet wurde. Sie begrüßten einander herzlich auf Englisch, obgleich beide auch fließend Koreanisch sprachen. Ich stand stumm daneben, während sie sich endlos unterhielten. Ich konnte fühlen, wie mir brennende Röte in die Wangen stieg. Warum ignorierten sie mich? Warum waren sie so unhöflich? Ich wurde noch wütender, als Hyo Jin mich in einem kleinen Vorzimmer stehen ließ, um mit anderen Leuten zu sprechen. »Warte hier«, befahl er mir, als wäre ich ein kleines Hündchen, das er erst noch erziehen mußte.

Ich fühlte den vertrauten dickköpfigen Stolz in mir aufsteigen, der in meiner Kindheit so viele Auseinandersetzungen mit meinem Bruder Jin provoziert hatte. Sobald Hyo Jin außer Sichtweite war, begab ich mich auf einen Erkundungsrundgang. Das »Zentrum für darstellende Künste« lag gleich neben dem alten New Yorker Hotel, das Sun Myung Mun inzwischen gekauft hatte. Die Kirche bringt in dem Hotel Mitglieder unter; die gesamte 30. Etage ist für die Wahre Familie reserviert, die dort absteigt, wenn sie sich in New York City aufhält. Ich wanderte umher und drehte an Türknaufen verschlossener Räume.

Hyo Jin war wütend, als er bei seiner Rückkehr feststellte, daß sein Hündchen seinen Befehl nicht befolgt hatte. »Du kannst nicht einfach so wegrennen. Du bist hier in New York City. So etwas ist gefährlich«, herrschte er mich an. »Es hätte dich jemand entführen können.« Ich entgegnete nichts darauf, dachte aber bei mir: »Wer sollte mich schon entführen?« Am meisten ärgerte mich aber, daß dieser unhöfliche Flegel meinte, er könne mich herumkommandieren.

Am Abend meines Auftritts füllten Hunderte von Kirchenmitgliedern den Konzertsaal. Ich gestaltete nur einen kleinen Teil des Abendprogramms und spielte als dritte von zahlreichen Pianisten. Ich trug ein langes pinkfarbenes Kleid, das meine Mutter mir vor meiner Abreise aus Korea gekauft hatte. Mir war ganz übel, wenngleich ich nicht wußte, ob das an den Sushi lag, die ich zu Mittag gegessen hatte, oder daran, daß ich vor der Wahren Familie spielen sollte, die in der VIP-Loge des Saales saß. In Jin, Hyo Jins Schwester, gab mir ein Mittel gegen Übelkeit zu trinken. Es half. Für mich gehörte die rosa Flüssigkeit ebenso wie Hundefutter zu den Wundern Amerikas.

Ich spielte viel zu schnell. Das Publikum erkannte nicht sofort, daß ich schon fertig war, so daß eine Pause entstand, ehe es applaudierte. Ich war mehr als erleichtert, daß ich das Stück mit nur einigen kleinen Patzern hinter mich gebracht hatte. Sobald ich wieder hinter die Bühne trat, forderten Hyo Jin und In Jin mich auf, mich umzuziehen. Ich tat, was sie sagten, nicht ahnend, daß am Ende der Darbietung ein Vorhang für alle Teilnehmer vorgesehen war. Da ich aber nicht in Straßenkleidung auf die Bühne gehen konnte, verzichtete ich darauf, mich zusammen mit den anderen vor dem Publikum zu verneigen.

In der Suite der Muns im *New Yorker* zeigte sich Reverend Mun nach der Veranstaltung so zufrieden mit dem Abend, daß er entschied, daß der Klavierwettbewerb zu einer alljährlichen Einrichtung werden sollte. Mrs. Mun ihrerseits war mir gegenüber eisig. »Warum hast du dich nicht am Ende zusammen mit den anderen verneigt?« fuhr sie mich an. »Warum hast du dich umgezogen?« Ich war perplex. Was sollte ich sagen? Daß ich nur getan hatte, was ihr Sohn mir aufgetragen hatte? Hyo Jin sah, wie ich mich wand, sagte jedoch nichts. Und so neigte ich nur den Kopf und ließ die Schelte über mich ergehen.

Wie sich herausstellte, war mein Fehlen auf der Bühne am Ende der Veranstaltung nicht mein erster Fauxpas. Mrs. Mun hatte meine Fehler aufmerksam verfolgt und zählte sie am nächsten Tag in Anwesenheit meiner Mutter auf. Es war unhöflich von mir gewesen, ihr Haus zu betreten, ohne mir vorher die Stiefel auszuziehen; es war nachlässig von mir gewesen, das Goldkettchen am Waschbeckenrand liegen zu lassen; es war undankbar von mir gewesen, bei den Mahlzeiten im Essen herumzustochern; es war gedankenlos von mir gewesen, mich am Ende des Wettbewerbs nicht zusammen mit den anderen Teilnehmern zu verbeugen. Darüber hinaus erzählte sie meiner Mutter, daß Hyo Jin sich darüber beschwert habe, daß ich Mundgeruch hätte. Mrs. Mun schickte meine Mutter mit einem Haufen Ermahnungen und einer Flasche Mundwasser zu mir.

Ich war niedergeschmettert. Wenn es stimmte, daß der erste Eindruck entscheidend war, war meine Beziehung zu Mrs. Mun schon in der ersten Woche in Amerika zum Scheitern verurteilt.

Die Hochzeit sollte am Samstag, den 7. Januar, stattfinden, damit sie mit dem Unterricht der Mun-Kinder vereinbar war. Eine Heiratsurkunde gab es nicht. Wir hatten keinen Bluttest machen lassen, und ich war ein Jahr unter dem heiratsfähigen Alter, das der Staat New York festgesetzt hatte. Meine heilige Ehe mit Hyo Jin Mun war keine legale Verbindung. Nicht, daß ich hiervon etwas gewußt oder es mich interessiert hätte. Die Autorität Sun Myung Muns war die einzige Instanz, die zählte.

Am Morgen frühstückten wir zusammen mit Reverend Mun und Mrs. Mun. Meine Mutter drängte mich, etwas zu essen. Es würde ein langer Tag werden. Es sollte zwei Zeremonien geben: eine westliche in der Bibliothek von Belvedere, bei der ich ein langes weißes Kleid und einen Schleier tragen sollte, und anschließend eine zweite, traditionelle koreanische Hochzeit, bei der Hyo Jin und ich traditionelle Hochzeitskleidung unseres Heimatlandes tragen würden. Anschließend war ein Bankett in New York City geplant.

Meine Mutter fragte Mrs. Mun, ob ich von einem Profi frisiert und geschminkt werden solle. Geldverschwendung, meinte Mrs. Mun knapp. In Jin solle mir helfen. Ich verehrte In Jin als Mitglied der Wahren Familie, aber ich war mir nicht sicher, ob ich sie als Freundin betrachten konnte. Sie tat alles, was ihre Eltern von ihr verlangten, und tatsächlich lobten sie sie für ihre Freundlichkeit mir gegenüber, aber ich spürte, daß sie im Grunde ebenso wenig mit mir anfangen konnte wie Hyo Jin. Als sie Puder auf mein Gesicht auftrug, gab sie mir einen Rat. Ich müsse mich ändern, und zwar schnell, wenn ich mich in den Kreis der Mun-Kinder einfügen und vor allem, wenn ich meinem Mann gefallen wolle. »Ich kenne Hyo Jin besser als jeder andere«, sagte sie. »Er mag keine stillen Mädchen. Er hat gerne Spaß, liebt Partys. Du mußt extrovertierter werden, wenn du ihn glücklich machen willst.«

Hyo Jin machte einen ganz glücklichen Eindruck, als er vor der Trauung bei mir vorbeischaute, aber ich wußte, daß nicht ich der Grund für seine gute Laune war. An diesem Tag würde er der Liebling seines Vaters sein, der gute Sohn und nicht das schwarze Schaf. Er ließ sich seinen Eltern zuliebe sogar überreden, sich das lange, zottelige Haar schneiden zu lassen.

Als ich allein den langen Flur hinunterging, der zur Bibliothek und in meine Zukunft führte, flüsterte eine alte Koreanerin mir zu: »Lächle nicht, sonst wird dein erstes Kind ein Mädchen.« Dieser Rat war leicht zu befolgen, und das nicht nur, weil ich wußte, mit welcher Enttäuschung man in meiner Kultur Geburten von Mädchen begegnete. Mein Hochzeitstag hätte der glücklichste Tag in meinem Leben sein sollen, aber ich fühlte mich nur benommen. Wenn ich die Photos in meinem Hochzeitsalbum betrachte, könnte ich um das Mädchen weinen, das ich damals war. Ich sehe auf den Bildern sogar noch unglücklicher aus als ich mich tatsächlich fühlte.

Rechts und links von mir drängten sich Menschen, als ich die Bibliothek betrat und durch den Raum auf Reverend Mun und Mrs. Mun in ihren langen weißen zeremoniellen Roben zuging. In der Bibliothek war es sehr heiß, und der Raum war brechend voll mit Menschen, die mir bis auf meine Eltern allesamt fremd waren. Es war ein beeindruckender Raum, dessen dunkle, holzgetäfelte Wände mit alten ungelesenen Büchern bedeckt waren und von dessen hoher Dekke schwere Lüster hingen. In dieser Umgebung fiel es mir nicht schwer zu glauben, daß ich Gottes Willen für mich und die Zukunft der Wahren Familie erfüllte, die von ihm selbst beauftragt worden war, das Himmelreich auf Erden zu schaffen. Ich war nur ein Instrument zur Verwirklichung des göttlichen Plans. Die Ehe von Hyo Jin Mun und Nansook Hong war keine alberne Verbindung zweier Menschen, die einander liebten. Gott und Sun Myung Mun hatten uns zusammengeführt und diese Ehe befohlen.

Drüben in Belvedere nahm eine kleinere Gruppe von Verwandten und Kirchenführern an der koreanischen Zeremonie teil. Ich mußte erfahren, daß die Muns auch die bedeutungsvollsten Ereignisse im Leben immer mit Eile erledigten, so daß ich kaum Zeit gehabt hatte, mein Haar im traditionellen Stil zu frisieren, als ich auch schon gerufen wurde. Allerdings hatte ich vergessen, meine Wangen der Tradition gemäß rot zu schminken, ein Versäumnis, das Mrs. Mun und den Damen aus ihrem Gefolge sofort auffiel. Hyo Jin und ich standen vor den Wahren Eltern an einem Opfertisch, auf dem sich Speisen und koreanischer Wein türmten. Obst und Gemüse wurden unter meinem Rock verteilt, im Rahmen eines folkloristischen Brauchs, der den Wunsch der Frau auf zahlreiche Kinder symbolisiert.

An die eigentliche Trauung kann ich mich nur bruchstückhaft erinnern. Ich war so müde, daß ich mich am Blitzlicht des offiziellen Kirchenphotographen orientierte, um nicht einzuschlafen, und dankbar für Anweisungen wie »Stell dich hierher« oder »Sag das.« Solange ich in Bewegung blieb, würde ich nicht zusammenbrechen.

Ein Fahrer brachte Hyo Jin und mich zurück nach East Garden, damit wir uns für den Empfang im Ballsaal des Manhattan Center umziehen konnten. Der Chauffeur brachte uns zu einem kleinen Steinhaus an einem Hang oberhalb des Haupthauses. Mit der weißen Veranda und der hübschen Steinfassade sah es aus wie aus einem Märchen. Hier sollten Hyo Jin und ich wohnen. Wir nannten es Cottage House. Im Erdgeschoß gab es ein Wohnzimmer, ein Gästezimmer und eine Küche; oben ein kleines Bad und zwei Schlafzimmer. Ich sah, daß unsere Koffer in das größere der beiden Schlafzimmer gebracht worden waren.

Hyo Jin bestand darauf, daß wir sofort miteinander schliefen. Ich flehte ihn an, bis zum Abend zu warten – die

Wahren Eltern erwarteten von uns, in einer Stunde abfahrbereit zu sein –, aber er ließ sich nicht davon abbringen. Ich wollte mich ihm nicht nackt zeigten, und so schlüpfte ich unter die Bettdecke, um mich auszuziehen. Dies sollte mir in den kommenden 14 Jahren zur Gewohnheit werden. Ich hatte zwar die Bücher gelesen, die meine Mutter mir gegeben hatte, war aber dennoch völlig unvorbereitet auf den tatsächlichen Geschlechtsakt. Als Hyo Jin sich auf mich legte, wußte ich nicht, was ich zu erwarten hatte. Er war sehr grob, sehr erregt bei dem Gedanken, ein unberührtes junges Mädchen zu entjungfern. Er sagte mir, was ich tun sollte, wo er berührt werden wollte. Ich befolgte alle seine Anweisungen. Als er in mich eindrang, mußte ich an mich halten, um nicht vor Schmerz aufzuschreien. Er brauchte nicht sehr lange, aber ich hatte noch Stunden später Schmerzen im Unterleib. »Das ist also Sex«, dachte ich immer wieder.

Ich fing an zu weinen, vor Schmerz, vor Erschöpfung und vor Scham. Ich empfand es als falsch, daß wir nicht gewartet hatten. Hyo Jin bedrängte mich den ganzen Abend. Ob es mir gefallen habe, wollte er wissen. Ich wäre ganz wund, entgegnete ich. Er sagte, über Schmerzen hätte ihm gegenüber noch keine geklagt, womit er die Gerüchte bestätigte, die mir in Korea zu Ohren gekommen waren. Hyo Jin hatte viele Frauen gehabt. Ich war schockiert und verletzt, daß er diese Sünde so beiläufig und unverblümt eingestand. Ich weinte noch heftiger, bis er mich anfuhr und zwang, meine Tränen herunterzuschlucken. Wenigstens wußte ich jetzt, was Sex war und wer mein Mann war. Sex war grauenhaft, und er war nicht besser.

Während wir uns ankleideten, rief eine Küchenschwester nach oben, daß die Wahren Eltern im Wagen auf uns warteten. Wir hasteten nach unten und nahmen vorn in der schwarzen Limousine Platz. Mrs. Mun sah mich strafend an. »Was hat euch so lange aufgehalten?« fragte sie schroff. »Eure Gäste warten.« Hyo Jin sagte nichts, aber unsere erhitzten Gesichter und unsere sichtlich in aller Hast übergestreiften Kleider verrieten deutlich, was geschehen war. Ich war froh, daß die Muns hinten saßen und die Scham nicht sehen konnten, die mir ins Gesicht geschrieben stand.

Ich schlief auf der Fahrt nach Manhattan ein, aber die Ruhepause war nur von kurzer Dauer. Im Ballsaal des Manhattan Centers waren Tische aufgestellt worden, an denen Hunderte von Menschen saßen, vornehmlich amerikanische Mitglieder der Kirche. Sie jubelten, als wir eintraten und am Ehrentisch Platz nahmen. Ich war die ganze Aufregung leid, aber vor mir lagen noch endlose Stunden des Feierns. Es gab eine typisch amerikanische Mahlzeit mit Steaks, Folienkartoffeln, Eiscreme und Kuchen. Meine Mutter drängte mich zu essen, aber für mich schmeckte alles wie Watte. Obwohl eine Show im koreanischen Stil stattfand, wurde den ganzen Abend hindurch nur Englisch gesprochen. Ich verstand kein Wort von den zahlreichen Reden und Toasts auf Hyo Jin und mich. Ich lächelte, wenn alle anderen lächelten, und applaudierte, wenn alle anderen applaudierten.

Die Sprachbarriere machte mich zu einem Zuschauer auf meiner eigenen Hochzeit: Ich war mitten drin, aber nicht wirklich Teil des Ganzen. Ich schaute auf die Muns, die sangen und klatschten. Alle sahen so glücklich aus. Es war ganz interessant zuzusehen. Ich wurde aus meiner Isolation gerissen, als mein Vater, der ebenfalls kein Englisch sprach, meinte, daß man von mir erwarten würde, ein paar Worte zu sagen. »Auf Englisch?« fragte ich panisch. »Nein, nein«, beruhigte er mich. »Hyo Jin wird für dich übersetzen.« Mein Vater riet mir, mich kurz zu fassen und zu versprechen, Hyo Jin eine gute Frau zu sein. Als es soweit war, befolgte ich den Rat meines Vaters. Im ganzen Saal wurden seitens der nichtkoreanischen Gäste Rufe laut. »Was hat sie gesagt?« wollten sie wissen. »Ach, nichts von Bedeutung«, entgegnete Hyo Jin und fuhr mit seiner eigenen Ansprache auf Englisch fort, die mit tosendem Applaus quittiert wurde.

Ich behielt beim Klatschen die Hände im Schoß. Reverend Mun forderte mich auf, sie über die Tischkante zu heben und deutlicher zu klatschen, um meine Freude an meinem Hochzeitstag zu bekunden sowie mein Glück darüber, mit Hyo Jin vereint worden zu sein. Ich gehorchte und dachte dabei: »Ich bin ein solcher Idiot. Kann ich denn gar nichts richtig machen?«

Es wurde noch weitergefeiert, lange nachdem wir selbst nach East Garden zurückgekehrt waren. In Korea ist es Tradition, dem Bräutigam mit einem Stock auf die Fußsohlen zu schlagen für seinen symbolischen Raub der Braut. Daheim im Cottage zog Hyo Jin mehrere Paar Socken übereinander für diese traditionelle Züchtigung. Die Wahren Eltern lachten, als die Kirchenführer Hyo Jins Füße an den Knöcheln fesselten, damit er nicht weglaufen konnte. Bei jedem Hieb auf Hyo Jins Fußsohlen erhob sein Vater mit vorgetäuschtem Zorn Einspruch. »Hört auf, ich gebe euch Geld, wenn ihr aufhört, meinen Sohn zu schlagen.« Die Männer, die den Stock führten, strichen das Geld ein und setzten die Züchtigung dann fort. »Ich gebe euch noch mehr Geld, wenn ihr aufhört«, rief Reverend Mun, und wieder wurde viel gelacht, als die Männer sich Vaters Geld in die Taschen stopften und ihre »Mißhandlung« Hyo Jins fortsetzten.

Ich verfolgte das Geschehen von einem weichgepolsterten Sessel aus, in dem ich jeden Moment einzuschlafen drohte. Alle machten Bemerkungen über meine Zurückhaltung. »Sie verlangt nicht von ihnen, daß sie aufhören, ihren Mann zu schlagen.« Ich war nicht still, ich war benommen. Auf Drängen der Anwesenden versuchte ich, Hyo Jins Fesseln zu lösen, aber ich war so müde, daß Hyo Jin sich schließlich selbst befreien mußte.

Am nächsten Morgen versammelten wir uns alle am Frühstückstisch der Muns. Hyo Jin verschwand bald wieder, aber ich wußte nicht, wohin. Ich blieb, um auf die Wahren Eltern zu warten. Ich war nicht sicher, wie meine Stellung innerhalb der Mun-Familie sein würde, und mein frischgebackener Ehemann war mir auch keine große Hilfe. Und so verfiel ich unwillkürlich in die Rolle einer Dienstmagd von Mrs. Mun.

Erst nach der Hochzeit wurde das Thema Hochzeitsreise angesprochen. Hyo Jin wollte nach Hawaii, aber Reverend Mun schlug statt dessen Florida vor. Unsere Hochzeitsreise war kein gewöhnlicher Honeymoon. Wir gaben ein sonderbares Gespann ab: Ehemann, Ehefrau und der persönliche Assistent Sun Myung Muns. Mun hatte seiner rechten Hand, Peter Kim, 5000 Dollar in die Hand gedrückt mit der Anweisung, uns nach Florida zu bringen. Niemand sagte mir, wohin wir fuhren oder was wir dort tun würden. Meine Mutter packte angesichts der Förmlichkeit in East Garden einen Koffer voller eleganter Kleider für mich, und ich stopfte noch eine Jeans und ein T-Shirt hinein.

Peter Kim und Hyo Jin saßen vorn in dem blauen Mercedes; ich saß allein im Fond. Sie unterhielten sich auf der ganzen 1100 Meilen langen Fahrt an die Küste auf Englisch. Ich fühlte mich ausgeschlossen und überflüssig. Die beiden

Männer entschieden, wo und wann wir halt machten, um zu essen oder zu schlafen. Ich erinnere mich, daß ich im Waschraum einer Tankstelle mit den Tränen kämpfte, weil ich nicht dahinterkam, wie der Handtrockner funktionierte. Ich dachte, ich hätte ihn kaputt gemacht, als er nicht mehr aufhörte, warme Luft auszupusten. Es war ein kurzer, aber sehr einsamer Augenblick. Eine solche Kleinigkeit, aber ich hatte niemanden, den ich fragen konnte.

Meine Laune hob sich ein wenig, als wir in Florida eintrafen und Peter Kim einen Abstecher nach Disney World vorschlug. Ich war ein 15jähriges Mädchen und hätte mir keinen schöneren Ferienort denken können. Hyo Jin zeigte sich von dem Vorschlag jedoch wenig begeistert. Er war schon sehr oft dort gewesen. Widerwillig erklärte er sich mit einem Zwischenstopp in Orlando einverstanden. Es nieselte, und ich fror, aber das war mir egal. Ich ging die Main Street USA hinunter auf Aschenputtels Schloß zu und verstand sofort, warum man Disney World als *Magic Kingdom*, das verzauberte Königreich, bezeichnete. Ich hielt Ausschau nach Micky Maus oder einer anderen der vertrauten Figuren, bekam jedoch keine Gelegenheit, auch nur eine von ihnen zu sehen. Zehn Minuten nach unserer Ankunft meinte Hyo Jin, er langweile sich und wolle gehen. Ich war verblüfft von seinem Egoismus, folgte ihm jedoch brav zurück zum Mercedes.

Reverend Mun hatte vorgeschlagen, daß wir mit dem Wagen nach Florida fuhren, damit ich etwas von den Vereinigten Staaten zu sehen bekam, aber Hyo Jin verlor auch diesbezüglich bald die Geduld. Er ließ einen Wachmann von East Garden nach Florida fliegen, um den Wagen abzuholen. Wir würden nach Las Vegas fliegen, eröffnete er mir.

Ich hatte keine Ahnung, wo oder was Las Vegas war, und

weder Hyo Jin noch Peter Kim machten sich die Mühe, mich aufzuklären. Und sie verrieten mir auch nicht, daß die Muns und meine eigenen Eltern dort Urlaub machten. Ich wußte nichts davon, daß wir uns mit unseren Eltern treffen sollten, bis wir im Hotelrestaurant den Tisch ansteuerten, an dem sie saßen. Meine Mutter schimpfte, weil ich abwesend den Blick durch den Raum hatte schweifen lassen, als ich auf sie zugegangen war. Ich erklärte ihr, ich wäre nicht respektlos gewesen, ich hätte nur nicht gewußt, daß die Muns und sie dort wären!

Ich war noch verwirrter, als ich erfuhr, daß Las Vegas ein Glücksspielparadies war. Überall in den Restaurants, Kasinos und Hotels gab es »einarmige Banditen«. Was machten wir alle an einem Ort wie diesem? Glücksspiele waren in der Vereinigungskirche streng verboten. Jegliche Form des Wettens wurde als gesellschaftliches Übel betrachtet, das die Familie unterminierte und zum moralischen Verfall der Zivilisation beitrug. Warum hielt dann Hak Ja Han Mun, die Mutter der Wahren Familie, einen Becher mit Münzen umklammert, mit denen sie reihenweise die Geldautomaten fütterte? Warum verbrachte Sun Myung Mun, der Zweite Messias, der göttliche Nachfolger des Mannes, der Geldwechsler aus dem Tempel geworfen hatte, Stunden am Blackjack-Tisch?

Ich wagte nicht zu fragen, aber das war auch überflüssig. Reverend Mun beeilte sich, mir unsere Anwesenheit in einer solchen Lasterhöhle zu erklären. Er sagte, daß es für ihn als Zweiten Messias eine Pflicht wäre, sich unter die Sünder zu mischen, um diese zu erretten. Er müsse ihre Sünde begreifen, um sie von ihr zu befreien. Sicher wäre mir schon aufgefallen, daß er nicht selbst beim Blackjack saß und Geld setzte. Peter Kim saß für ihn am Tisch, während er hinter seinem Assistenten stand und ihm bezüglich der Geldeinsätze Anweisungen gab. »Du siehst also, daß ich nicht wirklich am Glücksspiel teilnehme«, erklärte er.

Auch wenn ich erst fünfzehn war und er der Messias, durchschaute ich dies als dreiste Verdrehung der Tatsachen.

5. Kapitel

Ich kehrte zwar als in den Augen der Vereinigungskirche verheiratete Frau nach East Garden zurück, aber trotz allem war ich noch ein Kind und schulpflichtig. Sofern ich noch Zweifel hatte bezüglich meines Status als Familienmitglied zweiter Klasse, machte die Diskussion bezüglich meiner Weiterbildung meinen Stand überdeutlich.

Mit Ausnahme meines frisch angetrauten Gatten, der mit neunzehn Jahren die High-School noch nicht abgeschlossen hatte, besuchten die schulpflichtigen Kinder der Muns eine Privatakademie in Tarrytown. Mrs. Mun äußerte klipp und klar, daß sie nicht beabsichtigte, die 4500 Dollar Schulgeld, die Hackley jährlich verlangte, für ihre Schwiegertochter zu übernehmen. Eine öffentliche Schule würde genügen müssen.

Anfang Februar fuhr Peter Kim mich zur Irvington High-School, um mich für die zehnte Klasse anzumelden. Vorher machten wir an einem kleinen Laden halt und kauften ein Heft und ein paar Stifte. Ich sollte unter meinem Mädchennamen Nansook Hong eingeschrieben werden; niemand sollte von meiner Ehe oder meiner Beziehung zur Familie Mun wissen. Peter Kim stellte sich dem Schuldirektor als mein Vormund vor. Meine Zeugnisse würden an ihn geschickt werden.

Auf der *Little Angels Art School* in Seoul hatte ich zu den besten zehn Prozent meiner Klasse gehört, aber der Gedanke, eine amerikanische Schule zu besuchen, erfüllte mich mit panischer Angst. Ich folgte Peter Kim durch die lärmenden Flure der typischen ländlichen High-School und ließ das Gelächter und die lässige Kleidung der Teenager, die an uns vorbeistürmten, auf mich wirken. Wie sollte ich mich je in dieser Umgebung von Ausgelassenheit und High-Schoolbällen einfügen? Wie sollte ich auch nur die Englisch sprechenden Lehrer verstehen? Und wie sollte ich zu Hause ernsthaftes Lernen und die Pflichten einer gehorsamen Ehefrau unter einen Hut bringen? Wie sollte ich bei diesem Doppelleben etwas anderes sein als einsam?

Ich stand jeden Morgen um 6.00 Uhr früh auf, um Reverend Mun und Mrs. Mun beim Frühstück zu begrüßen. Am frühen Morgen herrschte in der Küche des Haupthauses regelmäßig das reinste Chaos. Niemand wußte je genau, um wieviel Uhr die Herrschaften herunterkommen würden, aber wenn sie dann kamen, erwarteten sie, daß das Frühstück augenblicklich aufgetragen wurde. Die zwei Köche und ihre drei Helfer hatten immer einen Hauptgang vorbereitet, aber es kam des öfteren vor, daß sie in aller Hast umdisponieren mußten, weil die Muns plötzlich etwas anderes wünschten. Ich hatte immer schon eine Kleinigkeit in der Küche gegessen, wenn die Muns schließlich mit einer Schar von Kirchenführern erschienen. Ich fiel auf die Knie und verneigte mich tief, wenn sie eintraten, und wartete dann darauf, entlassen zu werden, um mich von einem Chauffeur zur Schule fahren zu lassen.

Gewöhnlich war ich morgens sehr müde, weil Hyo Jin nie vor Mitternacht nach Hause kam und dann meist noch mit mir schlafen wollte. Meistens war er betrunken, torkelte die

Treppe vom Cottage Haus hinauf und stank nach Tequila und kaltem Zigarettenrauch. Ich gab meist vor zu schlafen, in der Hoffnung, er werde mich in Frieden lassen, aber das tat er nur selten. Ich war da, um seine Bedürfnisse zu erfüllen; meine eigenen waren unerheblich.

Morgens schlich ich auf Zehenspitzen durch unser Schlafzimmer, auch wenn kaum die Gefahr bestand, meinen Mann zu wecken. Er schlief immer tief und fest bis weit in den Tag hinein; manchmal schlief er sogar noch, wenn ich aus der Schule heimkam. Dann stand er auf, duschte und fuhr nach Manhattan, um durch seine bevorzugten Nachtclubs, Hotelbars und koreanischen Bars zu ziehen. Mit neunzehn bekam er in den Etablissements mit koreanischer Leitung problemlos alles, was er wollte. Oft nahm er seinen jüngeren Bruder Heung Jin, damals fünfzehn, und seine sechzehnjährige Schwester In Jin mit auf seine nächtlichen Sauftouren.

Hyo Jin lud mich einmal ein, mich ihnen anzuschließen. Wir fuhren zu einem verräucherten koreanischen Nachtclub. Es war offensichtlich, daß die Mun-Kinder dort Stammkunden waren; sämtliche Bedienungen begrüßten sie herzlich, und eine von ihnen brachte Hyo Jin eine Flasche Gold Tequila und ein Päckchen Zigaretten. In Jin und Heung Jin tranken mit ihm von dem Tequila, während ich an einer Coca-Cola nippte.

Ich versuchte vergeblich, die aufsteigenden Tränen zu unterdrücken. Was machten wir an einem solchen Ort? Meine ganze Kindheit hatte man mich gelehrt, daß Mitglieder der Vereinigungskirche keine Bars besuchten, daß Anhänger Sun Myung Muns keinen Alkohol tranken und nicht rauchten. Wie konnte ich mit den Wahren Kindern Reverend Muns an einem solchen Ort sitzen und zusehen, wie sie Lastern frönten, die Vater auf seinen Reisen um die ganze Welt anprangerte?

Aber in dem Spiegelkabinett, das ich betreten hatte, war nicht ihr Verhalten das Problem, sondern das meine. »Warum bist du so?« fragte Hyo Jin, bevor er sich abwandte und an einen anderen Tisch ging. »Du verdirbst allen die Laune. Wir sind hergekommen, um uns zu amüsieren, und nicht, um deinen Babysitter zu spielen.« In Jin setzte sich auf den freien Stuhl neben mir. »Hör auf zu flennen, oder Hyo Jin wird sehr wütend werden«, warnte sie mich schroff. »Wenn du dich so aufführst, wird er dich nie gern haben.« Ich hatte keine Zeit mehr, mich zu fassen, als mein Mann auch schon rief: »Gehen wir. Wir bringen sie nach Hause.«

Auf der langen Rückfahrt nach East Garden sprach niemand ein Wort mit mir. Im stickigen Inneren der Limousine war ihre Verachtung fast greifbar. »Weine nicht«, sagte ich mir immer wieder. »Bald bist du zu Hause.« Kurz bevor Hyo Jin mich absetzte, holte er eine meiner Klassenkameradinnen ab, ein Gesegnetes Kind, das die Leidenschaft der Mun-Geschwister für Spaß teilte. Sie zwängte sich zu uns auf den Rücksitz und beachtete mich gar nicht. Fast hinterließen sie Reifenspuren auf der Auffahrt, so eilig hatten sie es, nach New York zurückzukehren.

Das war die erste von zahlreichen Nächten, in denen ich mich in den Schlaf weinte. Stundenlang kniete ich neben dem Bett und flehte Gott um Hilfe an. »Wenn du mich hergeschickt hast, um deinen Willen zu tun«, betete ich, »dann führe mich bitte.« Ich glaubte mit jeder Faser meines jungen Herzens daran, daß wenn ich Gott in diesem Leben enttäuschte, mir im nächsten Leben ein Platz im Himmel verwehrt bleiben würde. Was nützt ein glückliches irdisches Dasein, wenn man hinterher nicht in Gottes Reich einkehrt?

Am nächsten Morgen waren meine Knie ganz aufgeschürft vom langen Knien auf dem Teppich, als Mutter mich zu sich rief. Hyo Jin und die anderen waren noch nicht wieder zu Hause. Sie wollte wissen, wo sie wären. Warum war ich nicht bei ihnen? Vor ihr kniend, berichtete ich weinend von den Ereignissen des vergangenen Abends. Es war eine Erleichterung, diese schreckliche Bürde mit Mutter zu teilen. Vielleicht würde sich jetzt etwas ändern. Mrs. Mun wurde sehr wütend, aber nicht etwa auf Hyo Jin, wie ich erwartet hatte. Sie war wütend auf mich. Ich wäre ein dummes Ding, schimpfte sie. Was ich denn glaubte, warum man mich nach Amerika geholt hatte? Es sei meine Mission, Hyo Jin zu ändern. Ich ließe Gott und Sun Myung Mun im Stich. Es läge bei mir, dafür zu sorgen, daß Hyo Jin lieber daheim blieb.

Wie sollte ich ihr begreiflich machen, daß es an den Abenden, die ihr Sohn zu Hause verbrachte, nicht besser war? Er hatte das Wohnzimmer des Cottage House zum Übungsraum für seine Rock 'n' Roll-Band umfunktioniert, der »U Band«. Ich haßte ihre nächtlichen Proben. Das ganze Haus bebte, wenn sie spielten oder auf Hyo Jins Stereoanlage Musik hörten. Hyo Jin meinte, meine Ausbildung in klassischer Musik hätte mich zum Snob gemacht. Aber meine Abneigung gegen seine Band hatte weniger mit der Musik zu tun, die sie spielten, als mit der Art, wie seine Freunde sich in unserem Haus aufführten. Bandmitglieder fanden sich schon am frühen Abend ein, und meist gesellten sich Gesegnete Kinder aus der Umgebung ein. Kaum hörte ich, wie sie ihre Gitarren stimmten, wehte auch schon der Geruch von Marihuana nach oben in das Zimmer, in dem ich über meinen Hausaufgaben saß.

Mein Entsetzen belustigte Hyo Jin und seine Freunde nur,

aber die Wahrheit ist, daß ich hin und her gerissen war in meinen Gefühlen für sie. Ich wollte nichts Verbotenes tun, war aber andererseits sehr einsam oben mit meinen Schulbüchern. Ich wollte nicht mit ihnen zusammen sein, sehnte mich aber danach, daß man mich dazu einlud. Meine Welt stand Kopf; auf der einen Seite wurde ich von Gleichaltrigen verspottet, weil ich an das glaubte, was man mich von kleinauf gelehrt hatte, und auf der anderen Seite wurde ich von den Erwachsenen gescholten wegen Verfehlungen, derer ich mich gar nicht schuldig gemacht hatte.

Wie sollte ich Mrs. Mun klarmachen, daß die Barbesuche ihrer Kinder die geringste ihrer Sünden waren? Ich nahm ihre Vorwürfe schweigend hin. Kurze Zeit später rief Mrs. Mun meine Mutter in ihr Zimmer, um ihr meine Verfehlungen aufzuzählen. In Jin hatte ihr berichtet, daß ich meinen Ehering in der Schule getragen hatte und mich nach Hyo Jins ehemaligen Freundinnen erkundigt habe.

Ich hatte nichts dergleichen getan, aber es war mir unmöglich, mich gegenüber den Wahren Eltern zu verteidigen, ohne ihre eigenen Kinder zu kritisieren, und das war undenkbar. Ich versuchte, meiner eigenen Mutter meine Situation begreiflich zu machen, aber der einzige Rat, den sie mir gab, war, die Wahre Familie nach Möglichkeit nicht zu verärgern. Ich sollte vorsichtig sein mit dem, was ich sagte. Ich müßte darum beten, würdiger zu werden. Das erschien mir unmöglich. Ich wurde ständig nur kritisiert und für schuldig befunden, ohne daß man mir eine faire Chance einräumte, mich zu verteidigen. Zu oft fälschlich beschuldigt, begann ich, jedem zu mißtrauen.

Wie sehr ich wünschte, mein Vater oder mein Bruder Jin kämen nach Amerika! Die Muns hatten meinen Vater kurz nach der Trauung nach Korea zurückgeschickt, und auch Jin war noch dort, um die High-School abzuschließen. Im übrigen wartete er noch auf das Visum, das es ihm gestatten würde, zu seiner Frau Je Jin Mun in die Staaten zu reisen. Ich wußte, daß Jin mit seinem eigenen Leben beschäftigt sein würde, wenn er herkam. Er hatte davon gesprochen, nach Harvard zu gehen, und Reverend Mun schien geneigt, ihn auf das Elitecollege zu schicken, da die akademischen Erfolge meines Bruders dem Messias zur Ehre gereichen würden. Ich freute mich für Jin, war aber um meiner selbst willen traurig; ich würde in East Garden bleiben müssen, umgeben von Menschen, die mich haßten.

Nur Un Jin Mun, die dritte Tochter Sun Myung Muns, war eine Ausnahme. Sie war ein Jahr jünger als ich und verstand sich auch nicht besonders gut mit ihrer Schwester In Jin. Wir freundeten uns kurz nach meiner Ankunft in East Garden an. Ich werde immer dankbar sein für die Freundschaft, die mir Un Jin in jenen ersten Monaten entgegenbrachte. Alles war noch so neu, und ich hatte solche Angst, etwas falsch zu machen. So erschien ich beispielsweise zum Gelöbnis an meinem ersten Sonntagmorgen in den Staaten in meinem langen weißen Kirchengewand, um dann festzustellen, daß alle Muns Anzug oder Kleid trugen. Ich schämte mich, wie sich nur ein Teenager schämen kann, wenn er irgendwo falsch gekleidet erscheint. Ich war schrecklich verlegen wegen meiner Unwissenheit und verletzt, daß sich niemand die Zeit genommen hatte, mich in gewisse Verhaltensregeln einzuweisen. Un Jin übernahm diese Aufgabe und erzählte mir danach bereits vorher, was mich bei Familienzusammenkünften und Kirchenzeremonien erwartete.

Der Gelöbnis-Gottesdienst fand in einem Arbeitszimmer statt, das an das Schlafzimmer der Muns grenzte. Ich war verblüfft, als ich feststellte, daß die Mun-Kinder nicht mit dem Gelöbnis-Text vertraut waren, den ich selbst auswendig kannte, seit ich sieben war. Nach dem Gebet brachten die Kirchenschwestern einen kleinen Imbiß für die Wahre Familie: Saft, Käsekuchen, Donuts und Blätterteiggebäck. Ich bediente die Wahren Eltern, bis es um 6.00 Uhr an der Zeit war, nach Belvedere zu gehen, wo Reverend Mun jeden Sonntag vor den örtlichen Mitgliedern predigte.

Für mich als junge Frau war es eine Ehre, Sun Myung Mun jede Woche predigen zu hören. Er sprach Koreanisch, so daß ich ihm leicht folgen konnte, während die Amerikaner sich mit der groben Übersetzung von Muns Assistenten begnügen mußten. Ich wünschte, ich könnte exakt beschreiben, was genau an Muns Predigten mein Herz anrührte. Es war nicht etwa so, daß er besonders tiefsinnig oder charismatisch gewesen wäre. Tatsächlich war er keins von beidem. Die meiste Zeit rief er uns auf, unser Leben dem Dienst an Gott und der Menschheit zu weihen, indem wir moralische und gerechte Personen wurden. Es war ein edler Aufruf. Die meisten von uns, die sich an den Sonntagmorgen in jenem Raum in Belvedere einfanden, glaubten in ihrer Naivität wirklich daran, allein durch ihre Güte die Welt verändern zu können. Unser Glaube hatte etwas Unschuldiges und Sanftmütiges an sich, dem nur selten Rechnung getragen wird, wenn man Mitglieder der Vereinigungskirche als Sektierer verteufelt. Schon möglich, daß wir einer Sekte verfallen waren, aber die meisten von uns waren keine Sektierer, sondern Idealisten.

Während die anderen Mun-Kinder nach New York fuhren, um sich zu amüsieren, buken Un Jin und ich bis spät nachts in der Küche des Haupthauses und plauderten dabei auf Koreanisch. Un Jin war eine hervorragende Köchin und eine gute Seele, so daß sie den Wachleuten, die ein Büro im

Keller des Haupthauses hatten, regelmäßig von ihren selbstgebackenen Plätzchen und Käsekuchen mit Schokoladenchips etwas abgab.

Die Kirchenmitglieder, die das Haushaltspersonal stellten, waren es gewohnt, von den Mun-Kindern eher Befehle zu bekommen als Geschenke. Die Wahre Familie behandelte Angestellte wie Leibeigene. Die Küchenschwestern und Kinderfrauen schliefen zu sechst in einem Zimmer unter dem Dach und bekamen lediglich ein kleines Taschengeld, aber kein richtiges Gehalt. Bei den Wachmännern, Gärtnern und Handwerkern auf dem Anwesen sah es nicht viel besser aus. Die Muns vertraten den Standpunkt, daß es für Kirchenmitglieder ein Privileg war, in unmittelbarer Nähe zur Wahren Familie zu leben. Zum Ausgleich für diese Ehre wurden sie auch von den jüngsten Muns herumkommandiert: »Bring mir dies«, »Hol mir jenes«, »Heb meine Sachen auf«, »Mach mein Bett«.

Sun Myung Mun brachte seinen Kindern bei, daß sie kleine Prinzen und Prinzessinnen waren, und sie benahmen sich entsprechend. Es war peinlich mitanzusehen, aber noch verblüffender war, mit welchem Gleichmut die Angestellten die verbalen Demütigungen der Mun-Kinder einsteckten. Wie ich glaubten sie, daß die Wahre Familie vollkommen war. Wenn die Muns etwas an uns zu bemängeln hatten, dann lag das nicht etwa an ihren zu hohen Erwartungen, sondern unweigerlich an unserer eigenen Unzulänglichkeit. In Anbetracht dieser Einstellung war ich um so dankbarer für Un Jins Freundlichkeit. Sie behandelte mich nie von oben herab; sie schien mich um meiner selbst willen zu mögen.

In Jin mißbilligte meine Freundschaft zu ihrer Schwester, konnte aber auch nett zu mir sein, wenn es zu ihrem eigenen Vorteil war. Eines Abends kam sie zu mir und bat mich, ihr ein paar Sachen zu borgen, damit sie sich unbemerkt aus dem Haus schleichen konnte. Ihr eigenes Zimmer lag gleich neben der Suite ihrer Eltern im Herrenhaus, und sie wollte nicht riskieren, ihrem Vater über den Weg zu laufen. »Und warum nicht?« fragte ich. Sie erzählte mir, daß sie kürzlich erst um 4.00 Uhr früh heimgekommen war. Es war noch dunkel gewesen. Sie hatte geglaubt, es sei alles glatt gegangen, aber dann hatte sie in einem Sessel gegenüber von ihrem Zimmer Vaters Schatten gesehen.

Während Sun Myung Mun seine Tochter verprügelt hatte, hatte er ihr versichert, daß er sie aus Liebe züchtige. Es waren nicht die ersten Prügel gewesen, die sie von Vater bezogen hatte. Sie sagte, sie wünschte, sie hätte den Mut, zur Polizei zu gehen und Sun Myung Mun wegen Kindesmißhandlung anzuzeigen. Ich lieh ihr meine beste Jeans und einen weißen Angorapullover und versuchte, mir nicht anmerken zu lassen, wie geschockt ich von ihrer Geschichte war.

Ebenso wie alles andere in meinem neuen Leben in der Wahren Familie verblüffte mich die Abneigung zwischen den Mun-Kindern und ihren Eltern. Ich mußte schon sehr früh meine Vorstellung von den Muns als einer herzlichen, liebevollen Familie revidieren. Sofern sie spirituelle Vollkommenheit erlangt hatten, war diese im täglichen Umgang miteinander schwer auszumachen. Beispielsweise wurde auch von den jüngsten Kindern erwartet, daß sie sich sonntags um 5.00 Uhr früh zum Gelöbnis einfanden. Die kleinsten waren oft noch ganz verschlafen und entsprechend unleidlich. Wir Frauen verbrachten regelmäßig die ersten Minuten damit, die Kinder zu beruhigen. Reverend Mun geriet in Rage, wenn uns das nicht gleich gelang. Ich erinnere mich noch gut daran, wie ich zusammenzuckte, als ich zum erstenmal erlebte, wie Sun Myung Mun seine Kinder schlug, damit sie still waren. Natürlich erreichte er mit seinen Schlägen nur, daß sie um so lauter schrien.

Hyo Jin machte keinen Hehl aus seiner Verachtung für Vater und Mutter. Er schien in ihnen nur nützliche Goldesel zu sehen. Als wir heirateten, hatten wir kein Bankkonto oder ein regelmäßiges Einkommen. Mutter gab uns sporadisch Geld, 1000 Dollar hier, 2000 Dollar da. An Geburtstagen oder Kirchenfeiertagen kamen japanische und andere Kirchenführer auf das Anwesen mit Tausenden von Dollar als Geschenk für die Wahre Familie. Das Geld wanderte direkt in den Safe in Mrs. Muns Schlafzimmerschrank.

Später erzählte mir Mrs. Mun, daß die Spendensammler in Japan beauftragt worden wären, Geld für den Unterhalt von Hyo Jins Familie aufzubringen, und daß künftig regelmäßig Gelder zu diesem Zweck eingehen würden. Ich hatte keine Ahnung, wie so etwas funktionierte. Das Geld landete auch nicht direkt bei uns. Mitte der achtziger Jahre wurden Gelder, die auf das Spendenkonto der Wahren Familie eingezahlt wurden, jeden Monat telegraphisch an Hyo Jin und die anderen erwachsenen Mun-Kinder überwiesen. Hyo Jin bekam etwa 7000 Dollar im Monat, die auf das gemeinsame Konto eingezahlt wurden, das wir bei der First Fidelity Bank in Tarrytown eingerichtet hatten. Aus welchen Quellen außerhalb von Japan dieses Geld sonst noch stammte, habe ich nie erfahren.

Hyo Jin bettelte seine Mutter regelmäßig um größere Geldsummen an. Soweit ich weiß, sagte sie nie nein. Er hortete sein Geld in unserem Schlafzimmerschrank und nahm sich davon, wenn er zu seinen Sauftouren in die Stadt fuhr.

Ich war starr vor Schreck, als er eines Abends, als er sich für einen seiner Ausflüge nach Manhattan zurechtmachte, plötzlich anfing herumzuschreien und mit Gegenständen um sich zu werfen. »Ich bringe dich um, du Schlampe«, brüllte Hyo Jin, während er den ganzen Schrank durchwühlte und dabei Kleider und Krawatten von Bügeln riß. »Was habe ich denn getan?« fragte ich ängstlich. »Nicht du, Dummkopf. Mutter. Sie versucht, mein Leben zu ruinieren.« Sein Geld war verschwunden. Er nahm an, daß Mutter gekommen war und es an sich genommen hatte, um seinen Alkoholkonsum einzuschränken. Ich bezweifelte das. Nichts deutete darauf hin, daß Vater oder Mutter versuchten, irgendeinen Einfluß auf ihre ausschweifenden Kinder zu nehmen.

Als ich seine zerknitterten Sachen vom Boden aufhob, fand ich ein Geldbündel auf dem Schrankboden, eingeklemmt zwischen zwei Schuhen. Es mußte aus einer Jackentasche gefallen sein. Ich zählte über 6000 Dollar. Hyo Jin riß mir das Geld aus der Hand und fuhr fort, Mutter aufs übelste zu beschimpfen, als er nach draußen stürmte, wobei er fast die Tür aus den Angeln riß.

Die Schule war trotz aller Schwierigkeiten für mich eine Oase der Normalität verglichen mit dem Chaos im Cottage House. Im Englischunterricht lernte ich endlose Wortschatzlisten auswendig, ohne zu wissen, was sie bedeuteten. Im Biologieunterricht starrte ich ausdruckslos vor mich hin, wenn der Lehrer mich direkt ansprach, und die ganze Klasse amüsierte sich königlich darüber, daß ich kein Wort verstand. Nur in Mathematik war ein Anflug der guten Schülerin zu spüren, die ich einst gewesen war. In diesen 40 Minuten sprachen wir alle die universelle Sprache der Zahlen. Ich war erst im 10. Schuljahr, nahm jedoch am Algebraunterricht der 12. Klasse teil, die jetzt erst Dinge lernte, die ich in Korea schon in der vierten Klasse beherrscht hatte.

Mittags saß ich mit anderen Gesegneten Kindern aus Korea zusammen, und manchmal lernte ich auch mit ihnen zusammen. Meine Stellung als Ehefrau Hyo Jin Muns verlieh unserer Beziehung jedoch eine Förmlichkeit, die wahrer Freundschaft im Wege stand. Dieser Tisch in der Cafeteria war nur ein weiterer Ort, an dem ich nicht wirklich dazugehörte. Eines Nachmittags kamen zwei koreanische Klassenkameradinnen zum Lernen zu mir ins Cottage House. Sie baten mich, ihnen das Haus zu zeigen. Ich zeigte ihnen den Übungsraum, der mit Gitarren, Verstärkern und Schlagzeug der »U Band« vollgestopft war, dann zeigte ich ihnen das Schlafzimmer und mein Arbeitszimmer, in dem Mrs. Mun einen Schreibtisch und Bücherregale für mich hatte aufstellen lassen.

»Aber wo schläfst du?« fragte eins der Mädchen. »Im Schlafzimmer natürlich«, entgegnete ich und realisierte zu spät, daß dort nur das eine Doppelbett stand. Als Kirchenmitglieder wußten sie von meiner Ehe mit Hyo Jin Mun, aber sie mußten angenommen haben, daß sie noch nicht vollzogen worden war. Mir wurde klar, daß das gar keine so dumme Vermutung war. Im Staat New York galt man erst mit 17 als heiratsfähig. Strenggenommen hätte Hyo Jin wegen Vergewaltigung einer Minderjährigen verhaftet werden können.

Meine Verlegenheit verwandelte sich in Scham, als eins der Mädchen den Fernseher einschaltete, und über Video ein Porno lief. Bisher hatte ich nie mitbekommen, daß Hyo Jin den Videorecorder überhaupt benutzt hatte. Ich sah im Fernsehschrank nach und stellte fest, daß er voll war mit solchen Filmen. Hyo Jin lachte nur, als ich ihn später auf die Pornos ansprach. Er stehe eben auf sexuelle Abwechslung, im wahren Leben wie im Film, entgegnete er spitz. Ich sollte wissen, daß eine Frau ihm niemals genügen würde, schon gar nicht ein so verklemmtes und frommes Ding wie ich.

Hyo Jin beklagte sich sogar bei seiner Mutter über meine mangelnde sexuelle Reife. Sie rief mich eines Tages zu sich, um mit mir über meine ehelichen Pflichten zu sprechen. Es war ein unangenehmes Gespräch. Ich hatte Mühe, ihren beschönigenden Beschreibungen zu folgen und zu begreifen, was sie damit meinte, daß ich tagsüber eine Dame und nachts eine Frau sein solle. Tagsüber müßten wir unseren Ehemännern Freundinnen sein, aber nachts wäre es unsere Pflicht, ihre Phantasien zu erfüllen, sonst würden sie sich anderweitig umsehen. Wenn ein Mann sich anderweitig umsah, sprach das für die Unfähigkeit seiner Frau, ihn zufriedenzustellen. Ich müsse mir mehr Mühe geben, die Art Frau zu sein, die Hyo Jin sich wünsche. Ich war verwirrt. Hatte Sun Myung Mun mich nicht eben wegen meiner Unschuld ausgewählt? Wurde jetzt von mir erwartet, die Verführerin zu spielen? Mit fünfzehn?

Allmählich begann ich, die Wahrheit zu erkennen: Unsere Ehe war eine Farce. Hyo Jin hatte zwar in die Hochzeit eingewilligt, dachte aber nicht daran, etwas an dem Leben zu ändern, das er vor der Ehe geführt hatte. Ich hegte den Verdacht, daß Hyo Jin mit den Kellnerinnen der koreanischen Bars schlief, auch wenn ich hierfür keine Beweise hatte. Wenn ich ihn fragte, was er machte, wenn er die ganze Nacht wegblieb, entgegnete er, daß es unziemlich wäre, dem Sohn des Messias solcherlei Fragen zu stellen. Ich lag wach im Bett und bildete mir ein, seinen Wagen zu hören, während es tatsächlich nur das Rauschen des Windes war.

Schon bald nach unserer Hochzeit bekam ich einen Beweis für seinen promiskuitiven Lebensstil, war aber zu naiv, diesen als solchen zu erkennen. Wenige Wochen nach der

Trauung bildeten sich schmerzhafte Blasen an meinen Genitalien. Ich hatte keine Ahnung, was diesen Ausschlag hervorgerufen haben mochte, dachte vielmehr, das seine vielleicht eine normale Folge des Geschlechtsverkehrs oder auch eine nervöse Reaktion.

Natürlich war es nichts dergleichen. Hyo Jin hatte mich mit einem Herpes-Virus angesteckt. Noch Jahre später mußte ich mich Laserbehandlungen unterziehen und Tinkturen auftragen, jedesmal, wenn der Ausschlag wiederkehrte. Nach einer Laserbehandlung, bei der die Haut an dieser empfindlichen Stelle verbrannt worden war, verbrachte ich eine ganze Nacht in der warmen Wanne. Hyo Jin sah mich in jener Nacht vor Schmerzen weinen, ohne mir je zu verraten, welchem Umstand ich diese Qualen verdankte. Es sollte noch Jahre dauern, bis meine Gynäkologin mich darüber aufklärte, daß ich an einer durch sexuellen Verkehr übertragenen Geschlechtskrankheit litt. Sie sagte, ich müsse das wissen, weil Hyo Jins Lebenswandel im Zeitalter von AIDS nicht nur sein Seelenheil gefährde, sondern auch mein Leben.

Im Frühjahr 1982 wußte ich jedoch nur, daß Hyo Jin mich nicht liebte. Schon Wochen nach der Hochzeit eröffnete er mir, daß wir besser getrennte Wege gehen sollten, bevor wir einander unglücklich machten. »Das können wir nicht«, entgegnete ich schockiert und unter Tränen. »Vater hat uns zusammengeführt. Er sagt, wir müssen zusammenleben. Wir können uns nicht einfach trennen.« Da erst sagte mir Hyo Jin, daß er gegen die Wahl seiner Eltern protestiert habe, daß er nie mit mir verheiratet werden wollte und der Trauung nur seinen Eltern zuliebe zugestimmt hatte. Er habe eine Freundin in Korea und beabsichtige nicht, diese aufzugeben, erzählte er mir.

Ich weiß nicht, was schmerzlicher war, seine Untreue oder die sadistische Freude, mit der er sie mir unter die Nase rieb. Mit ein bißchen Diskretion hätte Hyo Jin mit seiner Freundin telefonieren können, wenn er allein war. Statt dessen bereitete es ihm ein grausames Vergnügen, sie in meiner Gegenwart vom Wohnzimmer aus anzurufen. Wenn er mich in East Garden isolieren wollte, sprach er mit seinen Freunden und seiner Familie Englisch. Wenn er mir bei uns zu Hause wehtun wollte, sprach er mit seiner Freundin Koreanisch. »Du weißt, mit wem ich telefoniere, also verschwinde«, lachte er, bevor er dem Mädchen am anderen Ende der Leitung seine Liebe versicherte, so laut, daß ich es hören mußte.

Ein paar Wochen nach unserer Hochzeit flog Hyo Jin nach Seoul, ohne mir zu sagen, warum oder für wie lange. Er blieb Monate fort. Er war nicht da, als mir eines Morgens auf der Geburtstagsfeier eines seiner jüngeren Geschwister plötzlich übel wurde. Meine Mutter half mir hinaus; sie wußte instinktiv, was mit mir los war, während ich es nicht einmal im Entferntesten ahnte. Ich war schwanger.

Ich reagierte auf diese Nachricht wie das Kind, das ich noch war. Wie sollte ich die Schule beenden? Was würden die anderen sagen? Die viel wichtigeren Fragen zu meiner mangelnden Vorbereitung und dem kritischen Stand meiner Ehe waren zu schwerwiegend, sie überhaupt erst anzusprechen. Es war leichter, mir darüber den Kopf zu zerbrechen, ob ich das Schuljahr abschließen konnte, ohne daß meine Klassenkameraden etwas von meinem Zustand mitbekamen.

Die Nachricht seiner bevorstehenden Vaterschaft bewog Hyo Jin nicht etwa, seinen Seoul-Aufenthalt abzubrechen. Er rief noch nicht einmal an oder schrieb. Einmal rief ich ihn an, aber er schimpfte nur, daß ich Vaters Geld verschwende. Er legte so abrupt auf, daß die koreanische Vermittlung mir erst mitteilen mußte, daß das Gespräch beendet und nicht unterbrochen worden sei. Seine Reaktion war für mich ein Schlag ins Gesicht. Als er dann doch anrief, um sich nach dem Verlauf der Schwangerschaft zu erkundigen, sprach Hyo Jin mit Peter Kim und nicht mit mir. Ich wollte eines Morgens im Frühjahr gerade die Küche betreten, als ich zufällig hörte, wie Peter Kim meiner Mutter den Inhalt des Telefonats wiedergab. Ich lauschte mit angehaltenem Atem. Was würde als nächstes passieren? Aber nicht einmal ich war auf das vorbereitet, was ich dann hörte.

Hyo Jin hatte Peter Kim mitgeteilt, daß er, da wir ja nicht rechtmäßig verheiratet seien, mir gegenüber keinerlei Verpflichtungen habe. Er wollte seine Freundin heiraten, die kein Kirchenmitglied war. Wenn Reverend Mun und Mrs. Mun sich meiner und des Babys annehmen wollten, wäre das allein ihre Sache. Er wollte die Trennung. Ich bekam Angst, als ich Peter Kim und meiner Mutter zuhörte, die nur sehr wenig sagte. Konnte Hyo Jin das tatsächlich tun? Was würde aus mir und dem Baby werden? Wie konnte Hyo Jin trennen, was Sun Myung Mun zusammengeführt hatte?

Hyo Jin kehrte kurz darauf aus Korea zurück und zog ohne eine Wort der Entschuldigung oder der Erklärung aus dem Cottage House aus. »Ich bin sicher, daß Vater sich um dich und das Baby kümmern wird«, sagte er kalt. Er besaß sogar die Frechheit anzurufen, um mir mitzuteilen, daß er später am Abend vorbeikommen werde, um ein Mittel gegen seinen Herpes zu holen. Ich war so wütend, daß ich sämtliche Glühbirnen im ganzen Haus losschraubte, damit er sich im Dunkeln bis zum Medizinschränkchen tasten mußte. Aber die Befriedigung, die mir dieser kindische

Streit bereitete, hielt nicht lange vor. Er war fort, und ich blieb schwanger allein zurück.

Ich hatte keine Ahnung, wo er war. Erst später erfuhr ich, daß er seiner »Verlobten« von dem Geld, das wir zur Hochzeit geschenkt bekommen hatten, ein Flugticket bezahlt und für sie beide ein Appartement in Manhattan gemietet hatte. Nach seiner Rückkehr aus Korea hatte er seinen Eltern mitgeteilt, daß er gedenke, künftig mit der Frau seiner Wahl zusammenzuleben. Keiner von beiden versuchte, ihn umzustimmen. Seit langem schon hatte ich die Vermutung, daß die Muns Angst vor ihrem Sohn hatten. Hyo Jin war so aufbrausend und jähzornig, daß seine Eltern jeder Konfrontation möglichst aus dem Wege gingen.

Statt dessen riefen die Wahren Eltern mich zu sich. Ich verneigte mich vor ihnen und verharrte dann mit gesenktem Blick auf den Knien. Ich hoffte, daß sie mich umarmen und mir Mut zureden würden. Aber statt dessen brüllte Reverend Mun mich an. Ich hatte ihn noch nie so wütend gesehen; sein Gesicht war verzerrt und hochrot vor Wut. Wie ich das hätte zulassen können? Was ich getan hätte, um Hyo Jin derart gegen mich aufzubringen? Warum ich ihn nicht glücklich machen könne? Ich hob nicht einmal den Kopf, aus Angst, Sun Myung Mun würde mich schlagen. Mrs. Mun versuchte, ihn zu beruhigen, aber Vater ließ sich nicht beschwichtigen. Ich hätte als Ehefrau versagt. Ich hätte als Frau versagt. Es wäre allein meine Schuld, daß Hyo Jin mich verlassen habe. Warum ich Hyo Jin nicht gesagt hätte, daß ich mit ihm gehen würde?

Meine eigenen Gedanken machten wenig Sinn. Wie sollte ich mit ihm gehen? Sollte ich mit ihm und seiner Freundin zusammenleben? Ich mußte die High-School abschließen. Ich war verängstigt angesichts von Vaters Wutanfall, war aber auch verletzt von der ungerechten Schuldzuweisung. Warum war es meine Schuld, daß Hyo Jin sich eine Geliebte genommen hatte? Warum machte man mich dafür verantwortlich, daß Muns Sohn sich den Wünschen seines Vaters widersetzte? Ich sprach diese Gedanken natürlich nicht aus, aber sie waren da. Von mir wurde erwartet, demütig zu sein, ihren Zorn hinzunehmen und nur dann zu sprechen, wenn man mich dazu aufforderte. Heiße Tränen liefen mir über die Wangen. Ich blieb auf den Knien und schwieg im Angesicht des Zweiten Messias, aber innerlich schäumte ich wegen dieser ungerechten Anschuldigungen. »Hinaus«, schrie er, und ich rappelte mich auf. Blind von Tränen rannte ich den ganzen Weg zurück zum Cottage House.

Ich fühlte mich schrecklich allein. Meine Mutter war mir keine Hilfe. Sie war in demselben Glaubenssystem gefangen, das uns alle lähmte. Wenn Sun Myung Mun der Messias war, mußten wir uns seinem Willen beugen. Keiner von uns konnte frei entscheiden. Es war mein Schicksal, mich in dieser Situation wiederzufinden. Ich mußte damit fertig werden, so gut es ging. Nur Gott konnte mir helfen. In meinem Zimmer im Cottage House weinte ich und betete laut darum, daß Gott mich nicht verlassen möge. Wenn er meinen Schmerz nicht lindern konnte, betete ich, daß er mir wenigstens die Kraft gab, ihn zu ertragen.

Ich verachtete mich selbst für meine Tränen der Schwäche, schämte mich, vor Gott zu weinen. Er hatte mich für diese heilige Mission auserwählt, und ich ließ ihn nicht nur im Stich, sondern ertrank darüber hinaus in Selbstmitleid. Ich betete zu Gott, meinen Glauben zu festigen und mir die Demut zu gewähren, das Leid zu ertragen, das er mir auferlegte.

Bei einer dieser Situationen war ohne mein Wissen meine

Mutter unten im Haus und hörte meine Gebete. Als ich herunterkam, waren ihre Augen ebenso gerötet wie meine. Es muß hart für sie gewesen sein, ohnmächtig mitanzusehen, wie ihre Tochter so sehr litt. Allerdings kann ich nur mutmaßen, was ihr Inneres anbelangt. Wir sprachen nie über unsere Gefühle. Vielleicht fürchteten wir, in noch tiefere Verzweiflung zu verfallen, wenn wir einander unseren Schmerz eingestanden.

Ich lernte schon sehr früh in meiner Ehe, daß meine Gefühle zu verbergen der Schlüssel zum Selbsterhalt war. Tagsüber gab ich vor, das Leben eines scheinbar sorglosen Schulmädchens zu führen, und die Abende verbrachte ich kniend in verzweifeltem Gebet. In jenem Frühjahr stapfte ich rastlos um die kreisrunde Auffahrt vor dem Haus herum in dem Bestreben, Ordnung in meine Gedanken zu bringen. Eines Tages gesellte sich hierbei einer von Sun Myung Muns Jüngern zu mir. Niemand innerhalb der Mun-Familie hatte mir jemals Trost gespendet. Von ihnen erfuhr ich immer nur Schuldzuweisungen, die ich pflichtschuldigst hinnahm. Dieser Mann jedoch schritt neben mir her und sagte, ich solle mir keine Sorgen machen. Meine Deprimiertheit könne dem Baby schaden, warnte er. Er versicherte mir, daß Hyo Jin zur Vernunft kommen würde. Ich schämte mich, daß meine Demütigung so weithin bekannt war, war aber dennoch dankbar für die freundliche Zuwendung eines angesehenen Kirchenmitglieds.

Im Frühling kam endlich mein Bruder Jin zu Je Jin nach Belvedere. Er war kaum eingetroffen, als sich folgende Krise ereignete: Eines Nachmittags rief Sun Myung Mun In Jin, Jin und mich zu sich in sein Zimmer. »Sollen wir Hyo Jin wegen dem, was er getan hat, aus der Familie verstoßen?« fragte Reverend Mun uns alle, obgleich offensichtlich war, daß er nur von seiner Tochter In Jin eine Antwort erwartete. In Jin entgegnete, daß Hyo Jin jung und ungestüm wäre, jedoch auf die Stimme der Vernunft hören und zu gegebener Zeit nach Hause zurückkehren würde. Es wäre für die Kirche und die Wahre Familie schädlich, den Erben der Vereinigungskirche auszustoßen. Jin stimmte dem zu. Ich schwieg.

Wenn Hyo Jin zurückkehrte, sagte Vater, müßten wir alle ihm verzeihen und ihm helfen, sich seiner Verantwortung bewußt zu werden. Vor allem ich dürfe ihm nicht grollen, wies mich Reverend Mun an. Er gab zu, daß ich eine schwere Zeit durchmachte, meinte aber, daß ich es dem Baby schuldig wäre, zu Gott zu beten, damit er mein Herz für meinen Mann erweiche. Er und Mrs. Mun würden Hyo Jin zurückholen. Wir alle sollten ihm bei seiner Rückkehr einen warmen Empfang bereiten.

Am nächsten Morgen fuhr Mrs. Mun mit einer der Gebetsdamen zu einem Restaurant in Tarrytown. Was ich nicht wußte, war, daß Mutter dort ein Treffen mit Hyo Jins Geliebter arrangiert hatte. Bereit, um meinen Mann zu kämpfen, betrat sie das Lokal. Sie teilte Mrs. Mun mit, daß sie nicht zulassen werde, daß die Religion sich zwischen sie beide stellte, daß Hyo Jin bereit wäre, aus Liebe zu ihr die Vereinigungskirche zu verlassen.

Mir wurde berichtet, ihrerseits sei es ein recht hitziger Auftritt gewesen. Aber seine Freundin verließ das Restaurant mit prall gefüllter Brieftasche und einem Flugticket nach Kalifornien. Die Muns bestachen sie und schickten sie nach Los Angeles, in die Obhut einer Koreanerin, von wo sie sich jedoch schon bald absetzte, um ihre eigenen Wege zu gehen.

Die Muns waren sehr zufrieden mit sich. Sie hatten Hyo

Jin nach East Garden zurückgeholt. Der Grund, weshalb er das Anwesen ursprünglich verlassen hatte, wurde schlicht ignoriert. Es interessierte sie auch nicht, daß er noch zorniger zurückkehrte als er es bei seinem Weggang gewesen war. Nach außen hin war wieder alles beim alten, und der Schein war für Sun Myung Mun und Hak Ja Han Mun das einzige, was zählte.

Eines Morgens nach Hyo Jins Rückkehr betrat ich das Haupthaus, um wie gewöhnlich die Wahren Eltern beim Frühstück zu begrüßen. Überrascht sah ich, daß die Buddha-Dame bei ihnen war, jene Wahrsagerin, die meine Verbindung mit Hyo Jin im vergangenen Herbst in Seoul befürwortet hatte. Mrs. Mun drängte sie, uns zu sagen, was die Zukunft für Hyo Jin und mich bereithielt. »Nansook ist ein geflügeltes weißes Pferd. Hyo Jin ist ein Tiger. Das ist eine gute Verbindung«, sagte sie. »Nansook wird es schwer haben im Leben, aber ihr Schicksal ist ein sehr gutes. Hyo Jins Zukunft ist mit der ihren verknüpft. Er wird nur hoch hinaus kommen, wenn er sich auf Nansooks Rücken schwingt und sie sich gemeinsam in die Lüfte erheben.«

Mrs. Mun war so erfreut von der optimistischen Voraussage der Buddha-Dame, daß sie den Raum verließ und mit einem Smaragdring mit Diamanten für mich zurückkehrte – die Wahrsagerin hatte ihr gesagt, grün sei meine Glücksfarbe. Einige Tage später suchte die Wahrsagerin mich heimlich im Cottage House auf. »Bitte denk an mich, wenn du eine mächtige Frau geworden bist«, sagte sie. »Denk an das Glück, das ich für dich vorausgesagt habe.«

Aber das, was noch vor mir lag, hatte nichts mit den guten Voraussagen der Buddha-Dame gemein. Hyo Jin war wütend, daß seine Eltern sich in sein Liebesleben eingemischt hatten, aber er war auch ein Realist. Er konnte es sich nicht leisten, seiner Freundin nach Kalifornien zu folgen. Er hatte kein Geld, keinen Job, keinen Schulabschluß, keine andere Einkommensquelle als seine Eltern. Letztendlich gab er klein bei. Wahre Liebe verblaßte angesichts der Aussicht, daß sein Vater ihm den Geldhahn zudrehte.

Hyo Jin und seine Freundin hielten noch Jahre schriftlich Kontakt. Oft ließ er ihre Liebesbriefe offen herumliegen, damit ich sie fand. Als Hyo Jin 1984 erfuhr, daß sie in Los Angeles mit einem anderen Mann zusammengezogen war, stürzte ihn dies in solche Verzweiflung, daß er sich den Schädel kahlscheren ließ.

Im Frühling 1982 war er jedoch mehr zornig als traurig ins Cottage House heimgekehrt. Die Gleichgültigkeit, die Hyo Jin mir während des Winters entgegengebracht hatte, verhärtete sich zu etwas viel Kälterem, viel Bedrohlicherem. Ich verkörperte die Ausweglosigkeit seines Lebens. Ich stand für seine Abhängigkeit von den zwei Menschen, die er auf der Welt gleichzeitig am meisten brauchte und am meisten verachtete: seine Eltern. Hyo Jin Mun sollte mich all die Jahre, die wir noch zusammen sein würden, dafür bestrafen.

6. Kapitel

Ich war zur selben Zeit mit Sun Myung Muns erstem Enkelkind schwanger wie Hak Ja Han Mun mit ihrem 13. Baby.

Mrs. Muns Gynäkologe hatte sie nach der Geburt ihres 10. Kindes gewarnt, daß eine weitere Schwangerschaft ein ernstzunehmendes, vielleicht sogar tödliches gesundheitliches Risiko darstellen würde. Reverend Mun wies sie einfach an, den Arzt zu wechseln. Er war fest entschlossen, möglichst viele sündenfreie Wahre Kinder des Messias zu zeugen.

Für die Erziehung interessierten sich die Muns jedoch beide wenig. Kaum war das Baby geboren, wurde es auch schon der Obhut einer Kirchenschwester übergeben, die als Amme und Kinderfrau fungierte. Während meiner 14 Jahre in East Garden habe ich kein einziges Mal gesehen, daß Sun Myung Mun oder seine Frau einem ihrer eigenen Kinder die Nase geputzt oder mit ihm gespielt hätten.

Reverend Mun hatte eine theologische Erklärung für die Art elterlicher Vernachlässigung, die er und Mrs. Mun praktizierten und die ich selbst als Kind zweier seiner ersten Anhänger am eigenen Leib erfahren hatte: der Messias ging vor. Er erwartete von den Gläubigen, daß sie sich voll und ganz der Aufgabe widmeten, öffentlich für seine Kirche zu predigen; privates Familienglück war egoistisch.

Mun bestimmte sogar bestimmte Paare unter den ursprünglichen Jüngern, die die Verantwortung für die moralische und spirituelle Entwicklung jedes einzelnen Mun-Kindes übernehmen sollten. Diese elterlichen Pflichten selbst auszuüben, meinte Mun, würde ihn nur von seiner göttlichen Mission ablenken, die Welt zum Vereinigungsglauben zu bekehren.

Sun Myung Mun war sich der Verbitterung, die diese Haltung bei seinen Kindern erzeugte, durchaus bewußt. »Meine Söhne und Töchter sagen, daß ihre Eltern nur an die Mitglieder der Vereinigungskirche denken, vor allem an die 36 Paare«, sagte Reverend Mun in einer Ansprache in Seoul nur wenige Monate vor meiner Hochzeit. »Ich frühstücke zusammen mit den 36 Paaren und schicke sogar meine eigenen Söhne und Töchter fort. Natürlich fragen sich die Kinder ›Warum tun unsere Eltern das? Sogar wenn unsere Eltern uns irgendwo begegnen, scheinen sie sich nicht für uns zu interessieren‹.

Es stimmt, daß ich unsere Kirchenmitglieder mehr geliebt habe als sonst jemanden auf der Welt, daß ich hierüber sogar meine Frau und Kinder vernachlässigt habe. Der Himmel weiß das. Wenn wir diesem Weg trotz der Vorwürfe und der Vernachlässigung unserer Kinder weiter folgen, werden die Nation und die ganze Welt irgendwann verstehen. Und auch unsere Ehefrauen und Kinder werden verstehen. Das ist der Weg, dem ihr folgen müßt.«

Offenbar hatten Reverend Mun und seine Frau keine Ahnung davon, daß sich ernsthafte Schwierigkeiten anbahnten. Kurz nachdem ich auf der *Irvington High-School* eingeschrieben worden war, wechselten auch In Jin und Heung Jin von *Hackley* dorthin. Vater behauptete, er hätte die Privatschule aufgegeben, weil seine Kinder dort von Lehrern gequält worden seien, die sie als Munies verhöhnten, aber die Wahrheit war, daß einige der Mun-Kinder entsetzlich schlechte Schüler waren. Und kaum daß sie auf der öffentlichen Schule waren, nahmen sie Kleidungsstil, Umgangssprache und Verhalten ihrer ungeratensten Klassenkameraden an. Sie legten sich sogar westliche Namen für ihre neuen Freunde zu. In Jin nannte sich beispielsweise einige Zeit Christina und dann Tatiana. Wenn Hyo Jin sich auf Partys zu ihnen gesellte, nannte er sich Steve Han.

Aber nicht nur durch ihre Namen versuchten die älteren Mun-Kinder, sich von der Wahren Familie zu distanzieren. Die meisten von ihnen machten sich einen Spaß daraus, jede einzelne Vorgabe ihrer Religion zu mißachten. Die Muns ließen sie gewähren. Sie hatten in diesem Frühling andere Sorgen: Vater sollte wegen Steuerbetrugs vor Gericht gestellt werden.

Im vergangenen Herbst, nur Wochen bevor Hyo Jin und ich füreinander bestimmt worden waren, war beim Bundesgerichtshof in New York Anzeige gegen Sun Myung Mun erhoben worden. Ihm wurde zur Last gelegt, drei Jahre lang gefälschte Einkommensteuerbescheide abgegeben und 112 000 Dollar Zinserträge, 1,6 Millionen Dollar auf verschiedenen Bankkonten und den Erwerb von Aktien im Wert von 70 000 Dollar unterschlagen zu haben. Einer seiner Steuerberater wurde der Beihilfe, der Konspiration und der Behinderung der Justiz bezichtigt, weil er gelogen und Dokumente gefälscht hatte, um Muns Verbrechen zu vertuschen.

Reverend Mun kehrte aus Korea in die Staaten zurück und plädierte auf nicht schuldig im Sinne der Anklage. Vater erklärte 2500 jubelnden Anhängern auf den Stufen des Bundesgerichts in New York, daß er ein Opfer religiöser Verfolgung und rassistischer Bigotterie sei. »Ich würde heute nicht hier stehen, wenn ich Weißer und Presbyterianer wäre«, behauptete er. »Ich bin am heutigen Tage nur deshalb hier, weil meine Haut gelb ist und ich der Vereinigungskirche angehöre.«

Vater hatte in jenem Jahr bereits früher schon ähnliche Erklärungen abgegeben, als eine Jury in Großbritannien am Ende einer sechsmonatigen Verleumdungsklage zu dem Schluß gekommen war, daß die Tageszeitung *Daily Mail* die Vereinigungskirche zu recht als Sekte bezeichnet hatte, die junge Leute einer Gehirnwäsche unterzog und Familien auseinanderriß.

Das Zivilgericht stufte die Kirche als »politische Organisation« ein und legte der Regierung nahe, ihr die Steuerbefreiung, die ihr aufgrund ihres Status als wohltätige Einrichtung eingeräumt worden sei, abzuerkennen. Darüber hinaus verurteilte das Gericht die Vereinigungskirche am Ende des Verfahrens dazu, die Prozeßkosten in Höhe von 1,6 Millionen Dollar zu tragen – es war der längste und teuerste Prozeß dieser Art in der britischen Geschichte.

In New York war Vater gegen eine Kaution von 250 000 Dollar, die von der Vereinigungskirche und eines ihrer Subunternehmen, *One Up Enterprises*, aufgebracht wurde, wieder auf freien Fuß gesetzt worden. Der Prozeß begann am 1. April. Trotz ihrer fortgeschrittenen Schwangerschaft begleitete Mrs. Mun Vater jeden Tag ins Bundesgericht. Jin und ich gingen nur einmal hin. Ich verstand wegen meiner fehlenden Sprachkenntnisse kein Wort, aber ich brauchte die Worte auch nicht zu verstehen, um zu begreifen, was im Gericht vorging. Sun Myung Mun wurde nicht der Prozeß gemacht, man stellte ihn an den Pranger.

Vater hatte uns erklärt, daß das, was ihm widerfuhr, Teil

einer langen Geschichte religiöser Bigotterie in den Vereinigten Staaten wäre. Obwohl die ersten Siedler auf der Suche nach religiöser Freiheit nach Nordamerika gekommen waren, waren sie auch dort schon bald auf Intoleranz gestoßen. In seinen Sonntagspredigten in Belvedere hatte er uns von unschuldigen Frauen erzählt, die in Massachusetts als Hexen verurteilt und gehängt worden waren, von Quäkern, die im Süden gesteinigt wurden, und von Mormonen, die man im Westen ermordete. Die Untersuchung der Finanzbehörde, die zu Vaters Prozeß geführt habe, sei nur Teil dieser schändlichen Tradition.

Jeden Morgen pilgerten Familienmitglieder und Angestellte nach Holy Rock, einer Lichtung in den Wäldern auf dem acht Hektar großen Anwesen East Garden. Vater hatte diesen Ort hoch oben auf einem Hügel oberhalb des Hudson River gesegnet und für heilig erklärt. Es war ein wunderschöner, unverdorbener Ort. Wenn ich dort betete, fühlte ich mich Gott näher und dem 20. Jahrhundert entrückter als überall sonst auf dieser Welt. Es war ein Ort stiller Kontemplation, der 1982 nicht viel anders aussah als 1609, als Henry Hudson diesen Teil des Kontinents das erstemal erforscht hatte.

Vater betete jeden Tag vor Sonnenaufgang allein am Holy Rock. Die Gebetsdamen, ältere Frauen, zu denen auch meine Mutter gehörte, hielten dort während des sechswöchigen Prozesses jeden Tag Mahnwachen ab. Manchmal kamen die Wahren Kinder und die Gesegneten Kinder aus der Umgebung dort zusammen, um für Vaters Freispruch zu beten. Ich weiß noch, wie kalt es auf diesem Hügel war. Ich war schwanger, und meine Glieder schmerzten von der Kälte, aber meine Beschwerden waren nichts, verglichen mit dem Leid, das Vater erdulden mußte.

Es wurden einige Tränen vergossen, als Vater im Mai verurteilt wurde, aber ich bin mir nicht sicher, ob außerhalb seines Beraterkreises jemand den tatsächlichen Ernst der Lage begriff. Keiner von uns glaubte, daß Richter Gerard Goettel vom US-Bezirksgericht seine Möglichkeiten ausschöpfen und Vater zu 14 Jahren Gefängnis verurteilen würde. Das Stimmungstief angesichts von Vaters Verurteilung wegen Steuerhinterziehung wurde von einem zweiten Urteil eines New Yorker Gerichts vertrieben, das die Vereinigungskirche als reguläre religiöse Organisation anerkannte und ihr die Steuerbefreiung zugestand.

Zwei Monate später verurteilte Richter Goettel Reverend Mun zu 18 Monaten Gefängnis und einer Geldbuße von 25 000 Dollar. Vater lauschte dem Urteilsspruch mit unbewegter Miene. In Muns Augen war seine Haftstrafe – sein Martyrium – schicksalhaft. Mose Durst, Präsident der Vereinigungskirche in Amerika, verglich Vaters Verurteilung sogar mit jener von Jesus Christus »wegen Hochverrats«. Muns Anwälte gingen sofort in Berufung. »Wir vertrauen darauf, daß dank des Rechtssystems in Amerika Gerechtigkeit geschehen und unser spiritueller Führer rehabilitiert werden wird«, teilte Mose Durst der Presse mit. »Wie allen großen religiösen Führern dieser Welt ist man ihm mit Haß, Bigotterie und Unverständnis begegnet.«

Als Antwort auf die Drohungen der Staatsanwaltschaft, Reverend Mun abschieben zu lassen, engagierte die Kirche für das Berufungsverfahren Laurence Tribe, Professor an der Juristischen Fakultät in Harvard und Experte auf dem Gebiet des Verfassungsrechts. Professor Tribe argumentierte erfolgreich, daß durch die Abschiebung Vaters er den Kontakt zu seinen sechs in Amerika geborenen Kindern verlieren würde, die damals zwischen zwei Monaten und zehn Jahren alt waren. Richter Goettel stimmte der Verteidigung zu, daß dies eine »unangemessene Härte« wäre, auch wenn er andererseits darauf hinwies, daß die in der breiten Öffentlichkeit herrschende Ablehnung Muns dies zu »einer schwierigen Entscheidung« mache, die »zwangsläufig den Unmut vieler Menschen erregen« werde. Vater blieb bis zum Ausgang des Berufungsverfahrens ein freier Mann.

Vater schien unberührt von dem Ausgang des Prozesses. In jenem Sommer, als Hyo Jin wieder in Korea war, begleitete ich Reverend Mun und seine Frau nach Gloucester, Massachusetts, wo die Kirche eine ganze Fischereiflotte sowie eine Fischfabrik besaß. Mun sagte, er habe die sogenannte *Ocean Church* gegründet, um die Hungrigen dieser Welt zu ernähren. Tatsächlich vermuteten jedoch alle, daß er die Boote nur deshalb gekauft hatte, weil er gern zum Fischen hinausfuhr. In Gloucester besitzt Vater Morning Garden, ein Anwesen, das er von der katholischen Kirch erworben hat (Sämtliche Mun-Residenzen trugen Namen, die sich auf den Garten Eden bezogen: East Garden, Morning Garden, North Garden in Alaska, wo Vater ebenfalls eine Fischereiflotte sowie zwei große Fischfabriken in Kodiak und eine dritte in Bristol Bay besitzt, West Garden in Los Angeles, South Garden in Südamerika sowie ein weiteres riesiges Anwesen auf Hawaii.)

In jenem Sommer mietete Vater zusätzlich ein Haus in Provincetown an der Spitze der Halbinsel Cape Cod, um noch mehr Zeit mit Angeln verbringen zu können. Meine Aufgabe war es, Mutter und die Kinder am Strand zu versorgen, während die Küchenschwestern die Mahlzeiten zubereiteten. Ich servierte das Mittagessen am Strand, trocknete die Kinder nach dem Schwimmen ab und übernahm auch sonst die Rolle von Mrs. Muns Hofdame. Es war eine ebenso frustrierende wie undankbare Aufgabe. Ich durfte nur schwimmen gehen, wenn sie selbst ins Wasser ging. Ich durfte nur spazieren gehen, wenn sie einen Spaziergang unternahm. Ich konnte noch nicht einmal allein das Bad benutzen. Ich war da, um sie von vorn bis hinten zu bedienen, nicht mehr und nicht weniger. Nachts schlief ich in einem Schlafsack, umgeben von ihren Kindern, Köchinnen und Dienstmädchen. Sie brüstete sich damit, daß sie uns alle erholsame Ferien spendiere, aber mir schien es, als wären sie und die Kinder die einzigen, die sich erholten.

Trotz meiner eigenen Schwangerschaft fühlte ich mich innerhalb des Mun-Haushaltes wie eine Bedienstete. In East Garden mußte ich, wenn die Muns dort waren, noch vor ihnen aufstehen und draußen vor ihrem Schlafzimmer warten, bis sie aufwachten. Als ihre Schwiegertochter war es meine Pflicht, den Muns ihre Mahlzeiten zu servieren und den ganzen Tag über Mrs. Muns Bedürfnissen nachzukommen. Wenn ich nicht in der Schule war sowie an den Wochenenden war ich von morgens bis abends an Mrs. Muns Seite. Die meiste Zeit verbrachte ich darauf zu warten, daß sie mir befahl, ihr irgend etwas zu holen, ihr etwas zu servieren oder sie irgendwohin zu begleiten. Ich sah mir stundenlang mit ihr zusammen stumpfsinnige koreanische Seifenopern an, die sie liebte und ich verabscheute. Trotzdem mußte ich genau hinsehen, für den Fall, daß sie sich zur Handlung äußerte.

Ich nahm meine Mahlzeiten zusammen mit den anderen Kindern in der Küche ein, während die Wahren Eltern zusammen mit den Kirchenältesten aßen und Würdenträger besuchten. Einzelheiten aus dem Steuerprozeß erfuhren wir nur hinter vorgehaltener Hand; Vater äußerte sich uns gegenüber nie zu seiner Situation. In seinen Augen waren wir eben nur Kinder.

Ich kann dem nicht widersprechen. Die Küche war der einzige Ort auf dem riesigen Anwesen, an dem ich mich wirklich heimisch fühlte, umgeben von den kleineren Kindern, die ihre Milch verschütteten, und den älteren, die von der Schule erzählten. Oft fütterte ich Yeon Jin in ihrem Stühlchen. Hyung Jin war noch ein Kleinkind. Ich ging oft mit ihm von dem großen runden Tisch in der Küche hinaus auf die Hügel von East Garden, wo wir zusammen Blumen pflückten. Ich war für die heranwachsenden Mun-Kinder mehr eine Schwester als eine Schwägerin.

Manchmal fuhr ich mit Un Jin auf die New Hope Farm, eine Pferdefarm, die Reverend Mun in Port Jervis, New York, erworben hatte. Un Jin war eine hervorragende Reiterin und liebte Pferde. Die südkoreanische Olympiamannschaft trainierte dort. Es war nicht zuletzt Sun Myung Muns Geld zu verdanken, daß Un Jin 1988 Mitglied der Olympiaequipe wurde.

Heung Jin war das einzige der älteren Mun-Kinder, das mir außer Un Jin in meinem ersten Jahr in East Garden freundlich begegnete. Er war nur ein paar Monate jünger als ich, ein lieber Junge, der in seinem Zimmer eine Katze hielt. Als die Katze Junge bekam, konnte er sich von keinem einzigen trennen, so daß die Katzenschar sein ganzes Zimmer mit Beschlag belegte. Manchmal fanden wir Heung Jin schlafend in der kleinen Telefonnische neben seinem Zimmer, weil er vor lauter Katzen keinen Platz mehr in seinem eigenen Bett gehabt hatte. In meinem ersten Winter in East Garden schenkte er mir Rosen zum Geburtstag, eine um so denkwürdigere Geste, als Hyo Jin mir nicht einmal eine Karte schrieb.

In jenem Sommer und im Herbst besuchte ich eine Sprachschule und bemühte mich, Englisch zu lernen und gleichzeitig meine fortschreitende Schwangerschaft vor meinen älteren, zumeist Spanisch sprechenden Klassenkameraden zu verbergen. Mrs. Mun hatte meine Mutter im Sommer nach Korea heimgeschickt, damit sie sich um meine jüngeren Geschwister kümmern konnte, so daß ich in East Garden einsamer war denn je. Meine Schwangerschaft erfüllte mich eher mit Schrecken als mit Freude. Ich litt unter quälender Morgenübelkeit, ohne zu wissen, daß diese vorübergehen würde, und fürchtete, daß mit mir oder dem Baby etwas nicht stimmte.

Hyo Jin war nur selten zu Hause. Immer wenn er sich langweilte, was sehr häufig vorkam, verkündete er, daß er nach Korea fliegen würde, zu einem »Sieben-Tage-Kurs« oder einem »Einundzwanzig-Tage-Kurs«, Ausbildungsprogramme der Kirche, die dazu dienen sollten, einem Gott näher zu bringen. Aber trotz seiner angekündigten guten Absichten erfuhren wir dann für gewöhnlich aus Seoul, daß Hyo Jin sich die Zeit mit Barmädchen oder seinen alten Freundinnen vertrieb. Wenn er in East Garden war, forderte er jede Nacht Sex von mir, trotz meiner Proteste, daß es schrecklich weh tue. Aber noch schlimmer als die Schmerzen war die Abscheu, die er angesichts meiner sich von der Schwangerschaft immer stärker rundenden Hüften und Taille äußerte. Für mich war es ein Wunder, für ihn ein Affront. Er bezeichnete mich als fett und häßlich. Er befahl mir, meinen Bauch zu verdecken, wenn wir miteinander schliefen, damit er ihn nicht sehen mußte.

Reverend Mun meinte, ich müsse noch inbrünstiger für Hyo Jin beten, zu Gott zurückzukehren, und daß die bevorstehende Vaterschaft ihn ändern würde. Nicht ohne Hintergrund sagt er, wir alle müßten für die Gesundheit meines Babys beten. Niemand sprach es offen aus, aber ich wußte, daß alle in East Garden fürchteten, das Baby könne aufgrund von Hyo Jins übermäßigem Drogen- und Alkoholkonsum sowie seinem unersättlichen Hunger nach ungeschütztem Sex Schäden davontragen.

Ich besuchte allein die Schwangerschaftsgymnastik. Ein Chauffeur setzte mich mit zwei Kissen am Phelps Hospital ab. Jede der anderen schwangeren Frauen kam in Begleitung eines aufmerksamen Partners. Die Leiterin brachte mich mit einer Krankenschwester zusammen, die sich mit Atem- und Gymnastikübungen nach Lamaze auskannte. Ich dachte, Gott hätte sie mir geschickt. So dankbar ich jedoch war, schmerzte es doch, die anderen Paare zu sehen, die sich liebevoll gemeinsam auf die Geburt ihres Kindes vorbereiteten. Die Frauen redeten von verschiedenen Wiegenstilen und Autokindersitzen. Sie diskutierten Vor- und Nachteile von Stoff- und Wegwerfwindeln. Die Männer wirkten etwas linkisch, aber stolz, wenn sie ihren Frauen die Hände auf den Bauch legten, um zu fühlen wie das Baby sich bewegte. Hyo Jin hatte nur verächtlich gelacht, als ich ihn gefragt hatte, ob er es versuchen wolle. In den ersten sechs Wochen sprach ich bei der Schwangerengymnastik mit niemandem ein Wort. Ich fragte mich, was die anderen wohl von mir denken mochten. Ich mußte ihnen wie ein bedauernswertes Geschöpf vorgekommen sein, so allein und so viel jünger als sie alle. Was für einen mitleiderregenden Eindruck muß ich gemacht haben! Und immer, wenn ich dort war, mußte ich mich einer Wahrheit stellen, die ich jede Nacht von neuem aus meinen Gedanken verdrängte: Ich und das Baby waren Hyo Jin völlig gleichgültig.

Im Januar kehrte meine Mutter nach East Garden zurück,

da der Geburtstermin, der für Anfang Februar errechnet worden war, nahte. Sie schlief unten im Cottage House, und das war gut so, da mein Mann nicht zu Hause war, als am 27. Februar die Wehen einsetzten. Ich war drei Wochen überfällig. Hyo Jin war aus Korea heimgekehrt, verbrachte aber trotz der unmittelbar bevorstehenden Geburt jede Nacht in New Yorker Bars. Und dort war er auch, als ich erste Wehen bekam. Meine Mutter ließ mich umhergehen, um es mir leichter zu machen, aber um 22.00 Uhr riefen wir schließlich den Arzt, der feststellte, daß es wirklich soweit war. Hyo Jin hatte es nicht für nötig erachtet, eine Telefonnummer zu hinterlassen, unter der er erreichbar war, und so fuhr ein Wachmann von East Garden meine Mutter und mich ins Krankenhaus.

Ich hatte panische Angst. Auf der nur eine Viertelstunde währenden Fahrt von East Garden zum Phelps Hospital wurden die Schmerzen merklich schlimmer. Ich konnte nicht glauben, was mit meinem Körper passierte. Ich hatte nicht ein einziges Mal die Gymnastik geschwänzt, hatte viel über Wehen und Geburt gelesen, aber nichts hatte mich auf den unerträglichen Schmerz vorbereitet, der mit jeder Wehe durch meinen Körper jagte. Ich konnte im Wagen nicht bequem sitzen, und bei jedem Schlagloch und jeder Kurve kam es mir vor, als bohre sich ein Messer in meinen Leib.

Meine Mutter wich mir in dieser endlosen, schlaflosen Nacht nicht von der Seite. Sie hielt meine Hand und trocknete meine Tränen, wenn die Schmerzen kamen. Stündlich flehte ich die Schwester an nachzusehen, ob der Muttermund sich bereits weit genug geöffnet hatte. Ein Zentimeter. Zwei Zentimeter. Mein Muttermund öffnete sich so langsam wie die Zeiger der Uhr weiterwanderten. Ich dachte, die

Nacht würde nie ein Ende haben. Ich dachte, meine Haut würde aufplatzen. Ich dachte, ich würde sterben.

Hyo Jin ließ sich die ganze Nacht nicht im Krankenhaus blicken. Als er schließlich am Morgen kam, sah er verkatert aus und blieb nicht lange. Er sah wie die Wellen des Schmerzes mit jeder Wehe über mich hereinbrachen. Er sah mich weinen. Er hörte mich stöhnen. Dann wurde er ohnmächtig. Was für ein Anblick, diesen Mann, der sich für einen so harten Kerl hielt, im Kreißsaal auf dem Fußboden liegen zu sehen. Die Krankenschwestern halfen Hyo Jin lachend wieder auf die Füße. Hätte ich nicht solche Schmerzen gehabt, hätte ich vielleicht mitlachen können. So aber bekam ich nur mit, daß er mich wieder einmal allein lassen würde, obwohl ich ihn brauchte.

Im Wartezimmer drängten sich Mrs. Mun, die Gebetsdamen und Wahrsager. Sie ließen im Kreißsaal bekanntgeben, daß das Kind vor zwölf Uhr mittags geboren werden müsse, um in den Genuß einer glücklichen Zukunft zu kommen. Die Ärztin war bereit zu helfen. »Wenn es Ihrer Kultur entspricht, werde ich tun, was ich kann«, versprach sie. Meine Mutter mußte draußen vor dem Kreißsaal warten, so daß ich mich auf die Krankenschwestern verlassen mußte, mir bei der Entbindung zu helfen. Sie waren großartig, wenn ich auch gestehen muß, daß ich sie am liebsten erwürgt hätte, als sie über meine erfolglosen Preßversuche lachten. Das Köpfchen des Babys tauchte auf, glitt jedoch immer wieder zurück. Ich hatte einfach nicht genug Kraft. Schließlich nahm die Ärztin einen Dammschnitt vor und benutzte Geburtszangen, um das Baby zu holen.

Es war ein Mädchen. Sie hatte einen dichten schwarzen Haarschopf und rote Druckstellen im Gesicht von der Zange. Ihre Augen waren geschlossen. Sie tat mir leid. Sie war so klein und sah so zerbrechlich aus – sie wog nur knapp unter sieben Pfund –, daß ich Angst davor hatte, sie auf den Arm zu nehmen. Ich konnte die Mißbilligung der Schwestern fühlen. Sie wechselten vielsagende Blicke, als ich das Baby nicht gleich nehmen wollte. Ich fürchtete, sie könnten glauben, daß ich meine Tochter nicht liebte. Nichts hätte von der Wahrheit entfernter sein können. Aber ich war selbst noch so jung und hatte solche Angst.

Im Wartezimmer wurde die Neuigkeit, daß es ein Mädchen war, mit Enttäuschung aufgenommen, so wie ich es erwartet hatte. Es war meine Pflicht, einen Enkelsohn zur Welt zu bringen, und wieder hatte ich die Muns enttäuscht. In Korea wäre die Reaktion die gleiche gewesen, auch wenn ich kein Mitglied der Vereinigungskirche gewesen wäre. In meiner Kultur haben Jungen immer noch einen höheren Stellenwert als Mädchen. Aber meine Fähigkeit, einen Sohn hervorzubringen, war mit der Zukunft der Vereinigungskirche verknüpft. Als ältester Sohn von Wahrer Vater und Wahre Mutter würde Hyo Jin Mun die Mission der Kirche erben. Meine Pflicht war es, den Sohn zur Welt zu bringen, der Hyo Jin als Kirchenoberhaupt nachfolgen würde.

Nach der Geburt von Shin June, wurde ich schier überwältigt von einem Gefühl der Unzulänglichkeit. Die Kleine schaffte es nicht, an meiner Brust zu saugen, und die Krankenschwester und ich wußten nicht, wie wir ihr helfen sollten. Die Schwestern auf der Wöchnerinnenstation reagierten ungeduldig angesichts meiner Unwissenheit und meiner mangelnden Englischkenntnisse. Aber ich wußte plötzlich, was man unter Mutterinstinkt versteht. Ich hatte noch nie ein solches Wunder gesehen wie die winzigen Finger meines Babys. Ich hatte noch nie etwas so Seidiges gefühlt wie Shin Junes durchscheinende Haut. Ich hatte noch nie ein beruhigenderes Geräusch gehört als ihren leisen Atem. Auch wenn ich nicht wußte, was ich zu tun hatte, blickte ich auf mein Baby herab und fühlte eine Liebe, wie ich sie noch nie gespürt hatte. Wir würden schon dahinterkommen, Gott, mein Baby und ich.

Das Baby und ich wurden am 3. März um 13.30 Uhr aus dem Krankenhaus entlassen. Hyo Jin fuhr uns in Vaters Wagen heim nach East Garden. Reverend Mun erwartete uns bereits, um das neue Baby zu segnen. Er betete, sehr nachdrücklich, wie ich fand, daß Gott dazu beitragen würde, über die Geburt des Babys Hyo Jin auf den rechten Weg zurückzuführen. Aber es sollte keine wundersame Veränderung von Hyo Jins Verhalten geben. In der ersten Nacht, die wir zu Hause verbrachten, blieb er noch bei uns. Aber danach stürzte er sich wieder ins New Yorker Nachtleben.

Meine Mutter blieb mehrere Monate in East Garden, um mir mit dem Baby zu helfen. Ich fühlte mich schuldig, daß ich sie so sehr brauchte. Die Leichtigkeit, mit der sie Shin June versorgte, machte mir meine eigene Ungeschicklichkeit noch bewußter. Ohne meine Mutter wäre ich verloren gewesen, aber es schmerzte mich, sie die Nacht durchwachen zu lassen, während ich schlief. Wie sehr ich mein Baby auch liebte, vielleicht auch gerade weil ich es so sehr liebte, war es so ziemlich die einsamste Zeit in meinem Leben.

Nach der Geburt meiner Tochter fing ich an, ein Tagebuch zu führen. Wenn ich heute darin lese, weine ich um das Mädchen, das ich einst war. Das Tagebuch an sich ist ein Zeugnis meiner Jugend – auf der Vorderseite ist Snoopy abgebildet. »6. März 1983: Hyo Jin ist letzte Nacht um 2.00 Uhr nach Hause gekommen und hat bis zwei Uhr nachmittags geschlafen. Dann ist er mit Jin Kun Kim weggegangen.«

Acht Tage nach der Geburt eines Babys innerhalb der Vereinigungskirche findet eine Weihungszeremonie statt. Die Zahl acht steht in der Zahlenmystik der Vereinigungskirche für einen Neuanfang. Bei der Zeremonie handelt es sich nicht um eine Taufe, da wir glauben, daß die Gesegneten Kinder ohne die Last der Erbsünde auf ihrer Seele geboren werden. Die Weihung ist vielmehr ein Gebetsgottesdienst, bei dem Gott für die Geburt des neuen Kindes gedankt wird.

Am 7. März wurde eine solche Zeremonie für Shin June abgehalten. Ich hielt das Ereignis in meinem Tagebuch fest: »Hyo Jin hielt das Baby. Vater betete. Wir reichten das Baby unter uns herum. Jeder küßte es auf beide Wangen. Beim Frühstück hielt Mrs. Mun es die ganze Zeit. Sie war gut gelaunt. Sie sagte, das Baby sehe genauso aus wie Hyo Jin bei seiner Geburt. Vater meinte, ihre Augen sähen aus wie die eines mystischen Vogels und das bedeute, sie müsse sehr schlau sein. Menschen aus westlichen Ländern haben runde Augen, die verraten, was sie denken. Die Augen der Menschen aus dem Osten sind wie unergründliche dunkle Teiche. Vater sagt, das heißt, wir haben ein größeres, tiefgründigeres Herz.«

Am darauffolgenden Abend, nur fünf Tage nachdem Shin June und ich aus dem Krankenhaus heimgekommen waren, flog Hyo Jin nach Korea. Er mußte nicht fort; ich glaube, er wollte nur weg von uns, von der Verantwortung, die das Baby und ich darstellten. »Ich versuche, mir einzureden, daß ich weniger traurig bin, seit das Baby da ist. Aber wenn ich es zu Bett gebracht habe und allein in meinem Zimmer bin, überfällt mich die Einsamkeit. Es kommt mir vor, als wäre ein großes Loch in meinem Herzen, und ich fühle mich sehr traurig und leer«, schrieb ich in mein Tagebuch. »Ich

Ich singe bei einer Geburtstagsfeier innerhalb der Mun-Familie auf dem Anwesen von East Garden. Sun Myung Mun ließ bei Familientreffen und Kirchenzusammenkünften jeden von uns singen, eine Pflicht, die mir aufgrund meiner dünnen Stimme verhaßt war.

Hier werde ich von meiner Mutter Gil Ja Yoo Hong (links) und einer Assistentin von Mrs. Munk flankiert. Mit unseren Plakaten protestierten wir gegen die Inhaftierung von Sun Myung Mun, der wegen Steuerhinterziehung in der Strafvollzugsanstalt von Danbury einsaß.

Familie Mun hat sich zu einer typischen Geburtstagsfeier für eines von Sun Myung Muns Kindern versammelt. Auf dem Opfertisch vor uns türmt sich das Obst. Ich stehe in der hinteren Reihe, als zweite von rechts, Hyo Jin steht ganz links außen in derselben Reihe.

Hyo Jin, unsere vier Kinder und ich im November 1990 in unserer Suite des New Yorker Hotels in Manhattan. Wir tragen die religiösen Roben der Vereinigungskirche. Einfache Mitglieder tragen weiße Roben, während jene der Familie von Sun Myung Mun mit Goldlitzen verziert sind.

Hyo Jin Mun und ich feiern gemeinsam mit einer unserer Töchter seinen Geburtstag.

Diese Aufnahme von Wahrer Mutter, Wahrem Vater und mir wurde sechs Monate vor meiner Flucht am 100. Tag nach Shin Hoons Geburt aufgenommen. Da Hyo Jin aufgrund seiner Alkohol- und Drogenexesse unpäßlich war, wurde auf die traditionelle Hunderttagefeier verzichtet.

Hyo Jin Mun hat vor Kodiak in Alaska, wo Sun Myung Mun einen seiner Wohnsitze unterhält, von einem von Wahrer Vaters Fischerbooten aus einen Oktopus gefangen. *Von links nach rechts:* Sun Myung Mun, Hak Ja Han Mun, ich (mit unserem Sohn Gil auf dem Arm), und Hyo Jin.

Eine meiner Töchter begrüßt Sun Myung Mun bei seiner Rückkehr von einer Reise nach Übersee. Die applaudierenden Männer im Hintergrund sind Mitglie-der und führende Persönlichkeiten der Kirche.

Auf der Feier zu Shin Gils 5. Geburtstag im Februar 1993. Sun Myung Mun und Mrs. Mun ahnten nicht, daß ich nur wenige Tage vor dieser Aufnahme eine Fehlgeburt hatte.

Im Familienzimmer von East Garden zeige ich meinem Sohn Shin Gil, wie er sich vor seiner Großmutter Hak Ja Mun zu verneigen hat (auf dem Foto umringt von ihren Enkelkindern).

Ich mit unserem ersten Baby; Hyo Jin hält Sun Myung Muns jüngstes Kind auf dem Arm.

Unser erstes Kind und ich am Tag meines High-School-Abschlusses an der *Masters School*, einer Privatschule in Dobbs Ferry, New York.

An dem Tag, an dem er aus dem Gefängnis von Danbury entlassen wurde, feierte Sun Myung Mun im Kreise seiner Ehefrau und Kinder. Das Spruchband im Hintergrund über dem Kamin gratuliert Young Jin, einem seiner Söhne, zum Geburtstag.

Ich mit meinem ersten Baby vor dem Haus in East Garden.

bete zu Gott, daß Hyo Jin sicher in Korea landet. Ich danke Gott für mein Baby, das mein einsames, leeres und trauriges Herz ausfüllen wird. Tränen laufen mir unaufhaltsam über das Gesicht.«

Ich hatte mir so sehr gewünscht, daß Hyo Jin meine Freude über die Geburt unserer wunderbaren Tochter teilte, aber ich wußte, daß er bei seiner Ankunft in Korea nicht an uns dachte. »Ich frage mich, ob Hyo Jin sicher in Korea gelandet ist. Obwohl ich ihn gebeten habe, mich bei seiner Ankunft anzurufen, rechne ich nicht damit, daß er es tut«, schrieb ich damals. »Ich werde ein paar Tage abwarten und ihn dann selbst anrufen. Ich werde viele schöne Photos von unserem Baby machen und sie Hyo Jin schicken.«

In den ersten Wochen war es nicht leicht, solche Photos zu schießen. Wie die meisten Babys tat Shin June sich schwer damit, einen regelmäßigen Schlafrhythmus zu finden, Sie weinte die ganze Nacht und schlief dann am Tag. Meine Mutter war erschöpft, und mich quälten Schuldgefühle. »Meine Mutter hat ihre eigenen Kinder großgezogen, und jetzt zieht sie ihre Enkelin groß. Ich fühle mich schuldig, daß sie es meinetwegen so schwer hat. Ich weiß wirklich nicht viel. Ich habe ein schlechtes Gewissen meinem Baby gegenüber und bin meiner Mom sehr dankbar«, schrieb ich. »Ich habe sie gebadet. Ich habe ihr das Haar gewaschen und sie in die Wanne gesetzt. Ich konnte sie nicht einmal mit Seife waschen, und meine Mom badete sie zu Ende. Ich dankte meiner Mom und schämte mich. Ich fühle mich schlecht und schuldig meinem kleinen Mädchen gegenüber. Ich fühle mich als Mutter unzulänglich. Ich möchte eine gute Mutter sein, aber es gibt so vieles, was ich nicht weiß. Ich kann einfach nicht aufhören, ihr gegenüber Gewissensbisse zu haben.«

Tage verstrichen, aber Hyo Jin meldete sich nicht, und ich wartete. »Ich frage mich, was Hyo Jin gerade macht. Ich frage mich, ob er auch nur ein ganz klein wenig an seine Tochter denkt«, schrieb ich. »Vater hat gefragt, ob Hyo Jin angerufen hat. Ich war niedergeschlagen, weil ich verneinen mußte. Ich habe gehört, daß Hyo Jin vor Kirchenführern einen Vortrag über die Rolle der Ehefrau gehalten hat. Ich frage mich, was er gerade tut.«

Ich fühlte mich nach der Geburt körperlich nicht sehr wohl. Koreanische Frauen achten ganz besonders darauf, sich nach einer Geburt zu schützen. Wir packen uns warm ein gegen die Kälte. Aber auch noch so viele Lagen Stoff vermochten nichts gegen die innere Kälte auszurichten, die ich verspürte. Ich war nie viel krank gewesen, aber ich war sehr zierlich. Mein Körper war noch nicht bereit gewesen für eine Geburt. Ich bekam Gelenkschmerzen, die mit jeder Schwangerschaft schlimmer wurden. In jenem März lösten sich meine emotionalen, physischen und spirituellen Krisen ab. »Meine Augen tun den ganzen Tag weh, und meine Zähne sind so empfindlich, daß ich nichts essen kann. Ich weiß nicht, warum ich mich schlecht fühle. Ich habe Kopfschmerzen, und mir ist schwer ums Herz. Ich muß das Baby ein wenig später stillen. Ich fühle mich unwohl in ihrer Gegenwart«, schrieb ich. »Ich frage mich, was Hyo Jin gerade macht. Er ruft nicht an. Ich denke gar nicht daran, aber ich warte trotzdem auf seinen Anruf.

Es ist lange her, seit ich aus ganzem Herzen gebetet habe. Nach der Geburt des Babys bin ich faul geworden. Während der Schwangerschaft war ich gewissenhafter und habe für die Gesundheit des Babys gebetet. Nach der Geburt bin ich dann unaufmerksam geworden. Wenn ich deprimiert bin und an Hyo Jin denke, schaue ich das Baby an. Dann steigt

Hoffnung in mir auf. Sie ist meine ganze Hoffnung. Meine Hoffnung ruht auf ihr, und ich bete, daß Hyo Jin zurückkommt. Noch einmal möchte ich Gott von ganzem Herzen danken, daß er mir meine Tochter geschenkt hat. Amen.«

»18. März 1983: Es regnet seit dem Morgen heftig, und es weht ein starker Wind. Ich sitze an meinem Schreibtisch, und Einsamkeit erfüllt mein Herz. Ich fühle mich, als wäre ich ganz allein auf der Welt. Ich habe oft das Gefühl, daß niemand bei mir ist und ich von allen anderen isoliert bin. Obwohl mein Baby nebenan ist, fühle ich mich ganz allein ...«

»19. März 1983: Gestern und vorgestern habe ich schlecht geträumt. In meinen Träumen war Hyo Jin mit zwei anderen Frauen zusammen, obwohl er mit mir verheiratet ist. Ich will gar nicht daran denken, aber die Träume waren sehr real, so real, daß sie mir gar nicht vorkamen wie Träume. Ich kann mich ganz deutlich an die Gesichter der Frauen erinnern. Ich habe sie noch nie zuvor gesehen. Letztes Jahr, als Hyo Jin seine Freundin nach New York City brachte und eine Woche fortblieb, träumte ich zweimal von den beiden. Ich wußte, wie sie aussah; die Frauen, von denen ich diesmal geträumt habe, kenne ich nicht. Es war in jeder Nacht eine andere Frau. Und überhaupt sind das schlechte Träume. Ich weiß nicht, warum ich so etwas träume. Vielleicht denke ich zu viel an ihn! Oder vielleicht ist es eine Prüfung Satans. Ich habe keinen Appetit, und ich glaube, ich werde spirituell schwächer. Bevor ich das Baby gebadet habe, habe ich Hyo Jin angerufen. Ich weiß nicht, warum es ihm so schwer fällt, mich anzurufen. Wenn ich allein bin oder versuche zu schlafen, muß ich ständig an ihn denken. Ich versuche, nicht zu denken, aber mein Gehirn spinnt den Faden der Gedanken einfach weiter. Ich weiß auch nicht, warum das so ist. Ich fürchte mich vor dem Alleinsein.«

»22. März 1983: Mom hat mit mir geschimpft, weil ich nicht gefrühstückt habe, aber ich habe einfach keinen Appetit. Seit diesen bösen Träumen habe ich den Appetit verloren. Mom hat gesagt, daß, wenn ich körperlich schwach werde, der Satan sich meiner bemächtigen wird. Ich solle also essen und mir dabei vorstellen, Satan fortzubeißen! Ich habe gehört, daß Hyo Jin bei den Seminaren seine Sache gut macht, aber ich träume immer noch schlecht. Vielleicht stellt Satan mich auf die Probe. Ich glaube, ich bin geistig und körperlich schwach geworden. Ich darf dem Satan nicht nachgeben. Ich sollte möglichst rasch wieder zu Kräften kommen und meine Pflichten gegenüber Gott, Hyo Jin und unserer Tochter erfüllen.«

»27. März 1983: Es regnet stark und ist sehr windig. Trotz des schlechten Wetters und ihrer Müdigkeit ist meine Mutter um 15.00 Uhr für eine Stunde nach Holy Rock gegangen. Meine armen Eltern. Ich fühle, daß es ihnen nicht gutgeht und sie ständig leiden müssen wegen ihrer Tochter, wegen mir. Ich frage mich, ob Hyo Jin sich gut macht in diesem Workshop, und was er sonst so tut. Ich habe von Mom erfahren, daß er am sechsten Tag jeweils eine Stunde mit seinen zwei Freundinnen telefoniert hat! Satan hielt am 6. Tag Einzug. Unser Himmlischer Vater, wie er Hyo Jin beobachtet und sich sorgt. Unser armer Gott.«

»31. März 1983: Ich war gestern grundlos wütend. Vielleicht ist es eine Prüfung des Satans. Ich konnte mich nicht beherrschen. Seit der Geburt des Babys passe ich nicht mehr in meine alten Kleider. Ich habe mir deswegen in letzter Zeit Sorgen gemacht. Ich habe mir gesagt, daß ich das nicht sollte. Ich bin jetzt siebzehn Jahre alt. Ich sollte etwas unternehmen, verreisen, aber ich habe ein Baby und fühle mich plötzlich wie eine Frau in mittleren Jahren! Was für ein jämmerliches Mädchen ich bin! Ich gräme mich sogar darüber, daß ich hier bin. Warum bin ich so? Der Himmlische Vater ist nicht glücklich, und ich fühle mich schuldig. Trotzdem denke ich, daß es besser ist, einen ganz normalen Mann kennenzulernen und seine ganze Liebe zu bekommen. Ich weiß, daß ich nicht so denken sollte. Ich bereue, Himmlischer Vater!«

»4. April 1983: Montag, 2.00 Uhr nachts. Während ich in das Tagebuch schreibe, denke ich an das, was ich heute getan habe. Wie habe ich den Tag verbracht? Während des Tages versuche ich, meine Situation zu vergessen, aber wenn ich dann in mein Tagebuch schreibe, bringe ich Ordnung in meine Gedanken. Ich fühle mich ständig innerlich leer. Liegt es an ihm? Während ich darauf wartete, daß das Baby aufwacht, um es zu füttern, habe ich noch einmal den Brief gelesen, den ich gefunden habe. Er ist von der Frau in L.A. Ich habe alte Briefe seiner anderen Freundinnen zerrissen. Ich fühle nichts mehr wegen der Briefe. Ich denke, die ganze Situation ist erbärmlich. Ich frage mich, wie ich so werden konnte. Ich bin nicht böse auf die Frauen, mit denen er ausgeht. Sie tun mir leid. Der einzige, auf den ich böse bin, ist Hyo Jin.«

Hyo Jin kehrte nicht vor dem Sommer nach East Garden zurück. Unsere Tochter, die noch ein winziges Neugeborenes gewesen war, als er ging, hatte sich inzwischen zu einem fröhlichen, brabbelnden Baby entwickelt. Er schien ihr gegenüber noch genauso gleichgültig zu sein wie zu dem Zeitpunkt, an dem er nach Korea geflogen war. Ich war ratlos und fürchtete um unsere Zukunft. In diesem Sommer entschieden die Muns, daß ich nicht auf die *Irvington High-*

School zurück könne. Sie befürchteten, daß die Lehrer der öffentlichen Schule zu neugierig werden könnten in Bezug auf meine lange Abwesenheit, und daß es Gerüchte geben könnte wegen des Babys. Immerhin war ich zum Zeitpunkt der Empfängnis nach dem Gesetz des Staates New York noch minderjährig gewesen. Sie wollten nicht, daß man ihren Sohn des Mißbrauchs einer Minderjährigen oder gar der Vergewaltigung anklagte.

Ich kam auf die *Masters School*, eine private Mädchenschule in Dobbs Ferry, New York. Seit dem Frühling hatte ich mich danach gesehnt, wieder in die Schule gehen zu können, und war jetzt sehr gespannt. Im April hatte ich in mein Tagebuch geschrieben: »Ich sollte sehr bald wieder mit dem Lernen anfangen. Außerdem muß ich Klavierspielen üben. Ich vergeude Zeit mit Nichtstun. Ich muß Pläne für meine weitere Ausbildung machen.« Die Schule würde mich von meiner lieblosen Ehe und meiner Depression ablenken. Sie würde aus mir eine bessere Mutter machen. Zum ersten Mal seit meiner Ankunft in East Garden war ich wieder voller Hoffnung.

Eines morgens riefen die Muns mich zu sich. Ich war beunruhigt. Wenn sie nach mir schickten, bedeutete das für gewöhnlich, daß ich in ihren Augen etwas falsch gemacht hatte. Ich wußte vorher nie, wer von beiden wütend auf mich war. Beide neigten zu schrecklichen Wutausbrüchen, jedoch nur selten zur selben Zeit. Diesmal brüllte Mrs. Mun mich an, kaum daß ich vor ihnen auf die Knie gesunken war, um mich zu verneigen.

Ob ich wüßte, wie hoch das Schulgeld für die *Masters School* sei? Ob mir bewußt wäre, wieviel Geld meine Schulbildung sie kosten würde? Warum sollten sie solche Kosten auf sich nehmen? Ich wäre nicht ihre Tochter. Sie müßten schon für alles andere aufkommen, mich ernähren, einkleiden und beherbergen. Was ich denn noch alles verlange? Sie erstickte fast an ihrer Wut. Reverend Mun schwieg, während sie tobte. Ich hielt den Kopf gesenkt, biß mir auf die Lippen und fing an zu weinen. Ich dachte, ich hätte alles getan, was die Muns von mir verlangten. Ich hatte ihren mißratenen Sohn geheiratet und zu ihm gestanden, obwohl er mich, als ich schwanger war, für eine andere verlassen hatte. Ich hatte ihnen eine zauberhafte Enkeltochter geschenkt. Warum schrie Mutter mich also an?

Mrs. Mun sagte, Bo Hi Paks Tochter habe ihr High-School-Diplom durch ein Fernstudium bekommen. Ich könnte es ihr nachmachen. Wozu ich eine kostspielige Schulbildung bräuchte? Ich könnte es so machen wie Hoon Sook Pak. Sie war inzwischen Ballerina. Das wäre die Lösung. Ich würde zu Hause lernen und mich gleichzeitig um das Baby kümmern.

Ich war wie vor den Kopf gestoßen. Meine Eltern hatten auf Schulbildung immer großen Wert gelegt. Sie hatten selbst auf jeden Komfort verzichtet, nur um ihren sieben Kindern die bestmögliche Schulbildung zu ermöglichen. Und die Muns wollten, daß ich meinen Abschluß durch einen Fernkurs machte? Ich wußte, daß ich auf die Schule zurück mußte, um junge Leute meines Alters zu treffen, um wenigstens einen Teil des Tages das Anwesen verlassen zu können. Und so war ich unsagbar dankbar, als Reverend Mun schließlich das Wort ergriff. »Diese Fernkurse sind nichts wert«, teilte er Mutter in ruhigem Tonfall mit, »wir müssen Nansook zur Schule schicken.«

Die beiden diskutierten die Angelegenheit, als wäre ich gar nicht da, ignorierten das schluchzende Häufchen Elend, das vor ihnen kniete, völlig. Sie trafen jede wichtige Entscheidung in meinem Leben und machten dann mich für die Konsequenzen verantwortlich. Ich versuchte, meine Tränen herunterzuschlucken. Ich hatte nichts Böses getan. Als ihr Ärger schließlich verraucht war, fiel Mrs. Mun wieder ein, daß ich noch da war. »Verschwinde!« herrschte sie mich an. Ich rappelte mich hoch und mied die Blicke der Hausangestellten, als ich die Treppe hinunter und zurück zum Cottage House lief.

Den ganzen Sommer über wurde meine weitere Ausbildung mit keinem Wort mehr erwähnt. Eines Tages im September wurde mir dann mitgeteilt, daß ich am folgenden Tag mit der elften Klasse an der *Masters School* beginnen würde. Damals wurde ich noch jeden Tag zur Schule gefahren und wieder abgeholt. Im letzten Schuljahr lernte ich selbst fahren. Hyo Jin hatte sich erboten, es mir beizubringen, aber nach einer Fahrstunde, in der er mich nur angeschrien hatte, teilte ich ihm mit, daß ich es vorzog, mich von einem der Wachleute von East Garden unterrichten zu lassen. Es war das erstemal, daß ich Hyo Jin die Stirn bot. Ich wußte, daß ich es nie lernen würde, wenn er mich anschrie, und daß er nie mit dem Schreien aufhören würde. Ich lernte sogar Einparken, ohne je das Mun-Anwesen zu verlassen.

Ich liebte die *Masters School.* Der Unterricht war anspruchsvoll, und unter den Schülerinnen waren auch mehrere Koreanerinnen. Die meisten von ihnen waren Musikerinnen und hatten an den Wochenenden Unterricht bei Juilliard im Lincoln Center in New York City. Für sie war ich nur eine weitere junge Koreanerin, die in den Staaten auf die Schule geschickt wurde. Meine Eltern lebten ebenso wie die ihren in Korea. Keine von ihnen ahnte etwas von meiner Beziehung zu Sun Myung Mun. Keine von ihnen wußte, daß ich schon Ehefrau und Mutter war. Sie glaubten, daß ich bei einem Vormund in Irvington lebte. Niemand stellte mir Fragen, und ich war dankbar für die in meiner koreanischen Kultur üblichen Zurückhaltung.

Ein Mädchen auf der *Masters School* war besonders nett zu mir. Sie war jünger als ich, behandelte mich aber wie eine große Schwester. Wenn sie eine Vertraute brauchte, schenkte ich ihr gern Gehör. Sie konnte es nicht ertragen, mit ihrer Mutter zu sprechen, wenn ihre Eltern aus Seoul anriefen. Allein beim Klang der Stimme ihrer Mutter mußte sie weinen vor Heimweh.

Sie tat mir schrecklich leid, aber andererseits beneidete ich sie auch. Erst als ich sie tröstete, erkannte ich, daß ich nicht die normale Bandbreite von Gefühlen eines Mädchens meines Alters durchlebt hatte. Wenn ich meine Mutter oder meine Familie vermißte, hatte ich das Gefühl, Gott im Stich zu lassen. Wenn ich mich nach daheim sehnte, kam es mir vor, als würde ich gegen mein Schicksal aufbegehren. Wenn ich meinen Mann haßte, war es, als zweifelte ich die Weisheit Sun Myung Muns an.

Es stand mir frei, mein Versagen und meine Einsamkeit zu fühlen, aber es stand mir nicht frei, sie auszudrücken. Und so waren meine Freundschaften mit Klassenkameradinnen stets oberflächlich und einseitig. Ich konnte mich in jenem Jahr auch niemandem anvertrauen, als ich eine Fehlgeburt erlitt.

Ich hatte seit Wochen gewußt, daß ich schwanger war, jedoch den ersten Arzttermin versäumt. Als ich ein wenig Blut in meinem Slip bemerkte, hatte ich mir erst nicht viel dabei gedacht. Aber als die Ultraschalluntersuchung ergab, daß ich mein Baby verloren hatte, war ich am Boden zerstört. Ich mußte wegen einer Gebärmutterausschabung eine Nacht im Krankenhaus bleiben. Hyo Jin kam mich erst besuchen, als alles vorbei war. Er fand mich weinend in meinem Krankenzimmer vor. Anstatt mich zu trösten, sagte er, daß meine Tränen ihn anwiderten. Daß wir unser Baby verloren hatten, interessierte ihn nicht so sehr wie der Umstand, daß ich »eine Szene« machte. »Du bist sehr unattraktiv, wenn du weinst«, sagte er, bevor er mich mit meinem Verlust wieder allein ließ.

In diesem Moment wünschte ich, ich hätte eine echte Freundin, aber ich wußte, daß mein Leben und das Leben der Mädchen aus meiner Klasse sich nur wenig ähnelten. Nach Hyo Jins gefühlloser Reaktion auf meine Fehlgeburt wurde mir klar, daß ich, wenn ich innerhalb der Wahren Familie überleben wollte, meine Gefühle noch mehr verheimlichen mußte als ich es ohnehin schon tat.

Mehr als die meisten jungen Frauen meines Alters saß ich zwischen zwei Stühlen, zwischen Kindheit und Erwachsensein. Ich war in jenem Frühling noch jung und abhängig genug, um meine Mutter zu bitten, das lange weiße Kleid für meine Schulabschlußfeier auszusuchen. Andererseits war ich alt genug, daheim ein Kind zu haben, das mir zusah, wie ich mich für die Feier zurechtmachte, bei der der damalige Vizepräsident George Bush auf Wunsch seines Patenkindes, einer meiner Klassenkameradinnen, eine Rede halten würde.

»Kann ich mitkommen, Mami?« wollte meine Tochter wissen. Liebend gern hätte ich mein kleines Mädchen an meinem großen Tag bei mir gehabt, aber ich ließ sie daheim in East Garden. Ich wußte einfach nicht, wie ich die zwei völlig verschiedenen Welten, in denen ich lebte, miteinander verbinden sollte.

7. Kapitel

Der 22. Dezember 1983 brach im Hudson River Tal kalt und feucht an. Das düstere Wetter spiegelte die Stimmung in East Garden wieder. Vater und Mutter waren einige Tage zuvor zu einer großen Vortragsreise durch Korea aufgebrochen. Reverend Mun sollte bei einer Massenkundgebung in Chonju in Südkorea, einer regierungsfeindlichen Hochburg, eine Ansprache halten. Wegen seiner engen Bande zum repressiven Militärregime Chun Doo Hwans fürchtete man um seine Sicherheit.

Vater sagte uns, daß er ins feindliche Lager gehen müsse, weil er die Kommunisten, Satans Gesandte auf Erden, nur durch direkte Konfrontation besiegen könne. Für uns war Sun Myung Mun der mutigste Mann auf der Welt. Die Gebetsdamen verbrachten den Tag am Holy Rock und beteten für eine erfolgreiche und friedliche Reise.

Die Verbindung zwischen Religion und Politik war Sun Myung Mun schon in seiner Kindheit im japanisch besetzten Korea bewußt gewesen. Die Teilung unseres Landes in einen kommunistischen und einen prowestlichen Teil hatte die politischen Demarkationslinien für seine religiöse Propaganda festgesetzt. Die Kommunisten hatten ihn als Wanderprediger eingesperrt. Sie hatten religiösen Pluralismus für gesetzwidrig erklärt. Sie waren der Feind. Er widmete sein öffentliches Leben der Verbreitung der Vereinigungslehre und dem Kampf gegen den Kommunismus. Für Sun Myung Mun war das eine Ziel unlöslich mit dem anderen verbunden.

Sofern Hyo Jin um seine Eltern besorgt war, ließ er sich hiervon nichts anmerken. An jenem Abend fuhr er früh nach New York. Ich war mit dem Baby allein zu Hause, als nach Mitternacht das Telefon läutete. Es war einer der Wachmänner. »Es hat einen Unfall gegeben«, sagte er. Ich fürchtete sogleich um die Wahren Eltern. »Nein, es geht nicht um Vater«, sagte der Mann. »Es ist Heung Jin.«

Heung Jin?

Der zweite Sohn Reverend Muns und seiner Gattin war zusammen mit zwei Gesegneten Kindern auf der Heimfahrt von Barrytown, New York, gewesen, als sein Wagen auf einer vereisten Straße in der Nähe des *Unification Theological Seminary*, gegen einen liegengebliebenen Truck geprallt war. Heung Jin und seine Freunde waren oft zum Seminar gefahren, um den Schießstand zu benutzen, den die Söhne Reverend Muns, allesamt leidenschaftliche Jäger, auf dem Gelände hatten errichten lassen. Alle drei jungen Männer waren ins Krankenhaus eingeliefert worden.

Mein Bruder, Peter Kim und ich fuhren sofort zur Notaufnahme des *St. Francis Hospitals* in Poughkeepsie, New York. Keiner von uns war auf das vorbereitet, was uns erwartete. Jin Bok Lee und Jin Gil Lee waren nur leicht verletzt, während Heung Jin bei dem Unfall schwere Kopfverletzungen davongetragen hatte. Als wir im Krankenhaus eintrafen, wurde er gerade am Gehirn operiert.

Ich sah, wie Peter Kim zum Münzfernsprecher auf dem Flur ging, um Vater und Mutter in Korea anzurufen. Er weinte. »Verzeihen Sie mir. Ich bin so unwürdig«, begann er. »Sie haben mir Ihre Familie anvertraut, und es ist etwas Schreckliches geschehen.« Der Anruf dauerte nicht lange. Mr. und Mrs. Mun würden mit dem nächsten Flugzeug heimkehren.

Ich war bisher noch nie mit einer schweren Erkrankung oder einer lebensgefährlichen Verletzung konfrontiert gewesen. Es bedrückte mich zutiefst, einen Jungen meines Alters, vor allem einen Jungen, der so liebenswert war wie Heung Jin, auf der Intensivstation liegen zu sehen, mit all den Schläuchen und an verschiedene Apparate angeschlossen. Er war bewußtlos. Er lag völlig still da, und das einzige Geräusch kam vom Beatmungsgerät, das Sauerstoff in seinen leblosen Körper pumpte. Man brauchte uns nicht erst zu sagen, wie ernst sein Zustand war.

Am darauffolgenden Tag fuhren wir alle nach New York, um die Wahren Eltern am Flughafen abzuholen. Ich werde nie den gequälten Ausdruck auf Mrs. Muns aschfahlem Gesicht vergessen. Es war offensichtlich, daß sie seit dem Anruf kein Auge mehr zugetan hatte. Wir folgten den Muns zum Krankenhaus, wo Kirchenmitglieder das Wartezimmer mit Beschlag belegt hatten und für Heung Jin eine Gebetswache abhielten.

Reverend Mun nahm sich die Zeit, allen Trost zuzusprechen, bevor er Heung Jins Zimmer betrat. Mrs. Mun wollte nur bei ihrem Sohn sein. Es sollte kein Wunder geben. Heung Jin war hirntot. Am 2. Januar 1984 trafen die Muns die wohl schwerste Entscheidung ihres Lebens. Während wir alle um sein Krankenhausbett herumstanden, wurde des Beatmungsgerät abgeschaltet. Er starb, ohne das Bewußtsein wiedererlangt zu haben. Mrs. Mun klammerte sich an den leblosen Körper ihres Sohnes, und ihre Tränen durchnäßten das gestärkte weiße Laken. Reverend Mun stand trockenen Auges neben ihr und versuchte, eine Mutter zu trösten, die untröstlich war.

Wir anderen vergossen ebenfalls reichlich Tränen über den Tod unseres Bruders, aber Reverend Mun befahl uns, nicht um Heung Jin zu weinen; er sei in die Geisterwelt eingegangen, zu Gott. Eines Tages würden wir wieder mit ihm vereint sein. Wir alle äußerten uns voller Bewunderung zu Vaters Stärke und seiner Fähigkeit, seine Liebe zu Gott über den Verlust seines Sohnes zu stellen. Als frischgebackene Mutter war ich von Sun Myung Muns Reaktion jedoch weniger beeindruckt als verblüfft.

Es fand in Belvedere ein riesiges Begräbnis für Heung Jin statt. Auf Mrs. Mun Anweisung hin trugen die Frauen und Mädchen der Familie weiße Kleider und die Männer weiße Krawatten zu schwarzen Anzügen. Kirchenmitglieder hatten ihre weißen Kirchengewänder angelegt. Als wir uns oben für den Gottesdienst zurechtmachten, fühlte ich die gewohnte Nervosität. Ich war kein Wahres Kind, sondern nur angeheiratet, und wußte nicht recht, wohin ich gehörte. Ich fand einen Platz ganz am Rand der Familie. Die Küchenschwestern hatten Heung Jins sämtliche Lieblingsspeisen zubereitet, um uns an den Jungen zu erinnern, den wir verloren hatten. Der Tisch sah aus, als wäre er für eine Teenagerparty gedeckt: Hamburger, Pizza und Coca-Cola.

Ich war noch nie auf einer Beerdigung gewesen. Heung Jins offener Sarg stand im Wohnzimmer. Es war ein großer Raum, aber als sich dort 200 Personen drängten, wurde es rasch stickig. Drei Stunden lang erwiesen Freunde und Verwandte Heung Jin die letzte Ehre, sprachen von seiner Güte und Freundlichkeit. Ich weinte, obwohl ich Vater versprochen hatte, es nicht zu tun. Ich war nicht die einzige. Reverend Mun wies sämtliche Mitglieder der Wahren Familie an, Heung Jin zum Abschied zu küssen. Die jüngeren Kinder fürchteten sich verständlicherweise davor. Ich hob selbst ein paar der Kleinsten hoch, damit sie Heung Jin auf die Wange küssen konnten, so wie ich es selbst auch tat. Er war so entsetzlich kalt.

Vater trat ans Kopfende des Raumes, und sofort verstummte alles Schluchzen. Er teilte der Trauergesellschaft mit, daß Heung Jin nun Führer der Geisterwelt sei. Sein Tod sei ein Opfer gewesen. Satan greife Reverend Mun wegen seines Kreuzzuges gegen den Kommunismus an, indem er das Leben seines zweiten Sohnes gefordert habe. Wie zuvor Abel sei auch Heung Jin der gute Sohn gewesen. Hyo Jin schien verletzt von Vaters Vergleich, wußte jedoch selbst, daß er viel mit dem biblischen Kain gemein hatte.

Vater sagte, daß Heung Jin die Bewohner der Geisterwelt bereits die »Göttlichen Prinzipien« lehre. Jesus persönlich sei so beeindruckt von Heung Jin, daß er von seinem Thron gestiegen sei und den Sohn Sun Myung Muns zum König des Himmels erklärt habe. Vater erklärte uns, daß Heung Jins Status der eines Monarchen sei. Er säße bis zur Ankunft des Messias, Sun Myung Muns, auf dem Himmlischen Thron.

Ich war verblüfft von der sofortigen Vergöttlichung dieses Jungen. Ich wußte, daß Heung Jin ein Wahres Kind gewesen war, Sohn des Zweiten Messias, so daß ich geneigt war zu glauben, daß er einen besonderen Platz im Himmel einnehmen würde. Aber daß er Jesus ablösen sollte? Der Junge, dem ich geholfen hatte, auf dem Dachboden des Herrenhauses in East Garden ein verlorengegangenes Kätzchen zu suchen, war jetzt König des Himmelreiches? Das war sogar für einen wahren Gläubigen wie mich zuviel. Als ich mich jedoch umblickte, sah ich, daß die versammelten Verwandten und Gäste bei dieser Verkündigung ernst nickten. Ich schämte mich meiner Skepsis, konnte mich ihrer jedoch nicht erwehren.

Heung Jins Sarg wurde zum Leichenwagen hinausgetragen und zum John-F.-Kennedy-Airport gebracht, um den langen Flug nach Korea anzutreten. Reverend Mun und Mrs. Mun begleiteten den Leichnam ihres Sohnes nicht auf seiner letzten Reise. Statt dessen flogen Je Jin und Hyo Jin ihn heim. Heung Jin wurde in einer Familiengruft auf einem Friedhof eine Stunde außerhalb von Seoul bestattet.

Fast sofort trafen von überall auf der Welt Videobänder in East Garden ein. Mitglieder der Vereinigungskirche in verschiedenen Stadien der Trance erklärten sich zu Medien, über die Heung Jin aus der Geisterwelt mit der wirklichen Welt kommuniziere. Es war sehr sonderbar, sich diese Bänder anzusehen. Wir versammelten uns mit Vater und Mutter vor dem Fernseher und sahen zu, wie ein Fremder nach dem anderen vorgab, für Heung Jin zu sprechen. Keiner von ihnen hatte tiefgründige religiöse Einblicke zu bieten. Keiner konnte besondere Kenntnisse aus dem Leben Heung Jins in East Garden vorweisen. Aber sie alle lobpriesen die Wahren Eltern und bestätigten Vaters Verkündung, daß Jesus sich im Himmel Heung Jin unterworfen habe.

Ich schenkte diesen Bändern nicht nur keinen Glauben, sondern war darüber hinaus entsetzt davon, daß so viele Leute die Trauer der Wahren Familie für sich ausnutzten, in dem allzu leicht durchschaubaren Versuch, sich in Vaters Gunst einzuschmeicheln. Ich war damals noch so naiv, denn das war genau die richtige Annäherung, um Sun Myung Muns Wohlwollen zu erlangen. Vater war sichtlich angetan von diesem »Besessenheits«phänomen, das spontan auf der ganzen Welt auftrat. Ich konnte unmöglich sagen, ob Reverend Mun tatsächlich glaubte, daß sein Sohn durch diese Leute sprach, oder ob er diesen Blödsinn für seine eigenen Zwecke ausnutzte.

Ein theologisches Problem, das sich mit der Vergöttlichung Heung Jin Muns ergab, war, daß Sun Myung Mun lehrte, daß das Himmelreich nur verheirateten Paaren zugänglich wäre und keinen Einzelpersonen. Vater regelte dies sofort. Keine zwei Monate nach Heung Jins Tod wurde eine Hochzeitszeremonie abgehalten, im Rahmen derer Sun Myung Mun seinen verstorbenen Sohn mit Hoon Sook Pak verheiratete, der Tochter Bo Hi Paks, eines der ersten Jünger. Hoon Sooks Bruder, Jin Sung Pak, wurde am selben Tag mit In Jin Mun getraut. Die Doppelhochzeit, die am 20. Februar 1984 stattfand, läßt sich nur als bizarr beschreiben.

In Jin war wütend, daß Vater sie mit Jin Sung zusammengeführt hatte, einem Jungen, den sie nicht ausstehen konnte. In Jin hatte viele Freunde; Heiraten paßte so gar nicht in ihr Konzept. Sie nannte Jin Sung »Fischauge«, nach dem auffälligsten körperlichen Merkmal der Familie Pak. In Wirklichkeit war sie in einen jüngeren Jungen verliebt. Im Vorjahr hatten In Jin und ich ein Zimmer in einem Hotel in Washington DC geteilt, wo wir an einer Konferenz der Vereinigungskirche teilgenommen hatten. Eines Nachts rief sie, als sie dachte, ich schliefe, diesen Jungen zu Hause in Virginia an. Sie flüsterte und kicherte mädchenhaft, was, soweit ich sie kannte, ungewöhnlich war. Ich erkannte, daß sie mit ihm flirtete. Sie sagte ihm beispielsweise, daß, auch wenn Gesegneten Kindern das Küssen eigentlich verboten sei, sie sicher eine Ausnahme machen könnten.

Es war eine gefährliche Verbindung. Was damals keiner von beiden wußte, war, daß sie denselben Vater hatten, denn der Junge war Sun Myung Muns unehelicher Sohn. Meine

Mutter hatte mir ein Jahr zuvor von ihm erzählt. Daß der Junge aus einer Affäre zwischen Reverend Mun und einem Kirchenmitglied hervorgegangen war, war unter den 36 Gesegneten Paaren ein offenes Geheimnis. Meine Mutter hatte mir erklärt, daß es keine romantische Liaison gewesen wäre, sondern vielmehr eine von Gott befohlene »schicksalhafte« Vereinigung, die jedoch die säkulare Welt nicht verstehen würde. Um jedweden Mißverständnissen zuvorzukommen, war das Baby gleich nach der Geburt in die Obhut der Familie eines Beraters Sun Myung Muns gegeben worden, der den Jungen als seinen eigenen Sohn aufzog. Seine leibliche Mutter lebte ganz in der Nähe in Virginia und spielte in seinem jungen Leben die Rolle einer Freundin der Familie. Reverend Mun hatte die Vaterschaft nie öffentlich anerkannt, aber Ende der achtziger Jahre sagte man dem Jungen und der zweiten Mun-Generation die Wahrheit.

Daß ein Baby in der Familie eines nichtverwandten Kirchenmitglieds untergebracht wurde, war kein Einzelfall. So etwas kam ständig vor. Unfruchtbare Paare, die der Kirche angehörten, bekamen ein Baby von Mitgliedern, die bereits mehrere Kinder hatten. Da wir alle einer großen Menschenfamilie angehörten und die Muns die einzigen Wahren Eltern waren, spielte es keine große Rolle, wer die Kinder nun aufzog. Die Vereinigungskirche verbarg diese rechtlich unhaltbare Vorgehensweise unter dem Deckmantel der Adoption, aber im Grunde war es so, daß wir innerhalb der Kirche unsere Kinder teilten wie Nachbarn sich einen Gartenschlauch borgten.

Im Februar versammelten wir uns für die Doppelhochzeit im Haupthaus von Belvedere so wie zwei Jahre zuvor zu meiner eigenen Trauung. In ihren zeremoniellen weißen Gewändern nahmen Reverend Mun und seine Gattin zuerst die Vermählung ihrer Tochter In Jin mit Jin Sung Pak vor. Gleich nach der Zeremonie verstummten alle Anwesenden, als Hoon Sook in einem aufwendigen weißen Hochzeitskleid mit Schleier die Bibliothek betrat. Sie war eine ausgesprochen hübsche junge Frau, einundzwanzig und angehende Ballerina. Reverend Mun würde später in Korea die *Universal Ballet Company* gründen, wo sie ihr Talent unter dem Künstlernamen Julia Mun ins rechte Licht rücken konnte.

Sie trug eine gerahmte Photographie Heung Jins den Gang hinunter vor sich her. Mein Mann, Hyo Jin, nahm den Platz seines verstorbenen Bruders an der Seite der Braut ein. Er sprach das Gelöbnis, das Heung Jin nicht mehr aufsagen konnte. Hoon Sook war eine so schöne Braut, daß es mir in der Seele weh tat, daß sie nie einen lebenden Bräutigam haben würde. Als mein Blick jedoch auf Hyo Jin fiel, regte sich noch etwas anderes in mir. Es war Neid. Wie viel besser war es doch, von einem Toten geliebt zu werden als ein trauriges Dasein zu führen an der Seite eines Mannes, den man nicht liebte und der einen ebensowenig mochte.

Diese Zeremonie wäre jedem Außenstehenden zweifellos sonderbar erschienen, aber Reverend Mun vereinte häufiger Lebende und Tote im heiligen Bund der Ehe. Ältere alleinstehende Mitglieder wurden oft mit verstorbenen Mitgliedern verheiratet. In einem Akt, der als sein arrogantester gewertet werden muß, verheiratete Sun Myung Mun tatsächlich Jesus mit einer älteren Koreanerin. Aufgrund der Lehre der Vereinigungskirche, derzufolge nur verheiratete Paare ins Himmelreich einkehren können, bedurfte sogar Jesus der Intervention Reverend Muns, um die Himmelspforte zu durchschreiten.

Ein paar Jahre nach ihrer Heiligen Hochzeit sollten Julia

Mun und der lange verstorbene Heung Jin Eltern werden. Natürlich brachte sie nicht wirklich ein Kind zur Welt. Heung Jins jüngerer Bruder Hyun Jin und seine Frau überließen Julia einfach ihren neugeborenen Sohn Shin Chul, damit sie diesen als ihren eigenen aufziehen konnte.

Aber die Zivilbehörden ahnten nichts von diesen angeblichen wunderbaren Ereignissen. Vier Monate nach Heung Jins Tod weigerte sich das Berufungsgericht kommentarlos, Sun Myung Muns Verurteilung wegen Steuerhinterziehung neu zu verhandeln. Sechzehn *amici curiae* Beschwerden von Organisationen wie dem Nationalen Kirchenrat, der Amerikanischen Vereinigung für Zivilrechte und der *Southern Christian Leadership Conference* prangerten den Fall als eklatante religiöse Verfolgung an, der verheerende Auswirkungen auf die freie Religionsausübung haben würde. Wenn Sun Myung Mun angeklagt werden konnte, sagte man sich, welcher unbeliebte Prediger würde dann der nächste sein?

»Hiermit wurde ein Präzedenzfall geschaffen, der es der Regierung ermöglicht, die internen Finanzangelegenheiten jeder religiösen Organisation zu kontrollieren«, warnte Reverend George Marshall von der *Unitarian-Universalist Association*.

Reverend Marshall war einer von 400 religiösen Führern, sie sich landesweit bei Demonstrationen für Mun einsetzten. Reverend Edward Sileven, ein Baptistenprediger aus Louisville, Nebraska, verglich Muns Leidensweg mit seinem eigenen. Sileven hatte acht Monate im Gefängnis gesessen, weil er sich geweigert hatte, einem Gerichtsbeschluß Folge zu leisten und seine nicht staatlich anerkannte, fundamentalistische christliche Schule zu schließen. »Die Leute fragen mich, ob ich mir nicht komisch dabei vorkomme, auf einer Demonstration für Mun zu erscheinen. Aber ich kämpfe lieber ab und an für euer aller Freiheit, anstatt mit euch in einem Konzentrationslager zu enden.«

Jeremiah S. Gutman, Vorsitzender der *New York Civil Liberties Union*, organisierte ein *ad hoc* Komitee von religiösen und zivilrechtlichen Vertretern, um gegen etwas zu protestieren, das er als »unverzeihliche Einmischung in interne religiöse Angelegenheiten« bezeichnete.

Ein juristisches Komitee des US Senats unter Vorsitz von Senator Orrin G. Hatch prüfte den Fall Mun und stimmte dem zu:

Wir haben einen Neuling in unserem Land krimineller und vorsätzlicher Vergehen beschuldigt wegen eines Verhaltens, das bei einem großen Prozentsatz unserer eigenen religiösen Führer üblich ist, sprich, wegen der Einzahlung von Kirchengeldern auf Konten, die auf seinen eigenen Namen lauten. Katholische Priester tun das. Baptistenprediger tun das, und Sun Myung Mun hat es genauso gehalten.

Ganz egal, von welcher Warte aus man es betrachtet, Tatsache ist, daß wir einen nicht Englisch sprechenden Ausländer bei seiner ersten Steuererklärung in diesem Land der Steuerhinterziehung bezichtigt haben. Mir scheint, wir haben ihm keine faire Chance eingeräumt, unsere Gesetze verstehen zu lernen. Wir haben keine zivilrechtliche Strafe als erste Verwarnung verhängt. Wir haben ihm nicht die Möglichkeit eines Irrtums eingeräumt. Statt dessen haben wir eine Theorie der Steuerhinterziehung in Höhe von weniger als 10 000 Dollar in einen Schuldspruch mit einer Gefängnisstrafe von 18 Monaten in einer Bundesjustizvollzugsanstalt verwandelt.

Nachdem mein Unterausschuß diesen Fall von beiden

Seiten sorgfältig und objektiv geprüft hat, bin ich zu dem Schluß gekommen, daß dem Angeklagten hier Ungerechtigkeit widerfahren ist. Der Fall Mun legt den Verdacht nahe, daß wenn jemandes Ansichten nur unbeliebt genug sind, dieses Land einen Weg finden wird, nicht zu tolerieren, sondern zu verurteilen.

Reverend Charles V. Bergstrom vom *Lutheran Council* in Amerika sagte als Zeuge vor Hatchs Komitee aus, hielt sich jedoch bedeckter bezüglich seiner Einschätzung der Vorwürfe der Steuerhinterziehung gegen Sun Myung Mun. »Ich bezweifle, daß er einen fairen Prozeß hatte. Das Gericht hat Reverend Muns Antrag abgelehnt, einen Richter über diesen Fall urteilen zu lassen, und der Richter hat die Jury angewiesen, ihn in dem Prozeß nicht als religiöse Person zu betrachten. Andererseits muß ich auch fragen: Warum mußte er mit solchen Summen Bargeld jonglieren?«

Die Antwort war jedem innerhalb der Kirche klar: Die Vereinigungskirche funktionierte vor allem durch Bares. Ich sah regelmäßig japanische Kirchenführer mit Papiertüten voller Bargeld in East Garden vorsprechen, Geld, das Reverend Mun entweder einsteckte oder am Frühstückstisch an die Direktoren verschiedener kircheneigener Unternehmen verteilte. Die Japaner hatten keine Schwierigkeiten, das viele Geld in die USA einzuschleusen; sie erklärten den Zollbeamten einfach, sie wären nach Amerika gekommen, um sich in Atlantik City beim Glücksspiel zu amüsieren.

Hinzu kam, daß zahlreiche kircheneigene Geschäfte bar abgewickelt wurden; beispielsweise gehörten mehrere japanische Restaurants in New York City zum Mun-Imperium. Ich sah, wie Bargeldsendungen aus verschiedenen Kirchenniederlassungen direkt in den Wandsafe in Mrs. Muns Kleiderschrank wanderten. Aus diesen Reserven verteilte sie sporadisch Gelder an die Küchenangestellten für den Ankauf von Lebensmitteln oder schenkte einem Kind, das gerade bei Himmel-und-Hölle gewonnen hatte, 500 Dollar.

Innerhalb der Kirche zweifelte niemand daran, daß Reverend Mun seine religionsbezogene Steuerbefreiung dazu benutzte, geschäftliche Profite zu erzielen. Profit zu machen war der Kern seiner religiösen Philosophie. Im Herzen Kapitalist, predigte Reverend Mun, daß er die Weltreligionen nicht vereinigen könne, ohne ein Netzwerk von Geschäften aufzubauen, um die Gläubigen zu unterstützen. Zu diesem Zweck hat er Lebensmittelfabriken, Fischereiflotten, Autofabriken, Zeitungen sowie Unternehmen, die alles mögliche von Maschinenwerkzeugen bis hin zu Computersoftware herstellen, entweder gegründet oder aufgekauft.

Ganz egal, was die Anwälte vor Gericht behauptet haben, intern bestreitet niemand, daß Reverend Mun Kirchenerträge und Geschäftsgelder vermischt hat. Wie oft hatte ich mitgehört, wie Kirchenberater empfahlen, Kirchengelder in seine Firmen und politischen Unternehmungen fließen zu lassen, weil seine religiösen, geschäftlichen und politischen Ziele dieselben wären: Weltherrschaft für die Vereinigungskirche. Die Steuergesetze der USA waren anzuprangern, nicht Sun Myung Mun. Das Gesetz der Menschen mußte hinter der Mission des Messias zurückstehen.

Die Philosophie Reverend Muns klang noch recht glaubhaft: »Die Welt entwickelt sich rasch zu einem globalen Dorf. Überleben und Wohlergehen aller sind von einem Geist der Zusammenarbeit abhängig. Die menschliche Spezies muß sich als eine einzige Familie begreifen.« Was seine zivilen Anhänger und Vertreter des Prinzips der Willensfreiheit außerhalb der Vereinigungskirche jedoch nicht erkannten, war, daß Sun Myung Mun, und nur er allein, das Oberhaupt dieser Familie war.

Daß Kirchengelder für die Finanzierung seiner antikommunistischen Propaganda verwendet wurden, war eine Tatsache und Teil der Kirchenphilosophie. 1980 hatte Reverend Mun CAUSA gegründet, eine antikommunistische Organisation, die die Kirche als »nicht profitorientierte, nicht-sektiererische, erzieherische und soziale Organisation« beschrieb, »die eine Gott-bejahende Perspektive von Ethik und Moral als Grundlage freier Gesellschaften bietet«. In der Praxis bedeutete das, daß CAUSA dringend benötigte Gelder beschaffte, die dazu dienten, den kommunistischen Bewegungen in El Salvador und Nicaragua entgegenzuwirken.

Reverend Mun scheute sich nie, auf die Ursprünge seiner antikommunistischen Einstellung hinzuweisen. »Die Notwendigkeit der Einheit zwischen den Gott-bejahenden Menschen dieser Welt wurde Reverend Mun klar, als er Ende der vierziger Jahre wegen seines christlichen Glaubens von nordkoreanischen Kommunisten eingesperrt und gefoltert wurde. CAUSA ist aus seinem Engagement für Amerika und weltweite Freiheit heraus entstanden.«

In den achtziger Jahren stand Lateinamerika im Mittelpunkt von Reverend Muns antikommunistischem Eifer. Die Missionare, die er dorthin schickte, um antikommunistische Sympathisanten in diesen Ländern zu unterstützen, trugen keine Kirchengewänder. Sie reisten im Anzug an, als Vertreter der zahlreichen »wissenschaftlichen« Einrichtungen, die Vater in aller Stille gründete und finanzierte, ohne einen offenen Bezug zu Sun Myung Mun oder die Vereinigungskirche. Einrichtungen wie *Association for the Unity of Latin Amerika, International Conference on Unity in the Sciences, Professors World Peace Academy, Washington Institute for*

Values in Public Policy, American Leadership Conference und *International Security Council* lieferten Muns »Missionaren« akademische Fassaden für ihr Wirken. Redner auf Konferenzen, die von diesen Gruppierungen gesponsort wurden, darunter zahlreiche prominente Persönlichkeiten aus Medien, Politik und Wissenschaft, wußten nur selten, daß ihr Honorar und ihre Spesen von Sun Myung Mun bezahlt wurden.

Die Muns persönlich hatten eine fast körperliche Aversion gegen das Zahlen von Steuern. Die Kirchenanwälte verbrachten die meiste Zeit damit, Mittel und Wege zu finden, die Steuer zu umgehen. Darum war der *True Family Trust* auch nicht bei einer US-Bank eingerichtet worden, sondern bei einem Institut in Liechtenstein.

Erst rückblickend erkenne ich die Falschheit von Sun Myung Muns Vorwürfen religiöser Verfolgung zum Zwecke der Manipulation des Gesetzes zu seinem eigenen Vorteil. Damals war ich noch ein leicht zu beeinflussender Teenager, eine frischgebackene Mutter und gläubige Anhängerin der Vereinigungskirche. In jenem Jahr kehrte ich das erste Mal nach Korea zurück, um ein dauerhafteres Visum zu beantragen. Ich hielt mich seit drei Jahren illegal in den Vereinigten Staaten auf, als die Muns beschlossen, daß es an der Zeit wäre, meinen Einwanderungsstatus zu legalisieren. Ich war nicht die einzige Illegale. In East Garden wimmelte es von Dienstmädchen, Küchenschwestern, Babysittern und Gärtnern, die mit einem Touristenvisum eingereist waren und in der Subkultur der Vereinigungskirche untergetaucht waren.

Damals war mir nicht klar gewesen, daß wir gegen das Gesetz verstießen. Aber auch wenn ich es gewußt hätte, hätte es mir nichts ausgemacht. Gottes Gesetz rangierte über dem Zivilrecht, und Vater war Gottes Vertreter auf Erden.

Sogar die Bedeutung von Reverend Muns Prozeß im Vorjahr war mir nicht bewußt. Aber Gefängnis? Das verstand ich. Uns allen wurde schwer ums Herz, als uns klar wurde, daß Vater wahrhaftig für anderthalb Jahre eingesperrt werden würde.

Am 20. Juli 1984 um 11.00 Uhr wurde Sun Myung Mun in das Bundesgefängnis in Danbury, Connecticut, überstellt. Einen Tag vor Antritt seiner Haftstrafe war Vater im Haupthaus von East Garden mit den Kirchenführern von 120 Ländern zusammengekommen. Er versicherte ihnen, daß er lediglich seine Operationsbasis von daheim ins Gefängnis verlegen würde. Seine Lebensumstände in Danbury sollten ganz andere sein als bisher. Dort brachte man ihn zusammen mit 40 oder 50 Insassen in einem schlafsaalähnlichen Gebäude unter, er mußte Fußböden wischen und die Tische in der Gefängniscafeteria sauber halten.

Alle zwei Tage durfte er Besuch empfangen. Ich begleitete Mrs. Mun pflichtschuldig, um die beiden bei ihren Treffen zu bedienen. Ich holte Snacks aus den Verkaufsapparaten, löste auf Mutters Anweisung hin schwarzen Ginsengextrakt in Tassen mit Instantsuppe auf, damit Vater die Kraft haben würde, die Haft durchzustehen. Die Direktoren seiner diversen Unternehmen sowie verschiedene Kirchenführer berieten sich häufig mit ihm. Die Geschäfte der Vereinigungskirche wurden ohne Unterbrechung weitergeführt.

Bei jedem Besuch bei Vater gab er uns Kindern Hausaufgaben auf wie das Verfassen eines Gedichtes oder von Essays. Die lasen wir ihm dann bei einem unserer nächsten Besuche vor. Ich erinnere mich noch an einen Titel, den er mir diktierte: »Das Leben einer Dame«.

In Jin übernahm es, ihren Vater in der Öffentlichkeit zu

verteidigen. Bei einer Demonstration für religiöse Freiheit in Boston sagte sie vor 350 Anhängern, daß Sun Myung Muns Schicksal jenem des sowjetischen Dissidenten Andrej Sacharow, Nobelpreisträger für Physik, ähnlich sei. »Diese Zeit ist für mich sehr schwer zu ertragen und zu verstehen«, teilte sie ihrem Publikum mit. »1971 kam er dem Wort Gottes gehorchend in dieses Land. In den vergangenen 12 Jahren hat er Tränen und Schweiß für Amerika vergossen. Er hat mir gesagt, Gott bräuchte Amerika, um die Welt zu retten. Jetzt ist er 64 Jahre alt und hat sich keines Verbrechens schuldig gemacht. Als ich ihn im Gefängnis besucht und in Sträflingskleidung gesehen habe, heulte ich mir die Augen aus. Er sagte mir, ich solle nicht weinen und auch nicht wütend sein. Er sagte mir und Millionen anderen Anhängern, daß wir unsere Wut und Trauer in Taten umsetzen sollten, um dieses Land wieder wahrhaft frei zu machen.«

In Jin teilte sich an diesem Abend die Bühne mit dem ehemaligen US-Senator Eugene McCarthy, der Vaters Verurteilung als Bedrohung für die Freiheit bezeichnete. Reverend Muns Gefängnisstrafe entwickelte sich zu einem gelungenen PR-Coup für die Vereinigungskirche. Über Nacht verwandelte er sich von einem verachteten Sektenführer in ein Symbol religiöser Verfolgung. Wohlmeinende Befürworter der individuellen Gedanken- und Handlungsfreiheit ernannten Sun Myung Mun zum Märtyrer ihrer Sache. Auch sie wurden hereingelegt.

Die *Shaw Divinity School* in Raleigh, North Carolina, verlieh Vater während seiner Inhaftierung den Ehrendoktortitel. Die Schule zeichnete Sun Myung Mun für seine »humanitären Beiträge auf verschiedenen Gebieten aus: soziale Gerechtigkeit, Bestrebungen, das menschliche Elend zu lindern, religiöse Freiheit und dem weltweiten Kampf gegen den Kommunismus«. Joseph Page, der zweite Vorsitzende dieser Schule beharrte darauf, daß die 30 000-Dollar-Spende der Vereinigungskirche das Komitee bei seiner Entscheidung, Reverend Mun zu ehren, in »keiner Weise« beeinflußt habe.

Während er in Haft saß, schickte Reverend Mun Hyo Jin nach Korea, wo er einen speziellen Workshop für Gesegnete Kinder, die Söhne und Töchter früher Mitglieder, organisieren sollte. »Vorher strebte jeder in eine andere Richtung und es gab unter ihnen keinerlei Disziplin«, sagte Sun Myung Mun später in einer Rede. »Aber inzwischen wurden sie in einer bestimmten Ordnung zusammengeführt. Es ist bedeutsam, daß dies geschehen ist, während ich meine Gefängnisstrafe absaß, weil nach Jesu Kreuzigung seine sämtlichen Jünger auseinandergingen und davonliefen. Dahingegen haben die Gesegneten Kinder auf der ganzen Welt sich während meiner Haft zusammengeschlossen, anstatt das Weite zu suchen.«

Während Vater in der Zeit seiner Haft Respektabilität unter Christen anderer Glaubensgemeinschaften gewann und seinen Zugriff auf die zweite Generation Kirchenmitglieder festigte, gewann sein Sohn posthum immer mehr an Bedeutung. Berichte von angeblichen Botschaften Heung Jins häuften sich, wenn es auch manchen an Tiefe mangelte: »Liebe Brüder und Schwestern aus Bay Area: Hi! Hier spricht das Team von Heung Jin Nim und Jesus. Wir müssen unter euch Fuß fassen und wahren Sonnenschein hierher nach Kalifornien bringen«, lautete eine solche Botschaft auf offiziellem Briefpapier der Vereinigungskirche. Angeblich war sie während einer Trance von einem Kirchenmitglied aufgeschrieben worden.

»Unser Bruder hat Botschaften von Heung Jin Nim, dem heiligen Franz, dem heiligen Paulus, Jesus, Maria und anderen Geistern empfangen«, schrieb Young Whi Kim, ein Kirchentheologe über ein solches Medium. »Sie alle bezeichnen Heung Jin Nim als den neuen Christus. Außerdem nennen sie ihn den Jungkönig des Himmels. Er ist in der Geisterwelt der König des Himmels. Jesus arbeitet mit ihm zusammen und ist ständig an seiner Seite. Jesus selbst bestätigt, daß Heung Jin Nim der neue Christus ist. Er ist jetzt Mittelpunkt der Geisterwelt. Das bedeutet, daß er einen höheren Rang einnimmt als Jesus.«

Unten auf der Erde wurde Reverend Mun am 20. August 1985 nach 13 Monaten Haft entlassen. Seine neuen Freunde in der religiösen Gemeinschaft jubelten. Reverend Jerry Falwell von *Moral Majority* und Reverend Joseph Lowery von *Southern Christian Leadership Conference* forderten Präsident Ronald Reagan auf, Vater zu rehabilitieren. 2000 Geistliche, darunter Falwell, Lowery und einige andere prominente religiöse Führer, hielten ihm zu Ehren in Washington DC ein »God and Freedom Banquet« ab.

In East Garden war es, als wäre Vater nicht von einer Gefängnisstrafe heimgekehrt, sondern von einer Vortragsreise um die Welt. Der alte Rhythmus kehrte wieder ein. Die Besprechungen um den Frühstückstisch wurden wiederaufgenommen. Aber etwas hatte sich verändert: Nach der Entlassung aus dem Gefängnis klangen Reverend Muns sonntägliche Predigten in Belvedere plötzlich anders. Er sprach immer weniger von Gott und immer mehr von sich selbst. Er schien besessen zu sein von seiner Vision seiner selbst nicht nur als Bote Gottes, sondern als eine Art historische Figur. Während ich mir früher seine Predigten auf der Suche nach spirituellen Erkenntnissen sehr aufmerksam angehört hatte, fühlte ich mich jetzt zunehmend unbehaglich und weniger engagiert.

Reverend Muns Hochmut gipfelte schließlich später in diesem Jahr in einer geheimen Zeremonie, bei der er sich und Hak Ja Han Mun wahrhaftig zu Kaiser und Kaiserin des Universums krönte. Die Vorbereitungen für dieses pompöse, geheime Ereignis in Belvedere nahmen Monate in Anspruch und verschlangen Hunderttausende von Dollar.

Kirchenfrauen wurden beauftragt, die königlichen Gewänder aus der Yi-Dynastie nachzuschneidern, deren 500 Jahre währende Regierungszeit im neunzehnten Jahrhundert geendet hatte. Anderen wurde befohlen, massive Kronen aus Gold und Jade zu entwerfen, die jenen alter Stammeskönige nachempfunden waren. Meine Mutter hatte zur Aufgabe, Meter über Meter Seide, Satin und Brokat zu kaufen und in Korea Schneiderinnen zu beauftragen, die diese kostbaren Rohmaterialien in Kostüme eines königlichen Hofstaates verwandelten. Alle zwölf Kinder Sun Myung Muns, seine sämtlichen Schwiegertöchter und -söhne sowie seine Enkel sollten wie Prinzen und Prinzessinnen ausstaffiert werden.

Letztendlich erinnerte Sun Myung Muns Krönungszeremonie weniger an eine historische Rekonstruktion denn an eine koreanische Seifenoper, die zur Zeit der Yi-Dynastie spielte. Ich kam mir albern vor, als wäre ich für eine historische Komödie ausgestattet anstatt für eine geheiligte religiöse Zeremonie. Reverend Mun war bewußt, welchen Eindruck solch monumentaler Selbstkult auf die Öffentlichkeit machen würde, so daß er Photos von der eigentlichen Zeremonie verbot. Geladene Gäste, allesamt hochrangige Kirchenangehörige, die mit Photoapparat anreisten, mußten diese bei den Wachleuten abgeben, die die Tore gegen Neugierige sicherten.

Mit seiner goldenen Krone und den kostbaren Roben sah Sun Myung Mun für mich aus wie ein moderner Karl der Große. Der Unterschied war, daß dieser neue Kaiser keinen Papst als übergeordnete Autorität anerkannte, und da es keine höhere Instanz gab als Reverend Mun, mußte der Messias sich selbst zum Kaiser des Universums krönen.

Die Krönung war für mich und meine Eltern ein Wendepunkt. Zum erstenmal äußerten wir einander gegenüber unsere Zweifel an Sun Myung Mun. Das fiel uns nicht leicht. Es wurde viel geschrieben über den Zwang und die Gehirnwäsche innerhalb der Vereinigungskirche. Ich erlebte an mir selbst eine Konditionierung. Man lebt isoliert inmitten gleichdenkender Menschen. Man wird mit Botschaften bombardiert, die Gehorsam über kritisches Denken stellen. Das eigene Glaubenssystem wird an jeder Ecke bekräftigt. Je länger man in der Kirche ist, desto mehr verinnerlicht man diese Überzeugungen. Und wer will nach zehn oder zwanzig Jahren schon zugeben, sei es auch nur vor sich selbst, daß er auf Sand gebaut hat?

Ich ganz sicher nicht. Ich gehörte zum inneren Kreis. Ich hatte genug Güte bei Reverend Mun gesehen, um seine eklatanten Verfehlungen zu entschuldigen – die Tolerierung des Verhaltens seines Sohnes, die Mißhandlungen seiner Kinder und seine verbalen Übergriffe mir gegenüber. Ihn nicht zu entschuldigen würde bedeuten, mein ganzes Leben in Frage zu stellen. Und nicht nur mein eigenes Leben. Meine Eltern hatten 30 Jahre lang ihre eigenen Zweifel verdrängt. Mein Vater hatte die Willkür toleriert, mit der Sun Myung Mun seine Geschäfte führte, hatte mitangesehen, wie er Speichellecker beförderte und solche Angestellte feuerte, die auch nur die geringste Unabhängigkeit bekundeten. Mein Vater hatte sich nur deshalb an der Spitze des Pharmakonzerns *Il Hwa* halten können, weil er Reverend Muns häufige öffentliche Demütigungen hingenommen hatte. Reverend Mun seinerseits hatte meinen Vater auf seinem Posten belassen, weil *Il Hwa* ihm weiterhin viel Geld einbrachte.

Aber wenn die Vergöttlichung Heung Jins und die Krönungszeremonie meinen Glauben auf eine harte Probe stellten, wurde er vom Auftauchen des Schwarzen Heung Jin beinahe zerstört. Zahlreiche Berichte von Besessenheit durch Sun Myung Muns toten Sohn kamen aus Afrika. 1987 reiste Reverend Chung Hwan Kwak nach Simbabwe, um Berichten nachzugehen, denen zufolge Heung Jin sich dort des Körpers eines Mannes bemächtigt habe und durch diesen spreche. Reverend Kwak erklärte sich nach seiner Rückkehr nach East Garden davon überzeugt, daß die Besessenheit echt sei. Wir versammelten uns alle beim Abendessen, um uns seine Eindrücke anzuhören.

Der Mann aus Simbabwe war älter als Heung Jin, konnte also nicht die Reinkarnation des Sohnes von Sun Myung Mun sein – einmal abgesehen davon, daß die Vereinigungskirche die These der Reinkarnation sowieso ablehnte. Statt dessen stellte sich der Afrikaner Reverend Kwak als körperliches Gefäß von Heung Jins Geist vor. Reverend Kwak hatte ihn gefragt, wie es wäre, in die Geisterwelt einzugehen. Der schwarze Heung Jin antwortete, daß er beim Eingang in das Himmelreich sofort allwissend geworden sei. Die Wahre Familie brauche während ihres irdischen Daseins nichts zu lernen, weil sie bereits vollkommen wäre. Das Wissen würde ihren Mitgliedern zuteil werden, sobald sie die Geisterwelt betraten.

Diese Erklärung gefiel Hyo Jin in dem Maße, wie sie mich vor den Kopf stieß. Er hatte mit einigen Kursen an der *Pace University* und dem *Unification Church Seminary* in Barrytown, New York, geliebäugelt, aber mein Ehemann interessierte sich mehr fürs Trinken als fürs Lernen. Ich war schockiert von der Behauptung, daß wir nicht arbeiten müßten, um Gottes Wohlwollen zu erlangen. Wir in der Vereinigungskirche mochten ja Gottes auserwähltes Volk sein, aber ich glaubte trotzdem, daß unser Streben auf Erden unseren Platz in einem späteren Dasein bestimmte. Wir mußten uns unseren Platz im Himmel verdienen.

Reverend Mun reagierte begeistert auf die Nachrichten aus Afrika. Die Vereinigungskirche hatte ihre Rekrutierungsbemühungen in letzter Zeit vor allem auf Lateinamerika und Afrika konzentriert. Da konnte ein schwarzer Heung Jin nicht schaden. Ohne dem Mann je begegnet zu sein, der behauptete, vom Geist seines toten Sohnes besessen zu sein, gestattete Sun Myung Mun dem schwarzen Heung Jin die Welt zu bereisen, zu predigen und Kirchenmitgliedern, die vom rechten Weg abgekommen waren, die Beichte abzunehmen.

Beichten wurden bald zum Kernpunkt der Mission des schwarzen Heung Jin. Er reiste nach Europa, Korea und Japan und züchtigte jene, die gegen die Kirchenlehren verstoßen und Alkohol getrunken, Drogen konsumiert oder vorbeziehungsweise außerehelichen Sex praktiziert hatten. Der schwarze Heung Jin verbrachte ein Jahr auf Reisen und legte jenen, die Buße tun wollten, körperliche Strafen auf, ehe Sun Myung Mun ihn schließlich nach East Garden holte.

Wir versammelten uns um Vaters Frühstückstisch, um ihn zu begrüßen. Er war ein mittelgroßer hagerer Farbiger, der besser Englisch sprach als Sun Myung Mun. Mir schien er sehr bestrebt zu sein, die Wahre Familie einzulullen, so wie eine Schlange ihre Beute umschlingt, bevor sie sie frißt. Ich wollte endlich einen konkreten Beweis dafür bekommen, daß diesem Mann der Geist des Jungen innewohnte, den ich einmal gekannt hatte. Es sollte keinen geben. Reverend Mun stellte ihm theologische Standardfragen, die jedes Mitglied, das mit den »Göttlichen Prinzipien« vertraut war, hätte beantworten können. Es gab weder außergewöhnliche Offenbarungen noch besondere religiöse Einblicke. Am meisten beeindruckte Vater vermutlich seine Fähigkeit, Reden Sun Myung Muns zu zitieren.

Reverend und Mrs. Mun regten an, daß wir Kinder uns allein mit dem schwarzen Heung Jin unterhielten und ihnen hinterher unseren Eindruck mitteilten. Es war ein sonderbares Treffen. Hyun Jin, Kook Jin und Hyo Jin stellten dem Fremden allerlei Fragen zu ihrer Kindheit. Er konnte keine einzige beantworten. Er erklärte uns, daß er sich nicht an sein irdisches Leben erinnern könne. Anstatt diese Behauptung mit Skepsis aufzunehmen, wurde der praktische Gedächtnisverlust des schwarzen Heung Jin als ein Zeichen dafür interpretiert, daß er die irdischen Sorgen mit seinem Eintritt ins Himmelreich hinter sich gelassen hatte. Alle Mitglieder der Familie umarmten ihn und sprachen ihn mit dem Namen ihres verstorbenen Bruders an. Ich mied ihn und sagte mir, daß ich entweder mit den dümmsten oder mit den naivsten Menschen auf der Welt zusammenlebte. Aber es gab noch eine andere Möglichkeit, die ich damals jedoch noch nicht in Betracht zog: Reverend Mun benutzte den schwarzen Heung Jin zu seinen eigenen Zwecken, so wie er vorher schon die amerikanische Vereinigung für Gedanken- und Handlungsfreiheit benutzt hatte.

Sun Myung Mun schien Gefallen zu haben an den Berichten von den Prügelstrafen, die auf Anweisung des schwarzen Heung Jin Kirchenmitgliedern auferlegt wurden, die sich irgendeiner Verfehlung schuldig gemacht hatten. Er lachte rauh, wenn mit jemandem, der in Ungnade gefallen war, besonders hart verfahren wurde. Niemand außerhalb der Wahren Familie war gegen die Prügelstrafen gefeit. Kirchenführer weltweit versuchten, ihren Einfluß geltend zu machen, um nicht vor dem schwarzen Heung Jin die Beichte ablegen zu müssen. Mein eigener Vater appellierte vergebens an Reverend Kwak, um einer solchen Sitzung zu entgehen.

Der schwarze Heung Jin war ein vorübergehendes Phänomen innerhalb der Vereinigungskirche. Schon bald waren seine Mätressen so zahlreich und seine Prügelstrafen so streng, daß einzelne Mitglieder sich beklagten. Mrs. Muns Dienstmädchen Won Ju McDewitt, eine Koreanerin, die ein amerikanisches Kirchenmitglied geheiratet hatte, erschien eines morgens mit einem blauen Auge und Prellungen am ganzen Leib zur Arbeit. Der schwarze Heung Jin hatte sie mit einem Stuhl verprügelt. Er verprügelte Bo Hi Pak, einen Mann in den Sechzigern, so brutal, daß dieser eine Woche im *Georgetown Hospital* stationär behandelt werden mußte. Er erzählte den Ärzten dort, er sei eine Treppe hinuntergefallen. Später mußte ein geplatztes Blutgefäß in seinem Kopf operiert werden.

Sun Myung Mun wußte, wann es an der Zeit war, Schadensbegrenzung zu betreiben. Wenn man der Messias ist, ist es leicht, eine Kurskorrektur vorzunehmen. Nachdem erst klar geworden war, daß er sich von der Gewalt lossagen mußte, die über die Mitglieder seiner Kirche gekommen war, ließ Sun Myung Mun einfach verbreiten, Heung Jins Geist habe den Schwarzen verlassen und sei in den Himmel zurückgekehrt. Der Mann aus Simbabwe war jedoch nicht geneigt, seine Macht wieder aufzugeben und gründete einen eigenen Kult in Afrika mit ihm selbst in der Rolle des Messias.

8. Kapitel

Im Mai 1986 hatte ich gerade meine letzte Semesterprüfung an der *New York University* abgelegt, als Hyo Jin aus Korea anrief. Er war seit Wochen in Seoul. Er vermisse mich und das Baby, sagte er. Wir sollten baldmöglichst zu ihm kommen.

Es war mein erstes Jahr am College. Die Muns hatten sich einverstanden erklärt, mich studieren zu lassen, weil sie meinten, daß mein akademischer Erfolg ihnen eines Tages zur Ehre gereichen würde. In den letzten Tagen war ich immer erst spät zu Bett gegangen, weil ich für die Prüfungen gelernt und Arbeiten geschrieben hatte. Ich wollte gut abschneiden, nicht nur, um vor Reverend und Mrs. Mun die Ausgaben für meine Ausbildung zu rechtfertigen, sondern auch um selbst stolz sein zu können auf meine Leistungen im ersten Semester.

Der Hörsaal war der einzige Ort in meinem Leben, an dem ich ein Gefühl von Kontrolle hatte. Ich wußte, wie man lernt, wie man Stoff einpaukt und wie man sich auf Prüfungen vorbereitet. Ich hatte zwar keine Ahnung von kritischem Denken, aber das war auch selten notwendig, um gute Noten zu erzielen. Die Fähigkeit des Auswendiglernens, die ich als Kind in Korea erworben hatte, war mir auch an der amerikanischen Hochschule von Vorteil.

Die *New York University (NYU)* war nicht meine erste Wahl gewesen. Ursprünglich wollte ich auf das *Barnard College*, das Frauencolleg der *Columbia University*. Ich wußte, daß es eine der renommierten »Seven Sisters« Schulen war und fühlte mich dadurch sicherer, daß meine Komilitonen dort nur Frauen sein würden. Ich war zwar verheiratet und Mutter, fühlte mich Männern gegenüber aber immer noch so linkisch und unsicher wie ein Teenager.

Barnard wollte mich aber nicht aufnehmen. Ich hatte mich dummerweise als »Early-decision« Kandidatin, also für einen kurzfristigen Studienbeginn, beworben, eine Alternative, die nur für die allerbesten Studenten im Rahmen des Möglichen lag. Meine Noten waren gut, aber meine Essays verrieten den Mangel an eigenständiger kritischer Denkweise, die mein Leben zu jener Zeit charakterisierte. Nach dieser ersten Ablehnung war ich entschlossen, an der NYU so gut zu werden, daß *Barnard* es sich später noch einmal überlegen und mir dann doch eines Tages den Wechsel dorthin erlauben würde.

Als Hyo Jin mich nach Seoul beorderte, war ich zudem gerade im ersten Viertel einer neuen Schwangerschaft, und die Aussicht auf einen so langen Flug in Begleitung eines Kleinkindes war alles andere als verlockend. Außerdem machte ich mir nach der letzten Schwangerschaft, die mit einer Fehlgeburt geendet hatte, Sorgen, daß es erneut zu einem Abort kommen könnte. Andererseits kam es so selten vor, daß Hyo Jin mich auch nur anrief, wenn er fort war, und erst recht, daß er danach verlangte, mich zu sehen, daß ich dies voreilig als hoffnungsvolles Zeichen auf eine Verbesserung unserer Beziehung interpretierte.

Der Flug erwies sich als genauso strapaziös wie ich befürchtet hatte. Meine Tochter war zu aufgekratzt, um zu schlafen, und schüttelte mich jedesmal, wenn ich die Augen gerade zugemacht hatte. Ich hielt mich mit optimistischen Gedanken wach und sagte mir, daß Gott die Zeit genutzt haben mußte, um Hyo Jins Herz zu erweichen.

Ich wurde eines Besseren belehrt, kaum daß meine Tochter und ich in der Mun-Residenz in Seoul eintrafen. Hyo Jin hatte mich förmlich angefleht, zu ihm zu kommen, und jetzt wollte er nichts von uns wissen. In den letzten Jahren hatte ich mich an Hyo Jins Hang gewöhnt, mich ständig zu kontrollieren, aber die beinahe paranoide Art, in der er in Korea jeden meiner Schritte überwachte, beunruhigte mich. Als ich sagte, daß ich gern ein paar alte Freundinnen von der *Little Angels School* besuchen würde, verbot er es mir. »Du hast keine Freunde«, sagte er. »Ich bin der perfekte Freund für dich. Du brauchst niemanden sonst.«

Er rastete aus, wenn er nach Hause kam und erfuhr, daß ich zusammen mit meiner Tochter meine Eltern besucht hatte. Es war meine Pflicht als Ehefrau, daheim auf ihn zu warten, bis er nach Hause kam. Er machte mich so nervös, daß ich, immer wenn ich meine Mutter besuchte, stündlich in der Mun-Residenz anrief, um zu hören, ob er inzwischen nach mir suchte.

Reverend und Mrs. Mun waren kurz nach meiner Ankunft in Seoul von einer ihrer zahlreichen Korea-Reisen nach New York zurückgekehrt, aber viele der älteren Mun-Kinder hielten sich in Korea auf. In Jin war auch unter ihnen. Sie hatte Hyo Jin schon immer sehr nahe gestanden und mich vom ersten Tag an nicht leiden können. Ein paar Tage nach meiner Ankunft in Korea rief sie mich in ihr Zimmer. Offensichtlich war sie wütend auf mich – weswegen wußte ich nicht. Bislang hatten unsere Kontakte in Seoul sich darauf beschränkt, daß wir einander in der Halle höflich grüßten.

Ich saß auf dem Fußboden, in der angemessen demütigen Haltung vor einem Wahren Kind. »Mein Bruder arbeitet so hart, und was tust du? Nichts!« brüllte sie. »Du bist faul und verwöhnt. Nach koreanischer Tradition solltest du den Küchenboden schrubben und das Geschirr abwaschen. Du hast in dieser Familie die niedrigste Stellung inne, und das solltest du dir immer vor Augen halten.«

Ich war sprachlos, wußte aber, daß In Jin ohnehin keine Reaktion erwartete. Zu antworten wäre impertinent gewesen. Was hätte es für einen Sinn gehabt, ihr zu sagen, daß Hyo Jin mir nicht erlaubte, ihn zu Kirchenveranstaltungen zu begleiten? Was würde es mir bringen, ihr zu widersprechen? Ich ließ ihren Zorn über mich hinwegspülen. Wie oft hatte ich mich in dieser Position befunden, hatte kniend und gottergeben den Zorn der Muns über mich ergehen lassen? Es war schon schwer genug, die Beschuldigungen anzuhören, mit denen sie mich überhäuften, aber meine Unfähigkeit zu antworten reduzierte mich auf den Status eines Kleinkindes. Glaubte In Jin wirklich, daß ich es vorzog, das Leben zu leben, das ihr Bruder mir aufzwang? Glaubte sie denn, ich würde nicht lieber unter Menschen sein? War sie so blind, daß sie nicht sah, wie Hyo Jin sich in Seoul seine freie Zeit vertrieb?

Die Barszene in Seoul war sogar noch schlimmer als in New York. In Korea gab es immer jemanden, der Hyo Jin Geld gab, irgendeinen alten Freund, der sich dem einen oder anderen seiner zahlreichen Laster anschloß. Meine Mutter hatte meinen Onkel Soon Yoo gebeten, ein Auge auf ihn zu halten. Mein Onkel war ein Süßholzraspler, ein Trompetenspieler, der die Nachtclubs sogar noch besser kannte als Hyo Jin. Meine Mutter hatte eine Schwäche für ihn, weil er jener kleine Bruder war, der ihr seinerzeit ihre Schuhe gebracht hatte, als meine Großmutter sie in ihrem Zimmer eingesperrt hatte, um sie daran zu hindern, meinen Vater zu heiraten. Und doch war es schwer zu sagen, wer wen beobachtete, wenn mein Ehemann und mein Onkel beisammen waren. Nach einem Saufgelage besuchten die beiden häufig ein Dampfbad, wo Hyo Jin wie ich später erfuhr, eine Geliebte unter den Handtuchmädchen hatte.

Eines Nachts, als Hyo Jin von einer Sauftour heimkam, kniete ich im Gebet neben dem Bett, so wie jeden Abend. Ich hörte ihn das Zimmer betreten, glaubte jedoch, ich könnte mein Gebet beenden, bevor ich ihn begrüßte. Das war ein Fehler. Seine Handfläche krachte seitlich gegen meinen Kopf. Ich verlor die Kontrolle über meinen durch die Schwangerschaft umfangreicher gewordenen Körper und kippte zur Seite. »Wie kannst du es wagen, nicht aufzustehen, um deinen Ehemann zu begrüßen«, lallte er betrunken. »Ich wollte nur mein Gebet fertigsprechen«, entgegnete ich in dem verzweifelten Versuch, mich zu rechtfertigen. Hierauf hagelte es Klagen über mich und meine Eltern: Ich sei häßlich, fett und dumm; meine Eltern wären arrogant, Vater gegenüber illoyal und hätten einen schlechten Einfluß auf mich. Als er ins Bad ging, erkannte ich meine Chance und flüchtete in ein anderes Zimmer. Er folgte mir dicht auf den Fersen.

Er fing an, gegen die Tür zu hämmern. Ich hatte panische Angst und fürchtete, sein Geschrei würde unsere Tochter aufwecken. Ich rollte mich auf dem Bett zusammen, während ihr tobender Vater versuchte, die Tür einzuschlagen, die Gott sei Dank mit einem soliden Messingschloß versehen war. Nach einigen Minuten gab er es auf, und ich schlief ein. Am nächsten Morgen wurde ich von lautem Fluchen auf dem Flur geweckt. Diesmal benutzte er seine E-Gitarre als

Vorschlaghammer, aber auch diesem Angriff hielt die schwere Holztür stand. Als er ging, flüchtete ich in einen anderen Raum.

Kaum war ich in dem anderen Zimmer, das weiter unten auf dem Flur lag, verschwunden, sah ich ihn draußen auf dem Balkon. Er zertrümmerte mit seiner Gitarre das Fenster, und Scherben regneten auf den Sessel herab, auf dem ich eben noch gesessen hatte. Ich rannte die Treppe hinunter, seine zornigen Flüche im Ohr. Ich suchte Zuflucht in den Räumen eines Kirchenführers unten im Erdgeschoß. Hyo Jin brüllte weiter, ich solle herauskommen. Ich hatte Angst, war aber nicht dumm. Ich wußte, daß er mich windelweich prügeln würde, wenn ich herauskam. Und so versteckte ich mich stundenlang, während er andere im Haus mobilisierte, um mich zu suchen. Als er schließlich aufgab und das Haus verließ, rief ich hysterisch und in Tränen aufgelöst meinen Vater an. Er schickte sofort einen Wagen für mich und meine Tochter.

Es war das erstemal in meiner Ehe, daß ich um mein Leben fürchtete. Bis dahin waren die Mißhandlungen, die ich hatte erdulden müssen, mehr psychischer als physischer Natur gewesen. Im Laufe der Zeit hatte ich mir ein dickes Fell gegen seine Grausamkeiten und Drohungen wachsen lassen. Für ihn war ich »häßlich«, »fett« und »blöd«. Ohne ihn war ich »ein Nichts« und »Niemand«. Ich hielte mich für »wahnsinnig schlau«, aber er war der Sohn des Messias. Ich sei »austauschbar.« Ich hatte gelernt, nicht auf seine verbalen Attacken zu reagieren. Auf der einen Seite wußte ich, daß sein Verhalten defensiver Natur war. Hyo Jin verübelte mir die Bildung, die ich erwarb, während er seine Jugend mit Alkohol, Drogen und Prostituierten vergeudete. Ich wußte, daß es besser war, mich nicht zu wehren, wenn er mich angriff. Gegenwehr hätte seine Angriffe nur verstärkt. Ich machte mir Sorgen um Shin June und das Baby, das ich unter dem Herzen trug. Ich bedauerte zutiefst, daß meine Kinder in einer so haßerfüllten, explosiven Atmosphäre aufwachsen mußten. Meinen Kindern zuliebe schwieg ich und versuchte, ihn nicht zu provozieren. Es war ein ewiger Eiertanz; alles, was ich sagte, konnte einen Wutanfall auslösen.

In vieler Hinsicht war Hyo Jins aggressives Verhalten eine natürliche Reaktion auf das von Zwang und Kontrolle geprägte Umfeld in der Mun-Familie und in der Vereinigungskirche. Auch ich litt unter den Einschränkungen, die die Muns allen auferlegten. Der Anspruch, daß ich jederzeit kurzfristig zur Verfügung stehen mußte, um Mrs. Mun zu bedienen, machte ein Leben außerhalb des Anwesens in Irvington für mich praktisch unmöglich. Mrs. Mun betrachtete mein Studium bereits als Vergeudung kostbarer Zeit, in der ich eigentlich ihr zu Diensten hätte stehen müssen.

Ich fuhr zusammen mit anderen Gesegneten Kindern zur NYU und wieder zurück. Ich unterbrach mein Studium wegen meiner Schwangerschaften so häufig, daß ich die erlaubte Zahl an Abwesenheiten, die NYU-Studenten zugestanden wurde, überschritt. 1988 wechselte ich, nachdem ich an der NYU Bestnoten erhalten hatte, zum *Barnard*. Ein Wachmann von East Garden fuhr mich zur Uni und holte mich wieder ab. Nicht einmal die Professoren, die mir als Studienberater zur Seite standen, wußten, wer ich wirklich war.

Viel später, als ich mit Shin Ok, meinem vierten Kind, schwanger war, bat ich erneut um eine Auszeit am *Barnard College*. Meine Studienberaterin, eine ältere Professorin, war sehr besorgt, als ich ihr von meiner Schwangerschaft erzählte. »Bist du auch sicher, daß du das wirklich willst?« fragte sie sanft. »Oh, das ist schon okay. Ich bin verheiratet!« entgegnete ich lachend. Was ich ihr verschwieg, war, daß Shin Ok mein viertes Kind sein würde. Ich weiß nicht, ob *Barnard* je zuvor eine Studentin wie mich hatte.

Die Bücher, die ich las, und die Vorlesungen, die ich hörte, ermöglichten mir eine Erweiterung meines Horizontes, aber für mich war das alles nur eine rein intellektuelle Übung. In den Büchern der Wollman-Bibliothek am *Barnard College* und der Butler-Bibliothek an der *Columbia University* verschaffte ich mir keine Erkenntnisse, sondern Informationen. Ich war mein ganzes Leben darauf gedrillt worden, nichts zu hinterfragen und nichts anzuzweifeln. Keine Vorlesung über die Geschichte der Religion und kein Vortrag über die Wurzeln der messianischen Bewegungen vermochte meinen Glauben an Sun Myung Mun und die Vereinigungskirche zu erschüttern.

Eine alltägliche Auswirkung blinden Glaubens ist Isolation. Ich war von Menschen umgeben, die meine Überzeugungen teilten. Alles in meinem Leben – von meiner Aufgabe, jeden Morgen kniend Mutter und Vater zu begrüßen, bis hin zu meiner Pflicht, die Göttlichkeit meines offensichtlich mit Makeln behafteten Mannes anzuerkennen – verstärkten diese Isolation noch. Wenn ich wütend, traurig oder durcheinander war, gab es niemanden, mit dem ich über meine Gefühle hätte sprechen können. Den Muns war ich gleichgültig, meine Eltern waren am anderen Ende der Welt, und die Angestellten von East Garden sowie die gewöhnlichen Kirchenmitglieder sprachen kaum mit mir aufgrund der Achtung vor meiner gehobenen Position innerhalb der Wahren Familie.

Ich war allein. Hätte ich nicht das Gebet gehabt, hätte ich

den Verstand verloren. Gott wurde zu dem Freund und Vertrauten, den ich auf Erden nicht hatte. Er hörte sich meinen Kummer an, hatte ein offenes Ohr für mein Leid und gab mir die Kraft, mich der Zukunft mit dem Ungeheuer zu stellen, das ich geheiratet hatte.

Hyo Jins Wutausbruch in Seoul erschreckte meine Eltern. Sie wußten, daß ich es nicht leicht hatte in East Garden, aber das war das erste Mal, daß sie aus der Nähe miterlebten, was ich zu ertragen hatte. Als ich mit Shin June bei ihnen eintraf, zitterte ich immer noch am ganzen Leib und weinte. Wir wußten, daß Hyo Jin kommen würde, um mich zu holen, und meine Eltern hatten keine Möglichkeit, sich dem Sohn des Messias zu widersetzen. Ich hatte schreckliche Angst, daß er mich schlagen würde, weil ich weggelaufen war. Mein Vater fuhr mich zu einem Krankenhaus in Seoul, wo die Ärzte mich aufnahmen, nachdem wir ihnen erklärt hatten, was geschehen war. Hyo Jin rief auf der Suche nach mir bei meinen Eltern an und verlangte, daß ich zurückkam. Mein Vater erklärte ihm, daß ich nach Meinung der Ärzte eine Weile im Krankenhaus bleiben müsse um des Kindes Willen, das ich in mir trug.

Es dauerte nicht lange, und Hyo Jin tauchte an meinem Bett auf. Seine Botschaft war unmißverständlich: Ich konnte mich nicht ewig verstecken, und ich konnte seine Tochter nicht lange von ihm fernhalten. Irgendwann würde ich zurückgehen müssen. Er entschuldigte sich nicht und erwähnte auch mit keinem Wort den Grund für meine panische Flucht aus der Mun-Residenz. Er wollte mir nur deutlich machen, daß ich früher oder später zurückkehren und mich ihm stellen müsse.

Ich blieb zwei Monate mit meiner Tochter bei meinen Eltern in Seoul. Hyo Jin kehrte nach East Garden zurück. Er erklärte meine Abwesenheit seinen Eltern gegenüber als eine Laune meinerseits. Ich sei dickköpfig und aufmüpfig. Er habe mich schlagen müssen, weil ich ihm widersprochen hätte. In ihren Augen war eine solche Züchtigung einer Ehefrau legitim. Ich erinnere mich noch an eine Predigt Vaters bei einer Gelöbnis-Zeremonie an einem Sonntag um 5.00 Uhr früh, bei der er meinte, Ehefrauen sollten hin und wieder geschlagen werden, damit sie demütig blieben. »Jene Frauen, die schon einmal von ihrem Ehemann geschlagen wurden, heben die Hand«, forderte er bei einer Sonntagspredigt in Belvedere. »Manchmal werdet ihr wegen eurer Lippen geschlagen. Der kriminellste Körperteil sind die Lippen – diese zwei schmalen Lippen!«

Die Vereinigungskirche lehrt, daß Ehefrauen ihren Gatten untergeordnet seien, so wie Kinder ihren Eltern unterworfen sind. Sie haben zu gehorchen. »Wenn man seine Kinder aus Unbeherrschtheit heraus schlägt, ist das eine Sünde«, hat Reverend Mun einmal gesagt. »Aber wenn sie einem nicht gehorchen, darf man sie mit Gewalt zum Gehorsam zwingen. Immerhin ist es nur zu ihrem Besten. Wenn sie einem nicht gehorchen, darf man sie sogar schlagen.« Ganz so, wie Sun Myung Mun seine Kinder schlug, wenn sie sich ihm widersetzten, nahm der Sohn des Messias es sich heraus, seine Ehefrau zu schlagen, wenn sie es ihm gegenüber an dem gebührenden Respekt mangeln ließ.

Bald traf bei meinen Eltern ein Brief von Mrs. Mun an mich ein. Sie schrieb, daß ich zurückkommen müsse. Es wäre falsch für mich, bei meinen Eltern zu sein. Ich wäre nicht mehr ihr Kind, sondern Hyo Jins Frau. Sie war wütend auf meine Mutter und meinen Vater, weil sie mich aufgenommen hatten, Zorn, der sich erhärtete, als ihre eigene Tochter Je Jin und mein Bruder Jin ihre Kinder zu meinen

Eltern nach Korea schickten, um sie vor dem Einfluß der Muns zu schützen. Je Jin und Jin hegten in dieser Zeit bereits Zweifel an ihren Eltern und der Kirche.

Meine Eltern und ich wußten, daß mein Aufenthalt bei ihnen nur eine zeitlich begrenzte Ruhepause war. Ich mußte zurück. Es war meine Mission, mein Schicksal. Für jemanden außerhalb der Vereinigungskirche ist es leicht, meine Eltern dafür zu verurteilen, daß sie ihre Tochter zu einem gewalttätigen Ehemann und lieblosen Schwiegereltern zurückschickten, aber meine Eltern und ich glaubten, daß wir Gottes Willen folgten. Es lag nicht an uns, die uns von Gott auferlegte Richtung zu wechseln. Allein der Gedanke daran, Hyo Jin zu verlassen, hätte eine Abkehr von meinem ganzen Leben, von meiner Kirche und meinem Gott bedeutet. Für meine Eltern hätte es bedeutet, jede Entscheidung ihres Erwachsenendaseins in Frage zu stellen.

Hinter dem religiösen Zwang zurückzukehren, stand meine Furcht. Eine Frau braucht nicht in irgendeinem Kult gefangen zu sein, um sich ohnmächtig zu fühlen gegenüber dem Mann, der sie mißhandelt. Welche verprügelte Frau hat sich nicht schon von einer wohlmeinenden Freundin oder Verwandten die Frage anhören müssen: »Warum verläßt du ihn nicht?« Es klingt so einfach, aber wie einfach ist es für die einkommenslose Mutter eines Kleinkindes, die die Morddrohungen ihres Mannes ernst nimmt? Frauen, die ihren Partnern weglaufen, begeben sich in akute Lebensgefahr. Die Verbrechensstatistik beweist diese Tatsache, aber Frauen wissen es instinktiv. Auch wenn mein Glaube mich nicht nach East Garden zurückgeführt hätte, meine Todesangst hätte mich dazu gebracht.

Das Haus meiner Eltern in jenem September zu verlassen, war für uns alle eine leidvolle Erfahrung. Ich wollte nicht gehen, und sie wollten mich nicht gehen lassen. Aber keiner von uns war in der Lage, die Macht Sun Myung Muns und der Kirche zu ignorieren. Ich verabschiedete mich tränenreich von meiner Mutter und meinen Geschwistern. Mein Vater konnte mir nicht einmal in die Augen sehen. Ich wußte, daß er ebensosehr litt wie ich.

Hyo Jin holte Shin June und mich nicht am Flughafen ab. Als wir uns dann im Cottage House wiedersahen, war es, als sei nichts geschehen. In East Garden rief Mrs. Mun mich zu sich. Sie hieß mich daheim willkommen und versicherte mir, daß Hyo Jin versprochen habe, daß es keine Wiederholung des Zwischenfalls in Seoul geben würde, der mich so lange Zeit ferngehalten hatte. Sie verharmloste seine Gewalttätigkeit und seine Mißhandlungen und erinnerte mich daran, daß es meine Pflicht sei, als Gottes Werkzeug daran zu arbeiten, ihren Sohn zu ändern. Zu diesem Zweck wäre ich auserwählt worden. Einerseits sagte mir die Erfahrung, daß ihr Sohn ein pathologischer Lügner war, andererseits glaubte ich immer noch an meine göttliche Mission und daran, daß Gott ihn wahrhaftig ändern würde, wenn ich nur hart genug daran arbeitete und dafür betete. Ich wollte ebensosehr an Mutters beruhigende Worte glauben wie jede geprügelte Frau den Versprechungen ihres Mannes glauben will, daß er sich ändern würde.

Mrs. Mun war unverblümter, was ihren Zorn auf meine Eltern betraf. Es sei falsch von ihnen gewesen, mich in Seoul bei sich aufzunehmen. Sie stellte ihre Loyalität Vater gegenüber in Frage. Den Wahren Eltern wären aus Korea Dinge über die Hongs zugetragen worden, die ihr Mißfallen erregt hätten. Ich hatte nur eine vage Vorstellung davon, wovon Mrs. Mun sprach. Meine Mutter hatte einige Male angedeutet, daß es zwischen ihnen und den Muns nicht zum

Besten stand. Bei den letzten Besuchen von Wahre Mutter und Wahrer Vater in Korea, hatte Reverend Mun meinen Vater des öfteren öffentlich kritisiert. Er hatte meinem Vater vorgeworfen, Posten bei *Il Hwa* zum Nachteil der Firma mit Verwandten besetzt zu haben. Er beschuldigte meinen Vater, sich mit dem Erfolg des Pharmakonzerns zu schmücken, während dieser allein ihm selbst, Sun Myung Mun, zu verdanken sei.

Meine Mutter hatte mir das alles erzählt, jedoch ohne Besorgnis. Der Reverend war bekannt für seine perverse Neigung, jene niederzumachen, denen er im Grunde wohlgesonnen war. Nur in der Vereinigungskirche konnte öffentliche Kritik als Kompliment aufgefaßt werden. Allerdings sollte ich später erfahren, daß Reverend Mun begonnen hatte, meinen Vater mit sadistischer Genugtuung vor anderen zu demütigen. Bei der Eröffnung einer Abfüllfabrik, deren Planung, Finanzierung und Bau mein Vater überwacht hatte, verhöhnte Reverend Mun ihn als unfähigen Angestellten, den der Messias jederzeit feuern könne. Dann verspottete er an seinem Frühstückstisch in Seoul meinen Vater vor einem Dutzend Kirchenführern als einen Mann, der daheim unter dem Pantoffel stand.

Es ist schwer zu sagen, was den plötzlichen Sinneswandel der Muns gegenüber meinen Eltern ausgelöst hatte. Sun Myun Mun fühlte sich von Intelligenz und Kompetenz gleichzeitig angezogen und abgestoßen. Niemand durfte je klüger erscheinen als der Messias. Mein Vater hatte für Reverend Mun aus dem Nichts eine Fabrik aufgebaut. Das war gut; er hatte seinem Herrn gut gedient. Mein Vater hatte dies durch eigenes Können und harte Arbeit erreicht, und das war schlecht; er konnte den wirtschaftlichen Erfolg *Il Hwas* sich selbst anrechnen.

Meine Mutter befand sich in einer ähnlich prekären Lage. Von dem scheuen Mädchen, das einst der Vereinigungskirche beigetreten war, hatte sie sich nach Jahren des Predigens für Sun Myung Mun zu einer der eloquentesten Stimmen der Kirche gemausert. Belesen wie sie war, war sie zu einer angesehenen Größe in Religionsfragen geworden. Mrs. Mun, die vor ihrer Heirat mit Sun Myung Mun nicht einmal die High-School abgeschlossen hatte, fühlte sich unbehaglich in Gegenwart gebildeter und hübscher Frauen wie meiner Mutter. Sie bestand darauf, in der Öffentlichkeit mit Dr. Hak Ja Han Mun angesprochen zu werden, obgleich es sich nur um einen Ehrendoktortitel handelte.

Mrs. Muns Unsicherheit spiegelte sich in der Art Frauen wieder, mit denen sie sich in East Garden umgab, koreanischen Damen, die ich stets als ihre Hofnarren betrachtete. Sie waren da, um ihre Herrin mit ihren Scherzen und Albernheiten zu belustigen und nicht etwa, um mit ihr gehobene Konversation zu führen. Meine Mutter war da von ganz anderem Kaliber. Selbst klug und ernsthaft, konnte sie Dummköpfe nicht ertragen. Sie war Wahre Mutter ergeben, spielte jedoch nicht die Rolle, die Mrs. Mun am meisten schätzte.

Die Damen aus Mrs. Muns Umkreis griffen ihr Mißfallen gegenüber meiner Mutter auf, um sie in den Augen von Wahre Mutter weiter schlechtzumachen. Viele dieser Frauen wurden vom Neid aufgefressen, weil die Hongs in die Wahre Familie eingeheiratet hatten. Jin und ich hatten uns in ihren Augen Positionen erschlichen, die von rechts wegen ihren eigenen Söhnen und Töchtern zugestanden hätten. Nun ergab sich für sie eine Gelegenheit zur Rache. Alles, was meine Mutter tat, wurde von der Gerüchteküche verzerrt. Ein Geldgeschenk an ein bedürftiges Kirchenmitglied wurde als Versuch fehlinterpretiert, sich dessen Zuneigung zu erkaufen. Ihre Verteidigung meines Vaters wurde als Angriff auf die Muns gedeutet.

An einem königlichen Hof des Mittelalters hatte jener den größten Einfluß, dem der König oder die Königin zuletzt Gehör schenkten. Bei den Muns war das nicht anders. Die Speichellecker machten sich ans Werk. Schon bald kamen Gerüchte auf, daß meine Eltern vorhätten, in Korea eine Splitterkirche zu gründen, und mein Vater sich zum wahren Messias proklamieren wolle. Das war natürlich alles Unsinn, aber die Muns waren stets gewillt, von jedem das Schlimmste anzunehmen. Meines Vaters Position innerhalb der Vereinigungskirche verschlechterte sich durch Mrs. Muns Intervention immer weiter. Um seinen Einfluß in Korea zu schmälern, veranlaßte Mrs. Mun den Reverend schließlich, meinen Vater zum Vorsitzenden der Vereinigungskirche in Europa zu ernennen, jenem Kontinent, auf dem die Bewegung weltweit am wenigsten verbreitet war.

Das Mißtrauen der Muns gegenüber meinen Eltern griff auch auf meinen Alltag über. Mir wurde befohlen, meinen Kontakt zu ihnen auf ein Minimum zu beschränken. Meine Anrufe von East Garden aus wurden von der Telefonzentrale kontrolliert, um sicherzugehen, daß ich die Anweisung der Muns auch befolgte. Von meiner Familie abgeschnitten zu sein, bedeutete jedoch mehr Isolation, als ich ertragen konnte. Ich ließ einen Privatanschluß in meinem Zimmer installieren, um weiter mit meinen Eltern sprechen zu können.

Zwei Monate nach meiner Rückkehr nach East Garden wurde unsere zweite Tochter, Shin Young, geboren. Es gab die übliche Enttäuschung, weil ich wieder nicht den erhofften männlichen Erben geboren hatte, aber auf der anderen

Seite waren auch alle erleichtert, daß Hyo Jins Drogen- und Alkoholkonsum dem wunderhübschen kleinen Mädchen offenbar nicht geschadet hatten.

Ein paar Monate später traf Mrs. Mun Vorbereitungen für einen ausgedehnten Aufenthalt in Korea. Sie rief mich zu sich und teilte mir mit, daß sie meine vierjährige Tochter zur Gesellschaft für ihre eigene erst fünfjährige Tochter Jeung Jin mitnehmen würde. Ich wagte es nicht, Einwände zu erheben oder die Fragen zu stellen, die mir auf der Zunge lagen. Sie deutete nicht einmal an, wie lange sie weg sein würden. Kaum hatte ich mich von dieser Neuigkeit erholt, kam sie mit einer Gucci-Handtasche von ihrem Wandsafe zurück, die 100 000 Dollar in bar enthielt. Dies sei »Saatgeld« für die Zukunft unserer Familie, sagte sie. Ich sollte es klug anlegen, vielleicht in Gold. Später würde sie uns noch weitere 300 000 Dollar geben. War das ein Bestechungsversuch? Wollte sie mich dafür bezahlen, daß sie mir meine Tochter wegnahm?

Ich flehte Hyo Jin an, seiner Mutter ihr Vorhaben auszureden, denn ich wußte, daß meine Tochter bestimmt nicht so ohne weiteres mitgehen würde. Jeung Jin war verwöhnt und ihr Babysitter boshaft. Meine Tochter und ich standen einander sehr nah; sie würde mich schrecklich vermissen. Meiner Ansicht nach war sie noch zu jung für eine solche Reise. Hyo Jin weigerte sich aber, mit seiner Mutter zu sprechen, denn wenn unsere Tochter in Korea war, würde ihm das eine willkommene Begründung liefern, um selbst dorthin zu fliegen und seine Freundinnen zu besuchen. Außerdem war da das Geld, das seine Mutter uns gegeben hatte. Er wies mich an, es in einem Bankschließfach in Tarrytown zu deponieren. Hätte ich es auf ein Konto eingezahlt, hätten wir das Undenkbare tun müssen: es versteuern. Das Bankschließfach war natürlich ein Fehler, denn damit standen Hyo Jin ständig große Geldbeträge zur Verfügung. Von dem Geld, das eigentlich für die Ausbildung unserer Kinder gedacht war, kaufte er beispielsweise eine vergoldete Flinte für Wahrer Vater im Wert von 30 000 Dollar sowie Motorräder für sich selbst und seine Brüder.

Mein kleines Mädchen war drei lange Monate in Korea. Auf den Photos, die Mrs. Mun nach East Garden schickte, lächelte sie kein einziges Mal. Als sie fortgegangen war, hatte sie schon einen Stift halten und in Druckbuchstaben ihren Namen schreiben können. In Korea schlug der Babysitter ihr auf die Hand und verbot es ihr, da ihre Tante ihren Namen noch nicht schreiben konnte und die Mun-Kinder in allem überlegen bleiben mußten. Ich brauchte Jahre, um den Schaden in der Psyche meiner Tochter, der in diesen drei Monaten angerichtet wurde, wiedergutzumachen. Der Babysitter erzählte Shin June sogar Geistergeschichten, von denen sie Alpträume bekam. Wenn sie darum bat, meine Mutter besuchen zu dürfen, lenkte Mrs. Mun sie mit einem Besuch in einem Spielwarenladen oder einer Eisdiele ab.

Ich schwor mir, nie wieder zuzulassen, daß die Muns eins meiner Kinder und mich trennten. Die Muns nahmen die Kinder nicht etwa deshalb mit auf ihre Vortragsreisen, weil sie ihre Gesellschaft genossen hätten, sondern weil sie lebendes Beiwerk brauchten, niedlich gekleidete Dekorationen, die sie als die liebevollsten Eltern und Großeltern der Welt aussehen ließen. Ich würde alles Erforderliche tun – schmeicheln, manipulieren, täuschen –, nur um Sun Myung Mun und Hak Ja Han Mun davon abzuhalten, meine Kinder künftig für ihre Zwecke zu mißbrauchen.

Meine Kinder waren der einzige wahre Lichtblick in meinem Leben. Ich bezeichnete mich selbst entweder als schwanger oder vorübergehend nicht schwanger. Je nach meinem aktuellen Zustand schrieb ich mich entweder für neue Kurse ein oder gab Vorlesungen auf. 1987 war ich sicher, daß mir eine weitere Fehlgeburt bevorstand, denn ich bekam im vierten Monat starke Blutungen. Meine Ärztin verordnete mir absolute Bettruhe, aber auch das brachte die Blutung nicht zum Stillstand. Ich hatte große Angst, und ich schätze, Hyo Jin hörte mir das an, als er aus Alaska anrief, wo er sich mit seinen Eltern zum Angeln aufhielt.

Ich war gerührt von der Anteilnahme, die er am Telefon bekundete, aber als er dann nach East Garden zurückkehrte, war hiervon nichts mehr zu spüren. Ich lag im Bett und las in der Bibel, als er im Cottage House eintraf. Sofort schlug er mir das Buch aus der Hand. Ich hob beide Hände, um mich vor weiteren Schlägen zu schützen.

»Glaubst du, die Bibel ist wichtiger als die Wahren Eltern?« schrie er mich an. »Warum warst du nicht draußen, um sie zu begrüßen?« Ich versuchte, ihm das mit der Blutung und der ärztlichen Anordnung zu erklären, aber das war ihm egal. Wenn ich Blutungen hätte, sei das Baby wahrscheinlich behindert, brüllte er. Eine Fehlgeburt wäre besser, als ein behindertes Kind zur Welt zu bringen. Ich war angewidert von seiner Gefühlskälte. »Steh auf, du faule Schlampe«, herrschte er mich an.

Ich versuchte es, war aber zu schwach und blieb im Bett liegen. Wutschnaubend stürmte er aus dem Haus. Aufgelöst rief ich meine Mutter in Korea an, die mir versprach, ihre Gebetsgruppe für mich und das Baby beten zu lassen. Als die Blutung Tage später immer noch nicht aufgehört hatte, kam ich zu dem Schluß, daß das Baby tot sein müsse. Ich packte ein paar Sachen für meinen Aufenthalt im Krankenhaus, da ich damit rechnete, daß wieder eine Ausschabung vorgenommen werden würde und ich über Nacht bleiben müßte. Im Krankenhaus nahm die Gynäkologin eine Ultraschalluntersuchung vor. Als sie sagte, der Herzschlag des Babys sei sehr kräftig, mußte ich sie bitten, das noch einmal zu wiederholen, so sehr hatte ich mich bereits mit einem unglücklichen Ende abgefunden. Die Plazenta hatte zwar geblutet, der Heilungsprozeß hatte jedoch bereits eingesetzt.

Das war die medizinische Erklärung, aber ich wußte es besser. Kein Baby hätte die Blutmenge überleben können, die ich verloren hatte. Das war ein Wunder. Als die Ärztin mir noch etwas anderes mitteilte, das die Ultraschalluntersuchung ergeben hatte, wußte ich, daß dieses Baby ein Geschenk Gottes war: Ich würde einen Sohn bekommen. Zunächst sagte ich es niemandem, nicht einmal meiner Mutter. Als In Jin und Mrs. Mun später fragten, ob man bei der Ultraschalluntersuchung das Geschlecht des Kindes festgestellt hätte, verneinte ich. Das war ein Geheimnis von mir und Gott. Ich glaubte, daß Satan versuchen würde, meinem Baby etwas anzutun, wenn ich dieses Geheimnis nicht für mich behielte.

Die Muns waren im siebten Himmel, als am 13. Februar 1988 Shin Gil zur Welt kam. Die Muns zeigten sich sogar meinen Eltern gegenüber etwas versöhnlicher. Hyo Jin hätte nicht glücklicher sein können. Ein männlicher Erbe stärkte seine Position als rechtmäßiger Nachfolger seines Vaters. Reverend Mun seinerseits hoffte, daß ein Sohn Hyo Jin dazu bringen würde, sich endlich seiner Verantwortung gegenüber seiner Familie und der Vereinigungskirche zu stellen.

Diese Hoffnung sollte jedoch enttäuscht werden. Im nächsten April legte Hyo Jin bei einer Kirchenversammlung im großen Ballsaal des *World Mission Center*, dem ehemaligen New Yorker Hotel in New York City, eine Beichte ab, die die Bezeichnung »dramatisch« verdient hat. Es war Elterntag, ein Kirchenfeiertag.

»Viele Gesegnete Mitglieder geben Vater die Schuld an meinen Verfehlungen. Es ist nicht Vaters Schuld; es ist allein meine Schuld«, begann Hyo Jin. »Es war nicht leicht für mich, nach Amerika zu kommen. Es war der ideale Nährboden für meinen Haß und mein Unverständnis. Menschen versuchten, es mir zu erklären, aber ich wollte nicht zuhören. Ich hatte viel Zorn in meinem Herzen. Ich haßte fast jeden.«

Er fuhr fort, von seinen sexuellen Begegnungen als Teenager zu erzählen, von seinen Alkoholexzessen und seinem Kokainkonsum. Allerdings führte er seine Zuhörer insofern hinters Licht, als er sie glauben ließ, diese Übergriffe gehörten der Vergangenheit an. »Ich möchte sichergehen, daß nichts von alledem meinen Brüdern und Schwestern, Gesegneten Kindern oder euren Kindern widerfährt«, sagte er. Was er natürlich nicht erwähnte, war, daß er nicht vorhatte, seinen Alkohol- und Drogenkonsum sowie seine sexuelle Promiskuität aufzugeben. »Ich möchte von jetzt an alles richtig machen. Das war die Vergangenheit, und sie quält mich oft. Ich habe euch alles erzählt, daß ich herumgehurt habe, daß ich viele Frauen hatte. Ich habe euch nichts weiter zu sagen. Bitte verzeiht mir.«

Das war eine grandiose Vorstellung vor den treuen Kirchenanhängern. Hyo Jin weinte; seine Brüder und Schwestern umarmten ihn. Ich war nur eine Zuschauerin bei dieser Posse. Während seiner Beichte hatte er kein einziges Mal meinen Namen erwähnt. Er entschuldigte sich bei Gott, bei den Wahren Eltern und den Kirchenmitgliedern – aber seiner Frau hatte er nichts zu sagen.

Ich war nicht überrascht, als auf seinen anrührenden Vortrag keine Taten folgten und er seinen ausschweifenden Lebensstil unverändert fortführte. Er begann, darauf zu bestehen, daß ich ihn in Karaoke-Bars und Nachtclubs begleitete. Manchmal ging ich mit, nur um eine Auseinandersetzung zu vermeiden, aber ich haßte es. Hyo Jin konnte den ganzen Tag schlafen, aber ich mußte morgens zusammen mit den Kindern aufstehen, um rechtzeitig in meine Vorlesungen zu kommen. Seine Trunkenheit stieß mich ab. Oft trank er allein eine halbe Falsche Tequila und gab der Bedienung dann 150 Dollar Trinkgeld, während ich an meiner Cola nippte und auf die Uhr sah.

Ich war zwar keine gute Gesellschafterin, aber ich konnte nach Hause fahren. Hyo Jin geriet immer wieder in Schwierigkeiten, wenn er versuchte, selbst zu fahren. 1989 hatten die Muns mir für die Strecke von und zum College einen Audi gekauft. Eines nachts fuhr Hyo Jin mit dem Wagen in die Stadt. Um Mitternacht rief er mich an, um mir mitzuteilen, daß er einen Unfall gehabt hatte und ich ihn Ecke Amsterdam Avenue/146. Straße abholen solle. Ich konnte mir denken, warum er in Harlem war; dort beschaffte er sich immer sein Koks. Als ich dort eintraf, war er jedoch nicht am vereinbarten Treffpunkt, und so fuhr ich suchend umher. Schließlich fand ich ihn mehrere Blocks entfernt. Er torkelte betrunken umher und redete unzusammenhängendes Zeug. Als ich den Audi schließlich fand, war ich erstaunt, daß mein Mann den Unfall unverletzt überstanden hatte. Der Wagen hatte einen Totalschaden.

Mit dem Geld von der Versicherung leaste ich einen Ford Aerostar. Es dauerte nicht lange, und Hyo Jin borgte sich auch diesen Wagen. Eines nachts wurde ich um 4.00 Uhr von einem Anruf der New Yorker Polizei geweckt. Hyo Jin war wegen Trunkenheit am Steuer verhaftet worden. An diesem Morgen wurden wir auf einer Geburtstagsfeier eines der Mun-Kinder erwartet. Ich schickte meine Kinder mit dem Babysitter hin und fuhr zum Revier in der 125. Straße. Während der folgenden zwei Stunden löste ich meinen Wagen aus und besorgte einen Anwalt, der Hyo Jin bei der Anhörung zur Seite stehen sollte. Als ich nach East Garden zurückkehrte, machte Mrs. Mun mir Vorwürfe, weil ich nicht zu dem morgendlichen Bankett erschienen war. »Wo warst du? Wo ist Hyo Jin?« wollte sie wissen. Das war sein Problem, nicht meins. Ich war es leid, ihn zu decken. »Hyo Jin ist nicht hier. Wenn er heimkommt, solltest du ihn selbst fragen«, entgegnete ich.

Als Hyo Jin nach East Garden zurückkehrte, schäumte er, weil ich ihn nicht früher aus dem Gefängnis geholt hatte. Unnötigerweise wurde er noch zorniger, als er hörte, daß Mutter ihn sprechen wollte, denn wie immer unternahmen die Muns nicht das geringste, um ihren Sohn zur Räson zu bringen. Das Gericht verhängte eine Geldbuße, entzog ihm den Führerschein und verdonnerte ihn zu Wohltätigkeitsarbeit, aber seine Eltern unternahmen nichts, um zu verhindern, daß er wieder betrunken fuhr.

Als er mich das nächste Mal aufforderte, ihn zu einer Clubtour zu begleiten, weigerte ich mich. »Ich kann nicht mitgehen; ich habe es versprochen«, sagte ich. »Wem hast du das versprochen?« wollte er wissen. »Mir selbst«, entgegnete ich. Er fuhr selbst, ohne mich und ohne Führerschein.

Langsam lernte ich, nein zu sagen. Ich glaube, die Mutterschaft half mir hierbei mehr als alles andere. Es war eine Sache, die schlechte Behandlung seitens der Wahren Familie selbst ertragen zu müssen, aber es war etwas völlig anderes, meine Kinder dem auszusetzen. Im Oktober 1989 brachte ich meine dritte Tochter, Shin Ok, zur Welt. Ich war inzwischen 23 Jahre alt, hatte vier Kinder und eine Fehlgeburt hinter mir und wußte nicht, wie viele Babys ich noch bekommen würde.

Ich konnte Hyo Jins Befehle mißachten, ihn in Bars zu begleiten, aber ich konnte mich nicht Mrs. Mun widersetzen. 1992 eröffnete sie mir, daß ich sie zu einer Zehn-Städte-Tour nach Japan begleiten sollte. Ich war wieder schwanger, verbarg meinen Zustand jedoch vor meiner Schwiegermutter. Meine Schwangerschaften waren das einzige in meinem Leben, was ganz allein mir gehörte; ich teilte sie erst mit Sun Myung Muns Familie, wenn sie sich nicht mehr verbergen ließen.

Die Anbetung, die Wahre Mutter in Japan entgegengebracht wurde, überstieg alles, was ich je in Korea erlebt hatte. Ich hatte damit gerechnet, daß Mrs. Mun in den besten Hotelsuiten absteigen und die edelsten Speisen essen würde, aber was ich in Japan erlebte, ging über das übliche Verwöhnen hinaus. Sogar ihr Besteck wurde separat aufbewahrt, damit es von niemandem sonst benutzt wurde, nachdem es mit den Lippen von Wahrer Mutter in Berührung gekommen war. Die sklavische Aufmerksamkeit, die die Japaner Mrs. Mun entgegenbrachten, mochte sie für ihre Sehnsucht nach Wahrer Vater entschädigen, dem seit seiner Verurteilung wegen Steuerhinterziehung in den Staaten die Einreise nach Japan verwehrt war.

Man kann wohl mit Fug und Recht behaupten, daß der Kaiserkult zuerst in Japan Fuß faßte. Im 19. Jahrhundert wurde der japanische Kaiser zur Gottheit erklärt und die Japaner zu Nachkommen alter Gottheiten. Der staatliche Shintoismus, der erst 1945 nach Ende des Zweiten Weltkriegs von den Alliierten abgeschafft wurde, hatte den Japanern bis dato die Anbetung ihrer politischen Führer auferlegt. Gehorsam gegenüber der staatlichen Autorität und Selbstaufopferung galten als größte Tugenden.

Somit war es kein Wunder, daß Japan eine ideale Geldquelle für einen messianischen Führer wie Sun Myung Mun war. Eifrige junge Mitglieder der Vereinigungskirche stießen auf ältere Leute, die sehr darauf bedacht waren, daß ihre Lieben in der Geisterwelt ihren Frieden fanden. Zu diesem Zweck nahmen sie Tausenden von Menschen Millionen von Dollar ab für religiöse Vasen, Gebetsperlen und religiöse Bilder, die ihnen garantieren sollten, daß ihre verstorbenen Verwandten ins Himmelreich eingingen. Eine kleine Jadepagode ließ sich für bis zu 50 000 Dollar verkaufen. Wohlhabende Witwen wurden dazu überredet, ihre gesamte Habe der Vereinigungskirche zu schenken, um sicherzugehen, daß ihre geliebten Verstorbenen nicht bei Satan in der Hölle schmoren mußten.

Es war eine unglaubliche Szenerie. Kirchenmitglieder bedienten Mrs. Mun, während Kirchenführer ihr Berge von Bargeld brachten. Einmal wurde mir gerade das Haar frisiert, als mir auffiel, daß ich meine Uhr verlegt hatte. Keine Stunde später fand sich ein Juwelier in meinem Hotelzimmer ein, mit ganzen Tabletts voller kostbarer Uhren, aus denen ich mir eine aussuchen sollte, als Geschenk meiner japanischen Gastgeber. »Nehmen Sie mehrere, nehmen Sie noch welche für Ihre Verwandten«, beharrte der Juwelier. Ich war sehr erleichtert, als ich meine eigene Uhr wiederfand und sein großzügiges Angebot ausschlagen konnte, ohne unhöflich zu sein.

Japans Wirtschaft boomte, und das Land entwickelte sich rasch zur größten Geldquelle Sun Myung Muns. Mitte der achtziger Jahre behaupteten Offizielle der Kirche, daß die

Vereinigungskirche allein in Japan 400 Millionen Dollar jährlich einnahm. Reverend Mun verwendete dieses Geld für seinen persönlichen Komfort und für Investitionen in irgendwelche Unternehmen in den Vereinigten Staaten und überall auf der Welt. Hinzu kam, daß die Kirche mehrere einträgliche Firmen in Japan besaß, darunter eine Handelsgesellschaft, eine Computerfirma und einen Schmuckkonzern.

Mun gab für Japans bedeutende finanzielle Beziehung zur Vereinigungskirche auch eine theologische Begründung: Südkorea ist »Adams Heimat« und Japan ist »Evas Heimat. Als Ehefrau und Mutter mußte Japan die Arbeit von Vaters Heimatland unterstützen, also Sun Myung Muns Korea. Hinter dieser Sichtweise verbarg sich ein nicht nur geringfügiger Rachegedanke. Nur wenige Koreaner, schon gar nicht Sun Myung Mun und seine Anhänger der Vereinigungskirche, haben Japan je die 40 Jahre währende, brutale Besatzung Koreas verziehen.

Mitglieder von Sun Myung Muns Familie wurden am Zoll stets aufs gründlichste überprüft, wann immer sie Korea verließen oder in die USA einreisten. Das war auf dieser Reise nicht anders. Ein Vorteil ihres riesigen Gefolges war, daß Mrs. Mun reichlich Reisegefährten hatte, mit denen sie gemeinsam einreiste. Mir vertraute sie 20 000 Dollar in neuen Banknoten an, die ich in meinem Schminkköfferchen versteckte. Als die Zollbeamten in Seattle mein Gepäck durchsuchten, hielt ich die Luft an. Ich passierte als letzte unserer Reisegruppe den Zoll, und die Frau, die mein Gepäck durchwühlte, schien entschlossen zu sein, etwas zu finden. Ich tat so, als spräche ich kein Englisch und als verstünde ich ihre Fragen nicht. Ein asiatischer höhergestellter Beamter kam herüber und wies sie zurecht. »Sehen Sie denn nicht, daß sie nur Koreanisch spricht«, sagte er und lächelte mich freundlich an. »Lassen Sie sie durch.«

Zwar wußte ich, daß Schmuggel illegal war, aber ich dachte ja, die Anhänger Sun Myung Muns wären höheren Gesetzen unterworfen. Ich tat, was man mir sagte, und sorgte mich mehr um das Geld als um eine mögliche Verhaftung. Ich war Gott so dankbar, daß die Zollbeamtin das Geld nicht gefunden hatte. Durch die verzerrte Brille, durch die ich die Welt sah, schien es mir, als hätte Gott eingegriffen und die Zöllner zurückgehalten. Gott wollte nicht, daß sie das Geld fanden, weil das Geld für Gott bestimmt war.

Hätte ich auch nur ein klein wenig kritisch gedacht, wäre mir rasch klar geworden, daß das Geld, das die Munies auf der Straße und mit dem Pagodenverkauf sammelten, wenig mit Gott zu tun hatte. Unter anderem trug dieses Geld dazu bei, die jugendlichen Phantasien meines Gatten zu finanzieren, der von einer Karriere als Rock 'n' Roll-Star träumte. Zusammen mit einer Band aus Kirchenmitgliedern hatte er mit Aufnahmen begonnen; in den Studios des Manhattan Centers versteht sich, dem kircheneigenen Tonstudio neben dem ehemaligen New Yorker Hotel in Manhattan. Reverend Mun hatte das Studio gekauft, um eine auf Gott ausgerichtete Kultur zu propagieren. Die *Metropolitan Opera*, die New Yorker Philharmoniker und Luciano Pavarotti benutzten dieses Aufnahmestudio. Und 1987 nahm Hyo Jin Mun dort zusammen mit Gesegneten Kindern der zweiten Generation – Jin Man Kwak, Jin Hyo Kwak, Jin Heung Eu und Jin Goon Kim – sein erstes Album dort auf: »Rebirth«.

Hyo Jin verkaufte CDs und Kassetten seiner Musik nur an Mitglieder der Vereinigungskirche, die seine einzigen Hörer waren, darunter auch die *Collegiate Association für the Research of Principles* (CARP), deren Vorsitzender er war. Hinter dieser Studentenvereinigung, die sich angeblich dem Weltfrieden verschrieben hatte, steckte tatsächlich nur ein weiteres Werkzeug zur Rekrutierung neuer Mitglieder, die wiederum Geld für die Vereinigungskirche sammelten. Ihre sichtbarste Aktion war die internationale Mister- und Miss-University-Wahl, die CARP jedes Jahr in verschiedenen Städten auf der ganzen Welt sponsorte.

Ein großer Teil des Geldes, das gesammelt wurde, um Gottes Werk zu tun, wurde für Sun Myung Muns liebstes Kind verwendet: die 24-Millionen-Dollar-Residenz mit angeschlossenem Konferenzzentrum, die er auf East Garden errichten ließ. Es brauchte sechs Jahre und fast ebenso viele Architekten, um das wohl häßlichste Gebäude in ganz Westchester County zu errichten. Wir sahen zu, wie das Gebäude ein dutzendmal sein Erscheinungsbild veränderte und Millionen von Dollar mehr verschlang als ursprünglich veranschlagt. Was letztendlich dabei herauskam, war eine Monstrosität aus Stein und Beton mit einem undichten Dach.

Im Foyer und in den Bädern prunkte italienischer Marmor. Die schweren Eichentüren waren mit Schnitzereien in Form koreanischer Blumenornamente verziert. Im ersten Stock gab es einen Ballsaal, und im zweiten Stock waren die Zimmer der zahlreichen noch jungen Kinder der Muns untergebracht, auf demselben Flur wie die prunkvolle Zimmerflucht ihrer Eltern. In einem der zwei Speisesäle war ein richtiger Teich mit Wasserfall angelegt worden. Die Küche war mit sechs Pizzaöfen ausgestattet. Im dritten Stock gab es ein Spielzimmer sowie diverse begehbare Kleiderschränke für Mrs. Mun, von denen jeder so groß war wie ein normales Schlafzimmer. Es gab eine Zahnarztpraxis und einen Turm, in dem das Büro von Sun Myung Muns Sekretär Peter Kim untergebracht war. Das Gebäude war ein Monument des Exzesses und des Unsinns. Nicht etwa im Keller, sondern im dritten Stock, gleich über Sun Myung Muns Schlafzimmer, war eine Bowlingbahn angelegt worden. Wir benutzten sie als Lagerraum. Hyo Jin, ich und die Kinder zogen ins Haupthaus, als die Wahren Eltern ihr neues Heim bezogen.

Ende 1992 eröffnete mir Mrs. Mun, daß ich sie erneut ins Ausland begleiten sollte, diesmal auf eine Rundreise durch Europa. Ich hatte aufgrund meiner inzwischen fortgeschrittenen Schwangerschaft ständig mit großer Müdigkeit zu kämpfen und wußte, daß ich den Anforderungen einer Reise sowie der persönlichen Betreuung Mrs. Muns nicht gewachsen sein würde. Sie und Hyo Jin waren außer sich, als ich es ablehnte, sie zu begleiten. Ich weiß, daß sie, was dann geschah, als Strafe Gottes für meinen Hochmut ansahen.

Im Januar 1993 war eine Ultraschalluntersuchung für mich angesetzt. Ich wußte aufgrund seiner lebhaften Bewegungen, daß das Baby kräftig war. Ich lächelte beim Anblick der strampelnden Arme und Beine auf dem Ultraschallmonitor. »Sieht gut aus«, sagte der Arzt, als er mit dem Schallkopf über meinen gewölbten Bauch fuhr. Plötzlich gefror sein Lächeln. »Wir haben ein Problem«, sagte er leise. Auf sein Gesicht trat ein so bedrückter Ausdruck, daß ich wußte, daß ich die Antwort auf die unausweichliche Frage gar nicht hören wollte.

»Was ist denn?« Sekunden, die mir vorkamen wie Stunden, verstrichen. »Der Fötus hat kein Gehirn.«

»Was? Wie sollte das Baby derart strampeln können, wenn es kein Gehirn hätte?« Die Tritte waren nur ein Reflex. Das Baby hatte außerhalb des Mutterleibs keinerlei Überlebenschance. Ich weinte so fürchterlich, daß der Doktor mich durch eine Hintertür hinausließ. Ganz sicher wäre ich ein erschütternder Anblick gewesen für die anderen Schwangeren im Wartezimmer. Ich saß lange reglos in meinem Wagen, ehe ich mich soweit wieder gefaßt hatte, daß ich heimfahren konnte. Als ich nach Hause kam, hatte Hyo Jin sich im Elternschlafzimmer eingeschlossen. Ich wußte, was das bedeutete: Er schnupfte wieder einmal Kokain. Ich rief meine Mom an. Ich konnte es nicht aussprechen, sagte nur »Es stimmt etwas nicht mit dem Baby«, dessen Tritte ich nach wie vor in meinem Bauch fühlen konnte.

Mein Arzt und ich stimmten überein, daß es für meine Kinder ein traumatisches Erlebnis wäre, wenn ich ein Baby zur Welt brächte, das nicht überleben würde. Um ganz sicher zu gehen, ging ich noch zu einem zweiten Arzt, aber er bestätigte die Diagnose. Ich fuhr selbst ins Krankenhaus, wo die Abtreibung vorgenommen werden sollte. Hyo Jin wollte nicht mitkommen.

Die Schmerzen und das Gefühl des Verlustes waren noch viel schlimmer als ich erwartet hatte. Ich mußte zu Hause anrufen und ihn bitten, mich abzuholen. Er schien sich auf der Heimfahrt, auf der wir kein Wort sprachen, über meine Tränen zu ärgern. Ich zog in Shin Junes Zimmer. Ich war einsam und wütend. Warum hatte das geschehen müssen? War Hyo Jins Drogenmißbrauch Schuld an der Mißbildung? War es die Strafe Gottes, weil es mir nicht gelungen war, Hyo Jin zu ihm zurückzuführen?

Mrs. Mun war ärgerlich, weil ich nicht bei Tisch erschienen war, um sie zu bedienen. Ich flehte Hyo Jin an, seinen Eltern die Einzelheiten unseres Verlustes zu verschweigen. Für mich war das etwas zu Persönliches. »Kannst du ihnen nicht einfach sagen, ich hätte eine Fehlgeburt gehabt?« bettelte ich. In Jin hatte gerade ihr viertes Kind bekommen, und es zerriß mir förmlich das Herz, das Schreien ihres Neugeborenen in dem Haus zu hören, das wir nun gemeinsam bewohnten. »Du verlangst von mir, die Wahren Eltern zu belügen?« fragte Hyo Jin empört. Ich wollte nur meine Ruhe, aber ich hätte wissen müssen, daß das zuviel verlangt war auf dem Mun-Anwesen. Er erzählte Wahre Mutter alles.

Mrs. Mun war wütend, daß ich nichts gesagt hatte. Das bestätige, wie wenig vertrauenswürdig ich sei. Ich sei hinterhältig, ein Werkzeug meiner Eltern, die versuchten, das Werk der Wahren Eltern zu untergraben. Von da an hagelte es unablässig Kritik gegen mich und meine Eltern. Bei den sonntäglichen Gottesdiensten wurde ich als Tochter von Werkzeugen des Satans angeprangert. Um meinetwillen machte es mir nicht viel aus, aber ich war wütend, daß meine Kinder sich solch häßliche Lügen über ihre Großeltern anhören mußten.

Meine Eltern waren anständige Leute, die ihr eigenes Leben und das ihrer Kinder Sun Myung Mun gewidmet hatten. Der Lohn für ihre fehlgeleitete Aufopferung war öffentliche Ächtung. 1993 erlitt mein Vater einen Schlaganfall und wurde von den Muns seines Postens als Vorsitzender der Vereinigungskirche in Europa enthoben. Er kehrte heim nach Korea, wo er von der religiösen Bewegung geächtet wurde, an deren Aufbau er und meine Mutter nicht unerheblich mitgewirkt hatten.

Hyo Jin fühlte sich von Vaters Angriffen gegen meine Eltern ermutigt und behandelte mich noch schlechter als bisher. 1993 lebte Hyo Jin in einem permanenten Kokainrausch. Er schloß sich tagelang in unserem Schlafzimmer ein und zwang mich, meine Kleider in den Schränken meiner Kinder unterzubringen und bei ihnen zu schlafen.

Eines abends rief er mich zu sich, nachdem er eine ganze Woche hindurch Koks geschnupft und Pornos gesehen hatte, aber ich weigerte mich, zu ihm zu gehen. Fluchend und Obszönitäten brüllend kam er herunter in den Raum, den wir für Kirchenunterricht benutzten. Er warf den Couchtisch um, drängte mich in eine Ecke des Raumes und drückte mich gegen die Wand, sein Gesicht nur Zentimeter von meinem entfernt.

Ich lief zum Telefon, um 911 zu wählen. »Ich rufe die Polizei«, drohte ich, aber er schlug mir nur den Hörer aus der Hand. »Wie kannst du es wagen, mir mit der Polizei zu drohen?« schrie er. »Die hat hier keinerlei Autorität. Glaubst du, ich hätte Angst vor der Polizei? Ich? Der Sohn des Messias?« Ich wußte nicht, was er als nächstes tun würde, und so fing ich an, so laut ich konnte um Hilfe zu rufen. Die Tür zum Klassenzimmer stand weit offen. Ich wußte, daß die Wachleute, die Küchenschwestern und die Kinderfrauen mich hören konnten. Niemand kam. Wer hätte schon den Mut aufgebracht, sich mit Hyo Jin Mun anzulegen? Wer hätte mich vor dem Sohn des Messias beschützen können? Er lachte angesichts meiner sinnlosen Schreie und verließ angewidert den Raum. Ich rief meinen Bruder Jin an und sagte ihm, daß ich die Polizei einschalten würde.

In Tränen aufgelöst stolperte ich ins Foyer. Dort sah ich auf der Treppe drei meiner Kinder. Sie hockten aneinandergedrängt da und weinten. »Geh nicht weg, Mommy«, schluchzten sie, als ich die Haustür ansteuerte. »Ich bin gleich wieder da, keine Angst«, sagte ich leise und trocknete zunächst ihre Tränen.

Dann fuhr ich geradewegs zur Polizeiwache von Irvington. Als ich auf den Parkplatz einbog, wußte ich jedoch nicht, was ich tun sollte oder warum ich eigentlich gekommen war. Ich zitterte immer noch vor Angst und Wut. Ich saß lange da und betete zu Gott, er möge mir den Weg weisen. Die vergangenen elf Jahre hindurch hatte ich meine Gefühle für mich behalten und meine Lebensumstände verschwiegen. Was machte ich hier vor der Polizeiwache? Ich weinte, als der wachhabende Beamte vorn am Tresen aufblickte. »Ich glaube, ich brauche Hilfe«, sagte ich. Er führte mich in einen Nebenraum und hörte geduldig zu, während ich ihm berichtete, was passiert war. Er kannte die Adresse. Der Familienname war ihm ebenfalls vertraut. Ich sah ihm an, daß er nicht überrascht war.

Ob ich irgendwo hin könne, wollte er wissen. Ob ich in der Nähe Verwandte hätte? Ich hatte nur meinen Bruder, der in Harvard studierte, aber ich wollte Jin und Je Jin nicht in diese Sache hineinziehen. Sie hatte ihre eigenen Schwierigkeiten mit ihren Eltern; ich wollte sie nicht auch noch mit meinen Problemen belasten.

Der Polizist war freundlich und geduldig. Er zählte mir meine Möglichkeiten auf: Ich konnte Hyo Jin wegen tätlichen Angriffs anzeigen oder mit meinen Kindern in ein Frauenhaus gehen. Ich dankte ihm, wußte aber im Grunde meines Herzens, daß ich nichts dergleichen tun würde. Und so blieb es bei einer polizeilichen Meldung. Nicht, daß ich nicht hätte weggehen *wollen* – mir fehlte nur der Mut. Ich hatte schreckliche Angst davor, nach East Garden zurückzukehren, aber auf der Polizeiwache wurde mir bewußter denn je, daß ich nirgendwohin konnte.

9. Kapitel

Im Jahre 1994 war meine Hauptbeschäftigung, darauf zu warten, daß meine Kinder alt genug würden, daß ich meinen Mann verlassen konnte. Ich wußte, daß Sun Myung Mun eine Scheidung von Hyo Jin niemals erlauben würde, aber ich träumte davon, wenigstens von ihm getrennt leben zu können. Ich malte mir aus, eines Tages allein in einem kleinen Apartment zu wohnen, irgendwo weit weg von East Garden. Die Kinder würden mich mit meinen Enkeln besuchen kommen und ich würde endlich Frieden haben.

Das war ein klägliches Lebensziel für eine 28jährige Frau. Ich hatte am *Barnard College* gerade mein Vordiplom in Kunstgeschichte gemacht, schrieb aber die nächsten 15 Jahre meines Lebens einfach ab. Meine Liebe zur Kunst, meine vagen Vorstellungen von einem Job in einem Museum oder einer Galerie verblaßten, ebenso irreal wie die impressionistischen Gemälde, die ich besonders liebte.

Im März erfuhr ich, daß ich wieder schwanger war, aber diesmal mischte sich Furcht in die Freude, die ich sonst immer bei der Aussicht auf ein neues Baby empfunden hatte. Jede weitere Geburt würde meine Gefangenschaft nur verlängern.

Mir war ohnehin ein Rätsel, wie einer so lieblosen Beziehung so kostbares Leben entspringen konnte. Es waren meine Kinder, die mir ein Gefühl von Vollständigkeit vermittelten. Bei ihnen fühlte ich mich unbeschwert und sorglos. Die mit ihnen verbundene Routine verhalf meinem Leben zu einem gewissen Maß an Normalität. Ich fuhr sie wie alle anderen Mütter auf dem Land in einem Dodge-Minivan zum Musik- und Sprachunterricht, ich half ihnen bei den Hausaufgaben, ich kuschelte abends mit ihnen, um ihnen vorzulesen und mir ihre Alltagssorgen anzuhören.

Viel zu oft waren ihre Sorgen durch ihren Vater hervorgerufen. Nichts von dem, was in East Garden passierte, entging unserem Sohn und unseren Töchtern. Sie bemerkten Hyo Jins trunkene Wutanfälle genauso wie seine Kokainlethargie und seinen Jähzorn. Es kam oft genug vor, daß sie nachts vom Lärm einer Auseinandersetzung zwischen Hyo Jin und mir geweckt wurden. Sie verstanden nicht, warum ihr Vater den ganzen Tag über schlief. »Warum haben wir einen bösen Dad?« fragten die älteren. »Warum hast du ihn geheiratet?«

Ich war dankbar, daß Hyo Jin so oft weg war, daß er in den *Manhattan Center Studios* arbeitete und oft in unserer Suite im alten New Yorker Hotel übernachtete. Das verminderte die Anspannung in dem Haus, das wir mit Jin Jin und ihrer Familie teilten. Die Kinder und ich verlebten sogar einige glückliche, ja alberne Stunden miteinander. Zur Belustigung meiner in dieser Kunst weitaus geübteren Kinder brachte ich mir auf der Zufahrt einmal sogar selbst das Radfahren bei.

Das *Manhattan Center*, 1906 von Oscar Hammerstein als *Manhattan Opera House* errichtet, war zum Mittelpunkt von Hyo Jins Leben geworden. Die Vereinigungskirche hatte in den siebziger Jahren das Gebäude zusammen mit dem benachbarten New Yorker Hotel erworben. Das *Manhattan*

Center war wenig mehr als ein Übungssaal gewesen, als Hyo Jin 1985 die Leitung des Aufnahmestudios übernommen hatte. Ich war zuerst überrascht gewesen, als Sun Myung Mun ein Unternehmen dieser Größenordnung einem Sohn anvertraut hatte, der weder die Ausbildung noch die Erfahrung besaß – ganz zu schweigen von der Disziplin – als Entscheidungsträger aufzutreten. Meine Verwunderung hätte ich mir sparen können, denn immer wenn die Vereinigungskirche irgendwo auf der Welt ein Unternehmen erwarb, diente dieses als Karrieresprungbrett für die Kinder Sun Myung Muns.

Mit 26 Jahren hatte Hyo Jin zum erstenmal in unserer Ehe, ja überhaupt zum erstenmal in seinem Leben, eine Arbeit. Er überwachte die Produktion von Videos für die Kirche und machte weitere Aufnahmen mit seiner Band aus Kirchenmitgliedern. Ich war kein Fan von Rockmusik, aber ich mußte feststellen, daß Hyo Jin ein talentierter Gitarrist mit einer schönen Stimme war. Er liebte seine Musik; sie war die einzige unverdorbene Freude in seinem Leben.

Seine Angestellten im *Manhattan Center* waren allesamt Mitglieder der Vereinigungskirche, obgleich die *Manhattan Center Studios* sich als unabhängige Firma ohne direkte Beziehung zur Kirche sehen. Seine Angestellten brachten Hyo Jin den Respekt und die Loyalität entgegen, die ihm als Sohn des Messias gebührten. Mit ihm zusammen verwandelten sie das *Manhattan Center* in ein modernes Multimediastudio mit professionell geführten Audio-, Video- und Grafikabteilungen. Hyo Jins hoher spiritueller Rang sorgte jedoch für ein angespanntes Arbeitsklima. Stellen Sie sich vor, Sie würden für jemanden arbeiten, dessen Entscheidungen Sie zu keiner Zeit in Frage stellen können und der jedes

Zögern bei der Befolgung seiner Anweisungen als Verrat interpretiert. Katastrophen waren vorprogrammiert.

Das Geld strömte auf ebenso unorthodoxe wie informelle Art und Weise herein und auch wieder hinaus. Es gab Wochen, da wurden die Angestellten nicht bezahlt, weil Hyo Jin die Tausenden von Dollars im Safe für den Erwerb neuer Ausrüstung vorgesehen hatte. Die meisten Angestellten wohnten mietfrei gleich nebenan im New Yorker Hotel. Wenn die Haupteinnahmequellen – Studioaufnahmen und Veranstaltungen im großen Ballsaal – versiegten, zapfte Hyo Jin eine Kirchenorganisation wie CARP an, um die Stromrechnung zu bezahlen oder eine neue Videokamera anzuschaffen. Aus privaten »Schenkungen« an Hyo Jin wurden neue Ton- und Aufnahmestudios eingerichtet. Kirchengelder, die dem *Manhattan Center* über Wahre Mutter zuflossen, wurden unter dem Vermerk »TM« verbucht.

Das *Manhattan Center* wurde zu dem Treibstoff, der Hyo Jins moralischen Zusammenbruch vorantrieb. Das Center stellte eine nicht versiegende Geldquelle dar, aus der er seinen Kokainkonsum, sein wachsendes Waffenarsenal und seine nächtlichen Sauftouren finanzierte. Und das *Manhattan Center* versorgte Hyo Jin, der es haßte, allein zu trinken, mit einem Strom von Trinkkumpanen, die keine andere Wahl hatten, als sich den Wünschen des Wahren Kindes zu beugen.

Die meisten Mitglieder der Vereinigungskirche kommen der Wahren Familie nie näher als auf den Abstand zwischen der Bühne und ihrer Sitzreihe. Für die Angestellten des *Manhattan Center* war es eine große Ehre, direkt mit Hyo Jin zusammenarbeiten zu dürfen. Allerdings wurde dies für sie sehr bald zu einer Quelle spiritueller Konflikte. So befahl er beispielsweise seinen engsten Mitarbeitern, ihn in koreanische Bars in Queens zu begleiten, wo er offen mit den Bedienungen schäkerte und sich sinnlos betrank. Er drängte andere, Kokain zu nehmen, Menschen, die sich eben deshalb von der Vereinigungskirche angezogen gefühlt hatten, weil diese eben jene Drogen verpönte, mit denen Hyo Jin seine Selbstzerstörung vorantrieb.

Und in dem Maße, in dem sein Kokainkonsum wuchs, stieg auch seine Aggressivität gegenüber seinen Mitarbeitern und seiner Familie. Seine verbalen Angriffe mir gegenüber hatten sich von obszönen Beleidigungen zu Androhungen körperlicher Gewalt gesteigert. Beispielsweise schloß er den Waffenschrank in unserem Schlafzimmer auf und strich zärtlich mit der Hand über eins der großkalibrigen Gewehre. »Weißt du eigentlich, was ich dir hiermit antun könnte?« fragte er dann. Unter dem Bett bewahrte er ein Maschinengewehr auf, ein Geschenk der Wahren Eltern. Im *Manhattan Center* bekamen jene, die sein Mißfallen erregten, plastische Schilderungen der Gewalt zu hören, die er ihnen antun würde, falls sie Hyo Jin Mun in den Rücken fielen. Als perfekter Jäger beschrieb er einmal seinen engsten Vertrauten, wie er liebend gern einen Angestellten häuten und ausnehmen würde, der das Manhattan Center kurz zuvor verlassen hatte.

Für jemanden außerhalb der Vereinigungskirche ist die Situation, in der sich Hyo Jins engste Mitarbeiter am *Manhattan Center* befanden, nur schwer zu verstehen. Auf der einen Seite war ihr Chef Lastern verfallen, die mit ihrem Glauben in Widerstreit standen, andererseits war er aber der Sohn des Messias. Vielleicht besaß er ja eine Art Spezialdispens, der es ihm gestattete, sich so zu benehmen. Maßten sie sich nicht ein ihnen gegenüber einem Wahren Kind nicht zustehendes Urteil an, wenn sie sich ihm bei seinen Ausschweifungen nicht anschlossen? Sollten sie dem Messias folgen – oder seinem Sohn? Dienten sie Hyo Jin Mun besser, wenn sie ihn deckten oder wenn sie ihn bloßstellten und damit möglicherweise einen Wandel erzwangen?

Aber auch wenn einer von ihnen ein so kritischer Denker gewesen wäre, Hyo Jins Benehmen in Frage zu stellen, was in Anbetracht der autoritären Natur der Kirche schon höchst unwahrscheinlich war, an wen hätte er sich wenden sollen? Man ruft nicht einfach so in East Garden an und verlangt, mit Sun Myung Mun zu sprechen. Und auch wenn ein Mitglied tatsächlich versucht hätte, einen Termin bei Mrs. Mun zu vereinbaren, mußte es damit rechnen, daß bald alle darüber Bescheid wußten. Hyo Jin wäre nicht erfreut gewesen zu erfahren, daß einer seiner Vertrauten die Wahren Eltern aufgesucht hatte, um diese davon in Kenntnis zu setzen, daß ihr Sohn ein alkohol- und drogenabhängiger Weiberheld war.

Im Gegenteil: Der innere Kreis war mit Hyo Jins Jähzorn so gut vertraut, daß er sich statt dessen alle Mühe gab, ihn möglichst bei guter Laune zu halten. Er terrorisierte seine Angestellten und erinnerte sie, wann immer sie sein Mißfallen erregt hatten, gerne daran, daß er ein »gemeiner Hundesohn« sei, wie er sich selbst manchmal charakterisierte.

Niemand wußte das besser als ich. Im September verprügelte Hyo Jin mich nach Strich und Faden, nachdem ich ihn und ein anderes Familienmitglied um 3.00 Uhr morgens in unserem Schlafzimmer beim Kokainschnupfen ertappt hatte. Ich hatte meinen Zorn nicht bremsen können. »Ist das das Leben, das du unserer Familie zugedacht hast?« wollte ich wissen. »Ist das der Vater, der du unseren Kindern sein willst?« Ich sagte ihm, daß ich nicht so weiterleben könne. Ich versuchte, das Kokain in der Toilette herunterzuspülen, wobei ich etwas von dem weißen Pulver auf dem Fußboden verschüttete. Er stieß mich zu Boden und ließ mich das Pulver wieder zusammenkehren. Er schlug mir mit der Faust ins Gesicht, woraufhin meine Nase anfing zu bluten. Er wischte mir mit der Hand das Blut vom Gesicht und leckte es dann ab. »Schmeckt gut«, lachte er. »Das macht Spaß.«

Ich war im siebten Monat schwanger. Während er auf mich einprügelte, versuchte ich, meinen Bauch mit den Händen zu schützen. »Ich werde dieses Baby töten«, brüllte Hyo Jin, und ich sah ihm an, daß er es ernst meinte.

Am nächsten Morgen brachten meine weinenden Kinder mir Eis für mein blaues Auge und umarmten mich, um mich zu trösten. Ich konnte nicht behaupten, daß Hyo Jin mich nicht gewarnt hätte. Wie oft hatte er mir gesagt, daß in ihm ein unerschöpflicher Quell der Gewalt schlummere?

»Wenn du mich zu weit treibst, werde ich die Kontrolle verlieren«, hatte er gesagt. Jetzt wußte ich, daß er nicht übertrieben hatte.

Hyo Jin verspürte keinerlei Gewissensbisse wegen der Schläge. Später erzählte er seinen Vertrauten vom *Manhattan Center*, daß er mich geschlagen habe, weil ich ihn »genervt« und an eine seiner früheren Lehrerinnen erinnert hätte, die immer versucht habe, ihn vor seinen Klassenkameraden zu demütigen. Ich sei eine frömmlerische Nörglerin und selbstgerechte Schlampe.

So stark seine Verachtung für mich auch sein mochte, reichte sie doch nicht annähernd an seinen Haß gegen seinen Vater heran. Er verabscheute und liebte Sun Myung Mun gleichermaßen. Er verhöhnte ihn vor mir und vor seinen Angestellten am *Manhattan Center* als senilen alten Irren, der endlich erkennen sollte, daß seine Zeit abgelaufen sei. Er entlarvte ihn als gleichgültigen Vater, der nie Zeit für seine Kinder hatte. Er gab seinem Vater die Schuld dafür, daß er als kleiner Junge von seinen Klassenkameraden als »Munie« verhöhnt worden war. Er verübelte ihm die Last, der Erbe der Vereinigungskirche zu sein, litt aber noch mehr unter seiner eigenen Unfähigkeit, den Erwartungen seines Vaters gerecht zu werden. Er bewahrte immer eine Waffe im *Manhattan Center* auf, dessen Sicherheitschef des öfteren Waffen für ihn besorgte. Wenn er high war, fuchtelte Hyo Jin damit herum und drohte, seinen Vater zu erschießen, falls Sun Myung Mun je versuchen sollte, ihn seine Autorität als Leiter des Centers zu beschneiden.

Und diese Autorität war absolut. Er ging mit dem Geld des *Manhattan Centers* um, als gehörte es ihm, und ließ seinen eigenen Gehaltsscheck auf ein Gemeinschaftskonto einzahlen, das er zusammen mit Rob Schwartz, seinem Finanzberater, unterhielt. Das *Manhattan Center* diente dazu, ihm seine sämtlichen Wünsche zu erfüllen. 1989 und 1992 wies er beispielsweise Schwartz an, mit Firmengeldern einen neuen Mercedes für Vater zu kaufen. Einmal erwarb er für die ganze Mun-Familie sogar ein 18 Fuß langes Fischerboot mit einem Transportanhänger. Was diese Wagen oder das Boot, die allesamt auf dem Anwesen in Irvington standen, mit dem Center zu tun haben sollten, blieb rätselhaft.

Die Selbstverständlichkeit, mit der Hyo Jin Privateinkommen, Kirchengelder und Geschäftskonten durcheinanderwarf, hätte das Finanzamt verblüfft. 1994 wies er Rob Schwartz an, einer seiner jüngeren Schwestern 30 000 Dollar auszuzahlen. Es gab im *Manhattan Center* interne Debatten darüber, wie sich dieser Geldtransfer am besten tarnen ließe. Letztendlich wurden Ausgaben der Mister-und-Miss-University-Wahl, die im *Manhattan Center* stattfanden, aus den Büchern herausgehalten, und man übergab Hyo Jin für seine

Schwester 30 000 Dollar in bar. Im Jahr davor reiste eine Gruppe von japanischen Kirchenmitgliedern durch die Vereinigten Staaten. Bei einem Besuch des *Manhattan Centers* überreichten sie Hyo Jin eine private »Spende« von 400 000 Dollar in bar. Einen Teil des Geldes behielt er, den Rest verwandte er für seine Lieblingsprojekte am *Manhattan Center*. Er ließ das Geld nicht über die Bücher laufen und zahlte auch nie einen Dollar an Steuern dafür.

Im Februar 1994 kam Hyo Jin mit einer Einkaufstüte von Bloomingdale's ins *Manhattan Center*, die 600 000 Dollar Bargeld enthielt. Ich hatte ihm an diesem Tag in unserem Schlafzimmer geholfen, das Geld zu zählen. Er rief seine engsten Mitarbeiter in sein Büro und fragte die verblüfften Männer, ob sie je soviel Geld gesehen hätten. Was er ihnen verschwieg, war, daß er von der Million, die Vater ihm für die Finanzierung diverser Projekte des *Manhattan Centers* überlassen hatte, 400 000 Dollar für sich selbst abgezweigt hatte. Hyo Jin bewahrte das Geld in einem Schuhkarton in unserem Schlafzimmer auf. Im November hatte er alles ausgegeben, das meiste für Drogen.

Es ist anzunehmen, daß Sun Myung Mun bis zum November 1994 nicht geahnt hat, in welchem Maße Hyo Jin das *Manhattan Center* zu seiner privaten Geldkassette gemacht und die Familiensuite im 30. Stock des New Yorker Hotels in seine private Drogenhöhle verwandelt hatte. Er wußte es nicht, weil er es nicht wissen wollte. Reverend und Mrs. Mun hatten die Art ihrer elterlichen Beziehung zu Hyo Jin festgelegt, als er noch ein Junge gewesen war und man ihn aus der Schule geworfen hatte, weil er mit einem Gewehr auf Klassenkameraden geschossen hatte. Weder damals noch jemals danach hatten sie ihren Sohn gezwungen, die Verantwortung für seine Taten zu übernehmen. Und so wuchs er in dem Glauben auf, daß er keinerlei Konsequenzen zu fürchten brauchte, was immer er auch tat – eine Einstellung, in der er von seinen Eltern und den Kirchenältesten noch bestärkt wurde.

In jenem Herbst beispielsweise sprach Hyo Jin als Gastredner in einer Vortragsreihe zum Thema »Entstehung des Glaubens« am *Unification Theological Seminary (UTS)* in Barrytown, New York, wo er als Teilzeitstudent immatrikuliert war. Ein Kommilitone stellte Hyo Jin eine völlig unverfängliche Frage zu seinen Bemerkungen, und Hyo Jin fühlte sich prompt beleidigt. Wortlos ging er zu dem Studenten hinüber und fing an, auf ihn einzuprügeln. Der Student blieb sitzen und wehrte sich nicht.

Nach diesem Zwischenfall bekam Hyo Jin zwei Briefe von Jennifer Tanabe, Dekan der Fakultät. Bei dem einen Schreiben handelte es sich nur um eine Abmahnung an Hyo Jin und den Studenten, den er angegriffen hatte, Jim Kovic; der zweite Brief war ein persönliches Schreiben, in dem Hyo Jin gebeten wurde, den offiziellen Brief nicht zu beachten. »Bitte verstehen Sie, daß es nicht etwa meine Absicht war, Sie mit diesem Schreiben zu beschuldigen, sondern Sie gegen mögliche Anschuldigungen zu schützen. Ich werde mich im Rahmen meiner Möglichkeiten für Sie einsetzen. Das ist mein Wille vor Gott«, schrieb sie und schloß mit einer Entschuldigung an den Mann, der in einem ihrer Vorlesungssäle einen Studenten grundlos verprügelt hatte. »Es tut mir leid, Sie an den unangenehmen Zwischenfall am UTS erinnert zu haben. Ich hoffe, daß Sie das UTS in Zukunft wieder als einen Ort ansehen können, der Ihnen Freude und Inspiration bringen kann.«

Im November gingen Hyo Jin jedoch langsam die Ausreden und die Fürsprecher aus. Der Monat begann mit der

Geburt unseres zweiten Sohns und fünften Kindes Shin Hoon. Hyo Jin war in irgendeiner Bar, als die Wehen einsetzten, und so fuhr ich selbst ins Krankenhaus, mit dem Babysitter auf dem Beifahrersitz. Ich wollte, daß sie sich den Weg einprägte, damit sie meine anderen Kinder zu mir bringen konnte, wenn ihr Brüderchen erst auf der Welt war. Bevor wir losfuhren, brachte ich die Kinder zu Bett. Ich erklärte ihnen, daß ich ins Krankenhaus fahren müsse, um das Baby zu bekommen, und daß sie am nächsten Tag allein in die Schule gehen sollten, ohne irgend jemandem zu erzählen, wo ich war. Mein Bedürfnis nach Privatsphäre in der beengenden Welt der Mun-Familie hatte bei mir absoluten Vorrang. Ich rief meinen Bruder Jin in Massachusetts an, um ihn wissen zu lassen, daß ich unterwegs wäre ins Phelps Hospital. Auch bat ich ihn, unsere Eltern in Korea zu verständigen.

Es machte mir nichts aus, daß Hyo Jin nicht da war. Das war *mein* Baby, es gehörte nur mir und meinen Kindern. Er hatte mit uns als Familie nichts mehr zu schaffen. Wenn er die Gesellschaft irgendwelcher Bardamen vorzog, warum sollte er dann bei der Geburt meines Sohnes dabei sein? Um 4.00 Uhr wurde mir mitgeteilt, daß diesmal ein Kaiserschnitt gemacht werden müsse, und der Arzt bestand darauf, daß ich meinen Mann anrief. Er hatte bereits geschlafen. Jetzt glaubte er, ich sei in einem der Kinderzimmer und verlangte von mir, daß ich herüberkommen sollte, um ihn sexuell zu befriedigen. Er fiel aus allen Wolken, als er hörte, daß ich gleich in den OP gebracht werden würde.

Er sagte, er wäre zu müde, um sofort zu kommen. »In welchem Krankenhaus bist du überhaupt?« wollte er wissen. Es war unser fünftes Kind, und er wußte immer noch nicht, wo sie alle zur Welt gekommen waren. Ich war wütend und antwortete ihm nicht. Hyo Jin fing an zu schreien. Ich legte auf, rief aber später noch einmal an, nachdem ich mich wieder beruhigt hatte. »Vergiß es«, sagte er kalt. »Ich werde nicht kommen. Du kannst das Baby zu mir bringen.«

Mein erster Blick auf »Hoonie« war tränenverschleiert. Eine Krankenschwester tupfte mir immer wieder die Augen trocken, als der Doktor den kräftigen Jungen von fast neun Pfund aus meinem Bauch holte. Er hatte einen vollen schwarzen Haarschopf. Die Nabelschnur hatte sich um einen Arm gewickelt, was eine natürliche Geburt riskant gemacht hätte. Er hatte die Augen halb geschlossen, schrie jedoch schon mit kräftiger Stimme.

Hyo Jin ließ sich zwei Tage nicht blicken. Sein Stolz und seine Gleichgültigkeit hielten ihn fern. Ich war ebenso stur wie Hyo Jin, rief aber dennoch an und bat ihn, sich seinen Sohn anzusehen. Er blieb nur ein paar Minuten bei mir und warf durch das Fenster der Säuglingsstation nur einen flüchtigen Blick auf Shin Hoon. Er bat nicht einmal darum, ihn halten zu dürfen. Am Abend brachte der Babysitter meine Kinder zu mir. Ich war so glücklich, sie zu sehen. Sie alle posierten zusammen mit ihrem neuen Brüderchen für Photos und bettelten, daß ich doch bald nach Hause kommen solle.

Ich ging am nächsten Tag heim, obwohl die Ärzte mich wegen des chirurgischen Eingriffs noch dabehalten wollten. Aber ich wollte nicht, daß irgend jemand aus der Mun-Familie erfuhr, daß ich per Kaiserschnitt entbunden worden war. Es war absolut ungewöhnlich, über Informationen zu verfügen, die den Muns vorenthalten blieben; ich wollte, daß die Operation mein Geheimnis blieb. Hyo Jin kam mit den Kindern und dem Babysitter in zwei Autos, um uns vom Krankenhaus abzuholen. Als es länger dauerte, den Babysitz im Wagen anzubringen, als seine Geduld vertrug, fuhr er mit Shin Gil vor und überließ es dem Babysitter, mich heimzufahren. Am Abend teilte Hyo Jin mir mit, daß er in die Stadt fahren wolle. Was ich erst später erfuhr, war, daß mein Mann ausgerechnet den Tag, an dem ich zusammen mit unserem Baby aus der Klinik heimkam, ausgesucht hatte, um ein Verhältnis zu einer Frau zu beginnen. Er schlief mit Annie, einer Angestellten des *Manhattan Center*, in unserem Bett in unserer Suite des ehemaligen New Yorker Hotels.

Ich kannte Annie von den Dutzenden von Briefen her, die sie Hyo Jin geschrieben hatte, seit sie ihn einige Jahre zuvor bei einer Kampfsportveranstaltung der Kirche in Colorado das erste Mal gesehen hatte. Ihre Briefe erinnerten mehr an Fanpost als an etwas anderes. Hyo Jin bekam oft solcherlei Briefe von jungen Kirchenmitgliedern, die zu ihm als dem Sohn des Messias aufblickten. Ich hatte Annies Verehrung Hyo Jins nie ernstgenommen. Sie selbst war Amerikanerin und mit einem koreanischen Mitglied verheiratet, von dem sie einen Sohn hatte. Annie war in diesem Jahr nach New York gekommen, um für Hyo Jin am *Manhattan Center* zu arbeiten, nachdem sie ihn angefleht hatte, sie und ihren Ehemann aus Japan zurückzuholen, wo sie im Auftrag der Kirche stationiert worden waren.

Hyo Jin sprach häufig von ihr, aber anfangs ahnte ich nichts von der wahren Natur ihrer Beziehung. Vielleicht wollte ich auch nicht wissen, was für alle anderen um sie herum immer offensichtlicher wurde. Ich machte mir weit mehr Sorgen wegen seiner wachsenden Kokainabhängigkeit. Die Zeit, die er nicht am *Center* verbrachte, schloß er sich in seinem Zimmer ein. Wie sich herausstellte, stand ich mit meiner Sorge nicht allein da.

Einundzwanzig Tage nach der Geburt eines Babys wird

innerhalb der Vereinigungskirche gebetet, um Gott für die Gesundheit des Kindes zu danken. Ich hielt zusammen mit meinen Kindern eine formlose Zeremonie ab. Hyo Jin war die ganze Nacht auf einer Sauftour gewesen und noch nicht wieder zurück. Seine Schwester Un Jin schaute am Nachmittag vorbei, um das Baby zu sehen. Wir hatten uns in den letzten Jahre nicht sonderlich nahe gestanden, aber ich würde nie vergessen, wie lieb sie zu mir in meiner Anfangszeit in East Garden gewesen war.

Sie vertraute mir an, daß sie sich Sorgen um Hyo Jin mache. Er habe stark abgenommen. Er esse nichts mehr. Ob ich glaubte, daß sein Alkohol- und Drogenproblem schlimmer geworden wäre? Ob ich meinte, daß die Wahren Eltern ihn in eine Entzugsklinik schicken sollten? Ich erzählte ihr, was mir selbst an seinem selbstzerstörerischen Lebenswandel aufgefallen war, äußerte jedoch Skepsis, was seine Bereitschaft anbelangte, sich mit seinen Süchten auseinanderzusetzen.

Gleich am nächsten Tag gab Hyo Jin eine Thanksgiving-Party für die Angestellten im *Manhattan Center* und ließ dabei Wein ausschenken. Nur seine engsten Mitarbeiter wußten genau über Hyo Jins Alkohol- und Koksproblem Bescheid. Die restlichen Mitarbeiter waren schockiert von dem Alkoholausschank bei einer Kirchenveranstaltung. Als Reverend Mun hiervon erfuhr, rief er in Hyo Jins Abwesenheit die Angestellten des *Manhattan Centers* zu einer Besprechung zusammen. Zuerst erinnerte er sie daran, daß er Oberhaupt der Vereinigungskirche war; dann forderte er sie auf, Hyo Jin zu unterstützen, indem sie ihn von gefährlichen Situationen fernhielten.

Später rief ich Hyo Jins Assistentin Madelene Pretorius an, um zu hören, wie das Meeting gelaufen war. Wir kannten einander nur flüchtig und waren uns erst einmal begegnet, als sie die Kinder bei einer Schulaufführung gefilmt hatte. Sie berichtete mir, was Vater gesagt hatte, und gab zu, daß sie Reverend Mun und mir nicht die ganze Wahrheit gesagt hatten. Auf seine Frage, ob sie zusammen mit Hyo Jin rauchten oder tranken, hatte es keiner zugegeben. Tatsächlich aber, vertraute sie mir an, würden sie ständig in Bars oder unserer Suite im New Yorker zusammen mit ihm rauchen und trinken.

Ich war entsetzt. Was er sich selbst antat, war schlimm genug, aber andere Kirchenmitglieder mit in den Abgrund zu ziehen, das war unverzeihlich. Daß er darüber hinaus unsere Zimmer für seine Zwecke mißbrauchte, machte mich wütend. Das war der Anfang vom Ende unserer Ehe, auch wenn ich es damals noch nicht erkannte. Etwas in mir stand kurz vor dem Zerreißen. Ich hatte akzeptiert, daß es mein Schicksal, ja meine göttliche Mission war, ein unglückliches Dasein an der Seite dieses Unmenschen zu führen. Aber ich konnte nicht tolerieren, daß Mitglieder einer Kirche, an die ich immer noch glaubte, durch Hyo Jins Machtmißbrauch zur Sünde verleitet wurden.

Ich rief ihn im *Manhattan Center* an. Am Telefon war ich ihm gegenüber viel mutiger als wenn ich ihm gegenüber gestanden hätte, zumal er mich dann hätte schlagen können. Ich teilte Hyo Jin mit, daß er in meinen Augen nicht besser sei als ein Tier, und die Kinder und ich keinen Wert darauf legten, daß er heimkam.

Das war natürlich eine kurzsichtige Reaktion, denn selbstverständlich kam er doch nach Hause, und zwar schäumend vor Wut. In meinem Zorn hatte ich bereits seine Schränke ausgeräumt, seine Koffer gepackt, seine Pornovideos zerschnitten und seine ganze Habe in einem Zimmer am anderen

Ende des Flurs untergebracht. Ich hörte die Haustür zuknallen. Er stürmte die Treppe herauf, packte mich beim Hemdkragen und schleifte mich in sein Zimmer. Dort stieß er mich grob auf einen Stuhl und schubste mich jedesmal zurück, wenn ich versuchte aufzustehen.

»Wie kannst du es wagen zu versuchen, mich vor meinen Leuten im *MC* bloßzustellen?« schrie er. »Wer bist du, daß du mir vorschreiben willst, was ich zu tun und zu lassen habe?« Er beugte sich über mich, ohrfeigte mich und schubste mich die ganze Zeit herum. Ich hatte keine Möglichkeit, ihm zu entkommen.

Das einzige, was mich rettete, war, daß er bereits zu spät zu einem Termin bei seinem Bewährungshelfer kam. Er war immer noch auf Bewährung wegen Fahrens unter Alkoholeinfluß. Er versuchte, den Termin telefonisch abzusagen und schützte einen Notfall in der Familie vor, aber sein Bewährungshelfer bestand darauf, daß er kam; Hyo Jin hatte schon zu viele Termine platzen lassen. »Wenn ich zurückkomme, will ich eine Familienkonferenz«, teilte er mir mit. »Du wirst den Kindern sagen, daß es falsch von dir war, mich zu kritisieren, daß es ihrem Dad freisteht, zu rauchen und zu trinken, soviel es ihm beliebt, und daß du eine schlechte Mutter bist. Hast du verstanden?« Ich bejahte. Ich hätte allem zugestimmt, damit er nur endlich ging.

Kaum war er gegangen, erhielt ich einen Anruf von Mrs. Muns Dienstmädchen. »Vater möchte Sie sofort sehen«, sagte sie. Ich erwartete, erneut gescholten zu werden, weil es mir nicht gelungen war, meinen Mann auf den Pfad der Tugend zurückzuführen. Ich hatte genug; es war höchste Zeit, daß ich handelte. Irgendwie hatte das zunehmende Maß an Tyrannei mir Kraft gegeben. Ich faßte zwar nicht bewußt die Entscheidung, mich nicht mehr prügeln zu lassen, aber an diesem Abend behauptete ich mich das erstemal überhaupt gegenüber den Muns.

»Vater will dich sprechen«, sagte Mrs. Mun, als ich ihre Suite betrat. »Könnte ich bitte mit Ihnen beiden sprechen?« fragte ich. »Ich muß Ihnen etwas sagen.«

Reverend und Mrs. Mun hörten schweigend zu, als ich ihnen die Szene beschrieb, die sich eben erst abgespielt hatte. »Nicht nur ich und die Leute im *MC* sind betroffen«, sagte ich. »Hyo Jin verlangt von mir, den Kindern zu erzählen, daß Alkohol und Drogen in Ordnung sind.« Das reichte aus, um eine Reaktion bei Vater hervorzurufen. »Nein. Nein«, sagte er, »du mußt den Kindern beibringen, was richtig ist und was falsch.« Ich blickte immer wieder auf die Uhr. Ich sagte den Wahren Eltern, daß ich zu Hause sein müsse, bevor Hyo Jin von seinem Termin bei seinem Bewährungshelfer zurückkehrte.

Reverend Mun schwieg einige Minuten. »Ich werde dich zum *MC* schicken, damit du ein Auge auf ihn hast. Du sollst sein Schatten sein. Ich übertrage dir die Verantwortung. Du wirst verhindern, daß er Geld für Drogen und Alkohol ausgibt.«

Ich war überrascht, aber ich wußte, daß er mir diese Aufgabe als seine Augen und Ohren im *Manhattan Center* nicht so sehr deshalb anvertraute, weil er von meiner Eignung überzeugt war, sondern weil er sich meiner Loyalität gewiß war. Die Angestellten des *Manhattan Center* waren Hyo Jin Treue schuldig; ich meinerseits leistete Wahren Vater Gefolgschaft. Kurzfristig betrachtet hatte er recht. Langfristig stellte sich heraus, daß meine Loyalität vor allem Gott, meinen Kindern und mir selbst galt.

Als ich zum Haupthaus zurückkehrte, war Hyo Jin noch nicht zurück. Ich rief unsere älteste Tochter in mein Zimmer.

»Dad will eine Familienbesprechung«, eröffnete ich ihr. »Ich werde gezwungen sein, Dinge zu sagen, an die ich selbst nicht glaube, weil dein Dad sonst sehr böse wird.« Sie war entrüstet, daß ich überhaupt in Erwägung zog, einfach das zu sagen, was er verlangte. »Du bist keine schlechte Mom. Du bist eine gute Mom. Du kannst nicht sagen, daß das, was er tut, in Ordnung ist, wo du doch weißt, daß es nicht so ist.« Ich sah ihr an, daß sie enttäuscht war von meiner Bereitschaft, die Wahrheit zu kompromittieren. Ich schämte mich vor meiner 12jährigen Tochter, die in ihren jungen Jahren schon einen ausgeprägten Sinn für Gerechtigkeit hatte.

Ich war egoistisch. Ich wollte nur weitere Brutalitäten und weiteres Gebrüll vermeiden. Als er zurückkam und von mir verlangte, den Kindern zu sagen, daß ich ihrem Dad gegenüber unfair gewesen sei, gehorchte ich. Meiner Tochter schossen Tränen in die Augen, aber sie war nicht traurig, sie war zornig. »Das ist eine Lüge«, schrie sie ihren Vater an. »Mom ist gut. Sie ist immer bei uns. Du bist nie hier. Was weißt du schon?« Hyo Jin richtete seinen Zorn jetzt gegen sie und warf den amerikanischen Schulen vor, Kindern keinen Respekt mehr beizubringen.

Angesichts des Mutes meines kleinen Mädchens kam ich mir wie ein Feigling vor. Als Hyo Jin sich wieder beruhigt hatte, erzählte er ihr, daß er so viel weg gewesen sei, um seine Pflicht gegenüber der Kirche zu tun. Ich mußte an die Ironie denken, die hierin lag: Genau diese Ausrede hatte er bei seinem eigenen Vater so sehr gehaßt.

Ich war überrascht, daß Hyo Jin trotz anfänglicher wütender Proteste meine neue Position am *Manhattan Center* akzeptierte. Er ahnte nicht, warum Vater mich dort untergebracht hatte, und da er mich so wenig respektierte, betrachtete er meine Anwesenheit vermutlich nicht als Bedrohung. Er sollte bald eines Besseren belehrt werden. Eine meiner ersten Amtshandlungen bestand darin, ein Meeting zwischen Hyo Jins engsten Vertrauten und Sun Myung Mun in East Garden zu arrangieren. Reverend Mun machte ihnen unmißverständlich klar, daß sie weder mit Hyo Jin trinken noch mit ihm zusammen Drogen konsumieren dürften. Sie sollten Vater Treue schwören und am *Manhattan Center* meinen Anweisungen Folge leisten – und nicht Hyo Jins.

Trotz meiner Wut auf Hyo Jin trafen mich seine Vorwürfe, daß nur mein mangelndes Verständnis und meine mangelnde Unterstützung als seine Ehefrau ihn zum Trinken und zum Drogenkonsum getrieben hätten, immer noch. Falls ich tatsächlich irgendwie dafür verantwortlich war, mußte ich noch einmal von ganzem Herzen versuchen, es wiedergutzumachen, wenn nicht für uns, so doch zumindest für Gott. Im Dezember verbrachte ich meine gesamte Freizeit mit Hyo Jin. Ich begleitete ihn überall hin, saß sogar zu Hause bei ihm, während er Kokain schnupfte.

Die Drogen lösten seine Zunge, und ich hörte mir stundenlang seine Ausführungen über Gott, Satan und Sun Myung Mun an. Je mehr ich hörte, desto überzeugter war ich, daß Hyo Jin kein normales Empfinden für richtig und falsch hatte. Es war traurig mitanzuhören, wie er jämmerliche Ausreden anführte, um seine Moral den jeweiligen Umständen anzupassen.

In seinen Monologen im Drogenrausch porträtierte er sich unweigerlich als Opfer elterlicher Vernachlässigung, ehelicher Kritik und unrealistischer Erwartungen seitens der Kirche. Ich wartete auf das geringste Anzeichen dafür, daß mein Mann auch nur ansatzweise in der Lage war, ein Mindestmaß an Verantwortung zu übernehmen für die falschen

Entscheidungen, die er im Leben getroffen hatte und immer noch traf.

Ich hörte nichts dergleichen. An allen Problemen Hyo Jins waren andere Schuld. Wie sollte er bei dieser Einstellung Gott dienen können? Wie sollte er unseren Kindern je ein guter Vater sein?

Am *Manhattan Center* machte ich mich daran, Ordnung in die finanziellen und spirituellen Angelegenheiten zu bringen. Ich wies Hyo Jins Assistentin, Madelene Pretorius, an, keine »Taschengeldzahlungen« von einigen hundert Dollar mehr an Hyo Jin vorzunehmen. Mitarbeiter, die für wenig Arbeit völlig überzogene Gehälter einstrichen, wurden neue Aufgaben zugeteilt. Sämtliche wichtigen Entscheidungen mußten künftig von mir abgesegnet werden.

Aber ich hatte am *Manhattan Center* noch eine andere Mission zu erfüllen. Ich war fest entschlossen herauszufinden, ob Hyo Jin und Annie eine Affäre hatten. Madelene hegte den Verdacht, daß dem so war. Sogar mein Schwager Jin Sung Pak hatte angedeutet, daß zwischen den beiden etwas lief. Ich fragte Hyo Jin mehrfach rundheraus, woraufhin er jedesmal leugnete, was mich jedoch nicht überzeugte. Nachdem ich angefangen hatte, am *Manhattan Center* zu arbeiten, begann er, mich mit ihrer rätselhaften Beziehung zu provozieren. »Warum machst du dir solche Sorgen wegen Annie?« fragte er, als wolle er mich ködern.

Ende Dezember beschloß ich, so lange darauf herumzureiten, bis er gestand. Es erforderte stundenlanges Taktieren und sachtes Drängen, endlich die Wahrheit aus ihm herauszukitzeln. »Nein, ich habe sie nicht angerührt«, beharrte er zuerst. »Na ja, vielleicht habe ich sie mal geküßt«, gab er später zu. »Vielleicht hatten wir auch Oralsex.« Sein Herunterspielen der Tatsachen klang gepreßter, je mehr er zugab.

»Ich bin in sie eingedrungen, aber ich bin nicht gekommen, also zählt das nicht«, behauptete er, bevor er schließlich zugab: »Ja, ich habe ejakuliert, aber das zählt nicht, weil sie die Pille nimmt.« Ich fragte mich, ob er auch nur im Entferntesten ahnte, wie jämmerlich er klang.

Ich war sehr ruhig, als er mir seinen Verrat an unserer Familie gestand. Im Grunde meines Herzens hatte ich es die ganze Zeit gewußt; sein Geständnis war nur die Bestätigung eines langgehegten Verdachts. Er fing an zu weinen und flehte mich um Vergebung an. Ich sagte, ich würde versuchen, ihm zu verzeihen, jedoch erst wieder mit ihm schlafen, wenn er für seine Sünde gebüßt hatte. »Warum Annie?« fragte ich impulsiv. Er explodierte. »Weil sie schön ist«, schrie er. »Und sie ist nicht die einzige. Alle Frauen in der Kirche wollen mich. Ich ficke die hübschesten Mädchen unter ihnen. Ich werde es dir zeigen.« Ich war wie vor den Kopf geschlagen. Das war der Mann, der behauptete, der Sohn des Messias zu sein, ein Mann, der vor ein paar Jahren bei einem Kirchengottesdienst das Wort ergriffen hatte und von der Heiligkeit der Segnung gepredigt hatte.

»Wie willst du mit dem Messias kommunizieren, wenn du dich in der Sinnlichkeit der gefallenen Welt suhlst? Das kannst du nicht. Darum nimmt das Opfer ja auch einen so großen Stellenwert ein«, sagte er einmal bei einer sonntäglichen Zusammenkunft in Belvedere. »Wenn Vater euch befehlen würde, diesen Raum zu verlassen und euch in Bars zu betrinken, um anschließend auf die Straße zu gehen und euch unter Prostituierte zu mischen, wärt ihr dann stark genug, wäre eure Liebe zu Vater groß genug, um der Versuchung zu widerstehen? Wärt ihr in der Lage, eure Reinheit und Integrität zu bewahren? Wärt ihr hierzu wirklich fähig? In einer solchen Umgebung zu leben, um die Menschen zu bekehren, ist ein guter Grund. Aber kennt ihr Vater gut genug, um der Versuchung zu widerstehen, eine Frau anzufassen, schöne Frauen anzusehen oder in eurer Fähigkeit beeinträchtigt zu werden, vernünftige Entscheidungen zu treffen? Könnt ihr unter solchen Umständen noch an eurer Loyalität Vater gegenüber festhalten? Seid ihr stark genug, ungeachtet der Umstände zu Vater zu stehen?«

Jetzt wußte ich, daß Hyo Jin Mun diese Fragen nicht an die Kirchenmitglieder gerichtet hatte, sondern an sich selbst, und leider lautete die Antwort auf jede einzelne dieser Fragen »nein«. Wie bei allen Verfehlungen, die sein Leben kennzeichneten, weigerte Hyo Jin sich auch hier, die Verantwortung für seinen Ehebruch zu tragen, die schlimmste Sünde innerhalb der Vereinigungskirche. Er erzählte mir, daß die von der Kirche gepredigte sexuelle Enthaltsamkeit für ihn nicht gelte, eine These, die er zuvor bereits Annie und seinen engsten Vertrauten gegenüber aufgestellt hatte. Vater war untreu gewesen, und als Sohn des Messias stünde auch ihm dieses Recht zu. Seine sexuellen Liaisons seien »schicksalhaft« oder von Gott befohlen.

»Ich habe Hyo Jin vertraut, als er sagte, ›Ich weiß, was mir gestattet ist‹ Er hat nie auch nur angedeutet, daß ich mit ihm abfallen würde«, schrieb Annie mir später. »Madelene hat mir erzählt, daß Vater eine außereheliche Beziehung hatte, aus der ein Sohn hervorgegangen ist. Hyo Jin und Jin Sung Nim haben mir dies später bestätigt. Wir diskutierten darüber, ob es stimmen konnte und was es bedeuten mochte. Ich habe nie Vaters Reinheit oder sein Handeln in Frage gestellt. Aber mir ging auf, daß es innerhalb der Wahren Familie viel Schicksalhaftes geben mußte, das ich weder verstehen noch beurteilen konnte.«

Ich ging nach Hyo Jins Beichte direkt zu Mrs. Mun. Sie

reagierte gleichzeitig wütend und weinerlich. Sie habe gehofft, daß dieser Schmerz mit ihr enden würde, daß er nicht an die nächste Generation weitergegeben werden würde, sagte sie mir. Niemand kenne den Schmerz, den die Untreue eines Ehemannes verursache, besser als Wahre Mutter, versicherte sie mir. Ich war völlig verdattert. Wir hatten alle jahrelang Gerüchte gehört über Sun Myung Muns Affären und die hieraus hervorgegangenen unehelichen Kinder, aber nun wurde mir das, was bisher nur Gerede gewesen war, von Wahre Mutter bestätigt.

Ich sagte ihr, Hyo Jin hätte behauptet, seine Affäre sei »vom Schicksal bestimmt« und von Gott inspiriert so wie jene seines Vaters. »Nein. Vater ist der Messias, nicht Hyo Jin. Was Vater getan hat, gehörte zu Gottes Plan.« Seine Untreue war Teil ihrer Prüfung, gehörte zu dem Leid, das sie erdulden mußte, um Wahre Mutter zu werden. »Für Hyo Jins Untreue gibt es hingegen keinerlei Ausrede«, sagte sie.

Mrs. Mun berichtete Vater von Hyo Jins Äußerungen, und Reverend Mun rief mich in sein Zimmer. Was in der Vergangenheit geschehen sei, wäre »vom Schicksal bestimmt« gewesen, erklärte mir auch Vater. Es habe jedoch nicht das geringste mit Hyo Jin zu tun. Es machte mich verlegen, dieses Geständnis aus seinem Mund zu hören. Außerdem war ich verwirrt. Wenn Hak Ja Han Mun die Wahre Mutter war, wenn er die vollkommene irdische Partnerin gefunden hatte, wie konnte er dann seine Untreue theologisch rechtfertigen?

Natürlich fragte ich ihn das nicht, aber ich verließ den Raum mit einem neuen Verständnis der Beziehung zwischen Reverend und Mrs. Mun. Es war kein Wunder, daß sie solchen Einfluß hatte; er stand in ihrer Schuld, weil sie ihn all die Jahre gedeckt hatte. Sie hatte sich mit seiner Untreue und den Betrügereien abgefunden. Vielleicht genügten ihr das Geld, die Weltreisen und die Anbetung der Massen als Ausgleich.

Mir würden sie nicht genügen. Das erste und vielleicht einzige Mal in seinem Leben sollte Hyo Jin Mun am eigenen Leib erfahren, daß jede Handlung eine Reaktion nach sich zieht, daß man für jedes Fehlverhalten mit Konsequenzen rechnen mußte. Reverend und Mrs. Mun erlaubten mir, Annie wegzuschicken. Aber erst gab ich ihr die Gelegenheit, mir die Wahrheit zu sagen. Ich wollte, daß sie gestand, was sie mir, ihrem Mann und Gott angetan hatte. Sie schwor beim Namen der Wahren Eltern, daß sie und Hyo Jin nichts Falsches getan hätten.

Nachdem ich sie aus dem *Manhattan Center* entfernt hatte, schrieb sie mir vom Zuhause ihrer Eltern in Maine aus. Ihr Mann war zusammen mit ihrem gemeinsamen Sohn nach Japan zurückgekehrt. Er wollte die Scheidung. »Jetzt erst kann ich Ihren Schmerz, Ihre Qualen und Ihre Tränen nachempfinden ...« schrieb sie, plötzlich kleinlaut und um Verzeihung bettelnd. Sie schrieb mir noch mehrere Briefe, in denen sie den Sex mit meinem Ehemann detaillierter beschrieb als nötig gewesen wäre, und übernahm darin die Verantwortung für das, was sie getan hatte.

Im Kalender der Vereinigungskirche ist das Epiphaniasfest, d. i. das Fest der »Erscheinung des Herrn« oder Dreikönigsfest am 6. Januar, nicht eingetragen, aber Anfang 1995 erlebte ich meine eigene Epiphanie. Die Saat meiner Emanzipation war im letzten Herbst gesät worden, als Hyo Jin seine Affäre angefangen und seinen Drogenkonsum vor Kirchenmitgliedern ausgelebt hatte. An einem kalten Tag Mitte Januar erlebte ich dann einen dieser Augenblicke der Erleuchtung, von denen ich bislang immer nur gelesen hatte.

Hyo Jin zog sich gerade für einen Abend in der Stadt um. Die Ereignisse der vergangenen Monate hatten seine Gewohnheiten überhaupt nicht geändert. Von einem Sessel im Elternschlafzimmer aus beobachtete ich, wie er sich in dem großen Spiegel musterte. Er war schon immer sehr eitel gewesen. Aber als er sein Hemd in die Hose stopfte und an seinem Haar herumzupfte, fühlte ich eine Distanziertheit, wie ich sie in meiner Ehe noch nie empfunden hatte. Sogar meine Abscheu war verflogen.

Ich hörte keine Stimme von oben, wurde nicht von einem gleißenden Licht geblendet. Ich war nur plötzlich von der Gewißheit erfüllt, daß Gott nicht länger von mir erwartete zu bleiben. Mein Ehemann würde sich niemals ändern. Gott selbst hatte Hyo Jin aufgegeben. Es stand mir frei zu gehen. Ein nie gekanntes Glücksgefühl stieg in mir auf. Für Hyo Jin empfand ich nur Mitleid. Er war eine verlorene Seele ohne Gespür für richtig und falsch und ohne wahres Verständnis von Gott.

Für eine geschlagene Frau ist es ein langer Weg vom Entschluß bis zur Umsetzung in die Tat, ein Weg, den nur wenige von uns ohne Unterstützung bewältigen können. Ich hatte das Glück, nicht auf mich allein gestellt zu sein. Madelene Pretorius und ich kannten uns wie gesagt kaum. Sie hatte drei Jahre für Hyo Jin gearbeitet. Auf den ersten Blick schien es unwahrscheinlich, daß ich sie zur Verbündeten würde gewinnen können. In jenem Winter bekam sie jedoch mit, wie Hyo Jin im Büro ständig über mich herzog, und abends hörte sie dann mir zu, wie ich mich am Telefon über ihn beklagte. Sie war hin und her gerissen zwischen ihrer Loyalität: war Hyo Jin eher der göttliche Sohn des Messias oder der sehr menschliche, ungehobelte Mann, den wir beide kannten. Hatte er ihr nicht einmal in einer Bar einen Aschenbecher an den Kopf geworfen? Hatte er nicht bei einer anderen Gelegenheit eine Flasche Wasser nach ihr geschmissen, die dann an der Wand über ihrem Stuhl zersplittert war, so daß Scherben und Wasser auf sie herabgeregnet waren?

Sie war der erste Mensch außerhalb meiner Familie, mit dem ich je über meine Gefühle hatte sprechen können. Und sogar meiner Familie gegenüber erzählte ich nicht alles aus meinem Leben. Ich wollte sie nicht verletzen, indem ich ihnen das ganze Ausmaß des Elends darlegte, das meine Kinder und ich erlebten. Madelene hörte mir mit einer Geduld und einem Mitgefühl zu, wie ich sie bisher noch nie erfahren hatte. Ich hatte nie eine richtige Freundin gehabt. Ich will gar nicht behaupten, daß ich ihr in jenen Anfangsmonaten eine Freundin war. Aber sie war mir eine. Es sollte noch lange dauern, bis ich aufhörte, mich wie ein Mitglied der Wahren Familie zu benehmen und sie das unterwürfige Verhalten eines einfachen Mitgliedes der Vereinigungskirche ablegte. Aber schon am Anfang sah ich einen Anflug dessen, was eine aufrichtige Beziehung zwischen Gleichberechtigten sein konnte.

Madelene machte damals ebenfalls eine private Krise durch. Sie war von der Kirche mit einem Australier vereint und verheiratet worden. Sie mochte ihn, wollte ihn jedoch nicht begleiten, als er beschloß, in seine Heimat zurückzukehren. Sie wußte nicht, was sie tun sollte. Scheidung ist eine Erfindung der Menschen; eine Segnung hat bis in alle Ewigkeit Gültigkeit. Anhänger der Vereinigungslehre glauben, daß man auch nach dem Tod noch verheiratet bleibt. Es war aufschlußreich, daß Hyo Jin ihr zur Scheidung riet; sein Eigeninteresse, sie als Mitarbeiterin am *Manhattan Center* zu halten, war stärker als sein Respekt vor einem der Stützpfeiler seines Glaubens.

Ich wünschte, ich könnte von mir behaupten, ihr durch diese schwere Zeit hindurchgeholfen zu haben, aber ich war zu sehr mit meinen eigenen Problemen beschäftigt, zu unerfahren in Sachen Freundschaft, um die Gegenseitigkeit einer solchen Beziehung zu begreifen. Madelenes Selbstlosigkeit läßt sich daran bemessen, daß sie bereit war, mir beizustehen, ohne dafür irgendeine Gegenleistung zu erwarten. Sie reiste für einen Monat in ihr Heimatland Südafrika, um einige Entscheidungen ihr eigenes Leben betreffend zu fällen. Als sie Ende Februar zurückkehrte, teilte sie mir mit, daß sie die Scheidung einreichen würde, und ich eröffnete ihr, daß ich den Entschluß gefaßt hatte, Hyo Jin zu verlassen.

Nachdem ich mich erst einmal entschieden hatte, wußte ich, daß es nur noch eine Frage der Zeit war. Aber ich war trotzdem überrascht, als ich es mich aussprechen hörte. Madelene und ich unterhielten uns in der Waschküche im Keller des Haupthauses in East Garden, damit Hyo Jin uns nicht zusammen sah. Er war so besitzergreifend und eifersüchtig, daß er jedesmal explodierte, wenn er glaubte, ich würde mich jemandem außerhalb der Wahren Familie anschließen.

Während unseres Gesprächs brach ich in Tränen aus. Ich sagte ihr, daß ich hoffte, wir könnten in Kontakt bleiben, nachdem ich East Garden verlassen hätte, obwohl ich wußte, daß es für sie nicht ganz einfach sein würde. Madelene war traurig, aber nicht überrascht, als sie von meinem Entschluß hörte. Sie sagte mir, daß ein Teil von ihr es Hyo Jin sagen wollte, um zu versuchen, ihn wachzurütteln, damit er sah, was er zu verlieren drohte. Aber sie würde nichts dergleichen tun, beruhigte sie mich sofort, weil es ihn nur dazu treiben würde, mich erneut zu schlagen oder mir wieder einmal falsche Versprechungen zu machen. Wir wußten beide, daß meine Ehe nicht mehr zu retten war. Ich hatte mich zu oft dazu hinreißen lassen zu glauben, daß Gott Hyo Jins Herz rühren oder Sun Myung Mun ein Machtwort sprechen würde. Es sollte nicht sein. Es war vorbei.

In jenem Frühling verschlimmerte Hyo Jins Benehmen sich noch. Vater hatte ihm für zwei Jahre Hausverbot im *Manhattan Center* erteilt, solange, bis er sein Suchtproblem in den Griff bekommen hätte. Hyo Jin rief im *Manhattan Center* an und drohte, die gesamte Studioausrüstung zu zertrümmern. Selbstverständlich bezog er weiter sein Gehalt. Die Muns bezeichneten es als »Lohnfortzahlung im Krankheitsfall«, obgleich die Firma keine entsprechende Versicherung für ihre Angestellten abgeschlossen hatte. Hyo Jin seinerseits unternahm nicht das Geringste in Bezug auf sein Drogenproblem. Er weigerte sich, einen Entzug zu machen, und weigerte sich, einen Therapeuten aufzusuchen. Tatsächlich schloß er sich nur noch länger in seinem Zimmer ein, um Kokain zu schnupfen und zu trinken. Er befahl Shin Gil, ihm Bier aus dem Kühlschrank zu holen, und schloß sich dann in seinem Zimmer ein. Ich wußte, daß ich schon allein meinen Kindern zuliebe nicht mehr lange in diesem Umfeld bleiben konnte.

Als die Wahren Eltern mir schließlich eröffneten, Hyo Jin sei ihrer Meinung nach soweit, ans *Manhattan Center* zurückzukehren, war das der Tropfen, der das Faß zum Überlaufen brachte. Er langweile sich in East Garden und brauche eine sinnvolle Beschäftigung. Hyo Jin erzählte mir, daß seine erste Amtshandlung darin bestehen würde, aus einem Barmädchen, das in einem koreanischen Club in Queens auftrat, einen internationalen Gesangstar zu machen. Ich wußte, daß die Muns einen schweren Fehler machten, daß Hyo Jin in schlechterer Verfassung denn je war und eine Rückkehr ans *Manhattan Center* ihm nur noch mehr Gelegenheiten geben würde, zu trinken und Kokain zu schnupfen. Außerdem hegte ich meinen ganz eigenen Verdacht bezüglich seiner wahren Absichten gegenüber dem koreanischen Barmädchen. Ich wußte, daß die Muns nicht auf mich hören würden, im April schenkten sie jedoch besorgten Kirchenmitgliedern Gehör, die schriftlich gegen Hyo Jins Wiedereinsetzung in seine alte Position protestierten.

Verehrte Wahre Eltern,

im Namen der gesamten Belegschaft des Manhattan Center treten wir, die Abteilungsleiter und Vorstandsmitglieder an Sie heran, mit schwerem Herzen wegen unserer Unfähigkeit, ein Umfeld zu schaffen, das Hyo Jin Nim hätte unterstützen, schützen und helfen können, seine historische Verantwortung zu übernehmen.

Wir möchten in dieser kritischen Zeit unsere Loyalität und Treue gegenüber den Wahren Eltern zum Ausdruck bringen sowie Ihnen folgende wichtige Punkte darlegen:

1. *Unser vorrangigster Wunsch ist es, dafür zu sorgen, daß das Manhattan Center ein Ort bleibt, der Gott, den Wahren Eltern und der weltweiten Vereinigungsbewegung offensteht.*
2. *In diesem Sinne geloben wir, der Tradition der Wahren Eltern zu folgen und diesen Status zu wahren und zu fördern als jene Kraft, die das Leben aller Mitglieder der Mission am Manhattan Center prägt. Wir sind uns darüber im klaren, daß nur durch die Verknüpfung des MC*

mit den göttlichen Visionen der Wahren Eltern unsere Bestrebungen überhaupt einen Sinn haben.

3. *Auf dieser Basis möchten wir unsere Liebe für Hyo Jin Nim zum Ausdruck bringen sowie unseren Wunsch, ihn zu unterstützen und ihm zu helfen, seiner Position und seiner Verantwortung gerecht zu werden.*
4. *Darum möchten wir aus dieser Liebe heraus keinesfalls, daß das MC zu einem Ort wird, an dem Hyo Jin Nim seine Probleme noch verschlimmern kann. Wir möchten ganz sicher gehen, daß er davor bewahrt bleibt, das MC in irgendeiner Weise zu benutzen, die ihm und dem spirituellen Leben von Kirchenmitgliedern, der wachsenden wirtschaftlichen Grundlage oder dem Ansehen und Fundament der Kirche Schaden zufügen könnte.*
5. *Darum möchten wir unsere Wahren Eltern bei jeder Entscheidung unterstützen, die sie bezüglich Hyo Jin Nims zu treffen gedenken. Aber wir als leitende Angestellte des Manhattan Center möchten ergebenst darum bitten, Hyo Jin Nim nicht in seine frühere verantwortungsvolle Position wiedereinzusetzen, bevor er sein Drogen- und Alkoholproblem vollständig überwunden hat und in der Lage ist, Gottes Standarte am Manhattan Center und innerhalb der Bewegung hochzuhalten.*
6. *Wahre Eltern, wir formulieren diese Bitte voller Trauer über die Ihnen auferlegte Bürde. Aber wir sind einstimmig der Meinung, daß solche Maßnahmen unabdingbar sind zum Wohle Hyo Jin Nims und für die Ausweitung der weltweiten Lehre der Wahren Eltern.*
7. *Zum Abschluß möchten wir noch unsere tiefempfundene Dankbarkeit aussprechen für Nansook Nims Einsatz und loyale Führung als perfektes Verbindungsglied zwischen dem Manhattan Center und den Wahren Eltern. Sie hat*

sich unermüdlich dafür eingesetzt, Gottes Liebe und die Standarte der Wahren Eltern im MC hochzuhalten.

Das Schreiben brachte Hyo Jin zur Weißglut, was Ärger für mich bedeutete. Hyo Jin gab mir die Schuld für den Verlust seiner Position. Er schleifte mich in sein Zimmer. Er nahm einen meiner Lippenstifte und schrieb mir damit »stupid« (blöd) quer über das ganze Gesicht. Ein anderes Mal warf er mit einem Fläschchen Vitaminpillen nach mir und traf mich am Kopf. Genau wissend, wie leicht ich in der Zeit nach einer Geburt fror, zwang er mich, nackt am Fußende seines Bettes zu stehen und verhöhnte mich dabei. Ich flehte ihn an, mich nicht mehr zu schlagen. Er stellte mich vor die Wahl, entweder verprügelt oder angespuckt zu werden. Ich glaube, daß es ihm noch mehr Spaß machte, mich zu demütigen, indem er mich anspuckte, als mich zu schlagen.

Reverend und Mrs. Mun hatten angedeutet, daß es unserer Ehe vielleicht gut tun würde, wenn wir außerhalb des Anwesens wohnten. Hyo Jins einzige Reaktion hierauf war die Bemerkung, daß die einzige Arbeit, für die ich außerhalb von East Garden geeignet sei, die Prostitution sei. Ich wußte, daß ich nicht länger mit diesem Mann zusammenleben konnte, egal wo und unter welchen Umständen. Im Juni fing ich an, heimlich zu packen.

Mein Bruder rief an und erzählte, daß gleich gegenüber von seinem Haus in Massachusetts ein Haus zum Verkauf stünde. Wenn es mir ernst war mit meiner Flucht, würde ich nicht allein sein. Dann hätte ich Verwandte ganz in der Nähe. Ich hob das Geld ab, das ich während meiner Zeit am *Manhattan Center* für die Ausbildung der Kinder angespart hatte.

Jin und seine Frau hatten bereits hinter sich, was jetzt vor mir lag. Zwei Jahre zuvor hatte Je Jin den endgültigen Bruch mit der Vereinigungskirche und ihren Eltern vollzogen. Sie kam nach East Garden, um ihre Eltern mit ihren Vorwürfen gegen die Familie zu konfrontieren, und nach einer häßlichen Szene mit ihrer Mutter verließ sie das Anwesen und kehrte nie wieder zurück. In der Vereinigungskirche heißt es offiziell, Je Jin lebe von der Wahren Familie getrennt, bis ihr Mann sein Studium abgeschlossen habe. Das ist nur die halbe Wahrheit. Jin studiert zwar noch, aber Je Jin spricht nicht mehr mit ihren Eltern und erhält von ihnen auch keinerlei finanzielle Unterstützung mehr.

Meine Eltern waren zwischenzeitlich ebenfalls aus der Vereinigungskirche ausgetreten. Der Umstand, daß die Menschen, die mir innerhalb der Familie am nächsten standen, in Sicherheit waren, machte es mir leichter zu gehen. Es würden keine Hongs zurückbleiben, denen die Muns wegen meines Verrats das Leben schwer machen konnten.

Auch wußte ich nicht, wie ich die rechtlichen Angelegenheiten regeln sollte. Mein erster Impuls war der, unter »Rechtsanwälte« im Telefonbuch nachzuschlagen, aber mein Bruder half mir auch in diesem Punkt und besorgte mir Anwälte in New York. So lernte ich Herbert Rosedale kennen, einen Wirtschaftsanwalt aus Manhattan, der es sich zur Aufgabe gemacht hat, ehemaligen Sektenmitgliedern und ihren Familien zu helfen. Er war ein kräftiger, kahlköpfiger Bär von einem Mann und mit 63 Jahren Vorsitzender der *American Family Foundation*, einem Zusammenschluß von Anwälten, Geschäftsleuten und Medienprofis, die versuchen, die Öffentlichkeit über die Gefahren von religiösem Extremismus aufzuklären. Ich wußte, daß ich an meiner Seite jemanden brauchen würde, der sich nicht von der Vereinigungskirche würde einschüchtern lassen.

Den ganzen Sommer hindurch besprach ich mit meinem Bruder und Madelene die Einzelheiten meiner Flucht. Ich fürchtete, daß Hyo Jin mich gewaltsam in East Garden festhalten würde, falls ich mein Vorhaben in aller Offenheit ausführen würde. Er hatte so oft damit gedroht, mich umzubringen, und verfügte über ein ganzes Waffenarsenal, so daß er durchaus ernst machen konnte. Ich fürchtete um unsere Sicherheit. Meine Ängste wurden eines abends bestätigt, als ich mit Madelene in der Küche des Haupthauses saß und Tee trank. Er befahl ihr zornig, das Haus zu verlassen, und mich schickte er nach oben. Als er nachkam, drohte er mir, mir jeden Finger einzeln zu brechen, wenn ich an meiner Freundschaft mit ihr festhielt. Am nächsten Tag meldete ich seine Drohung der Polizei.

Meine Eltern standen ebenfalls hinter mir. Wir hatten unser Leben einer Sache gewidmet, die bis ins Mark verdorben war. Ich wußte, daß, wenn ich nicht bald ging, ich möglicherweise nicht mehr lange genug leben würde, um eine zweite Chance zu bekommen. Ich wollte mich nicht länger prügeln, bedrohen und einsperren lassen.

Meine Eltern wußten nicht, in welcher Gefahr ich tatsächlich schwebte, waren aber nicht länger gewillt, der Kirche ihre Tochter zu überlassen. Meine jüngere Schwester Choong Sook war inzwischen auch von Reverend Mun verheiratet worden, allerdings war sie mit einem ungewollten Mann vereint worden, dem Sohn eines Gesegneten Paares, das meine Eltern nicht respektierten. Reverend Mun hatte diese Verbindung absichtlich befohlen, um meine Eltern für ihren angeblichen Mangel an Loyalität zu bestrafen.

Choong Sook war eine gute Tochter; sie besaß weder meine Sturheit noch meine rebellische Ader. Sie war Cellistin und eine hervorragende Studentin der Universität von

Seoul. Meiner Mutter brach Choong Sooks Schicksal das Herz. Pflichtschuldig kaufte sie die Hochzeitskleider und Geschenke für die Familie des Bräutigams, aber ihr war dabei schwer ums Herz. Einer weiteren Tochter stand ein einsamer, leidvoller Weg bevor. Sie brachte es nicht über sich. Nach der religiösen Zeremonie aber vor der rechtmäßigen Trauung schickten meine Eltern sie zum Studium in die USA. Auch sie hielt sich jetzt in Massachusetts auf und erwartete mich dort. Sie würde weder nach Korea zurückkehren noch zu dem Ehemann, den Reverend Mun ihr zugedacht hatte.

Mir blieb nur noch, meine Kinder zu fragen, ob sie mit mir kommen wollten. Ich wußte tief in meinem Herzen, daß ich nicht würde gehen können, wenn sie ablehnen würden. Wie sollte ich die Kinder zurücklassen, deren Liebe mir die Kraft gegeben hatte, all die qualvollen Jahre bei den Muns durchzustehen? Wie sollte ich riskieren, sie niemals wiederzusehen? Wie könnte ich sie zu einem Leben auf dem Mun-Anwesen verdammen? Ich hielt die Luft an, nachdem ich ihnen meinen Plan erläutert hatte. Meine Kinder brachen in ein wahres Freudengeheul aus. »Wir möchten nur mit dir zusammen in einem kleinen Haus wohnen«, versicherten sie mir unter Tränen.

Keins der Kinder verriet unseren Plan an irgend jemanden innerhalb oder außerhalb der Familie, obwohl das bedeutete, daß sie sich nicht von ihren Freunden und Lieblingscousins verabschieden konnten. Sie wußten, was auf dem Spiel stand. Sie hatten die Waffen im Schlafzimmer ihres Vaters gesehen und seine Drohungen gehört, wenn er mich verprügelte.

Ich wählte den Tag unserer Flucht aus, wurde aber hierbei von Gott geleitet. Die Wahren Eltern würden an jenem Tag außer Landes sein, und In Jin und ihre Familie würden sich auch nicht in East Garden aufhalten. Babysitter tuschelten über all die Kisten und Koffer, die ich packte, Wachmänner sahen zu, wie ich Möbelstücke von East Garden fortschaffte, aber niemand informierte die Muns oder ihre Vertrauten. Ich hatte Angst, wußte aber, daß Gott uns beschützte und mir und meinen Kindern den Weg aus East Garden heraus ebnen würde.

Am Abend vor unserer geplanten Flucht rief mein Bruder von einem nahegelegenen Motel aus an und bestätigte noch einmal, daß er am nächsten Morgen am vereinbarten Treffpunkt warten würde. Alles weitere läge in meinen Händen. Und bei Gott, fügte ich hinzu.

10. Kapitel

Meine Kinder hatten mir versichert, daß sie sich nichts mehr wünschten als ein kleines Haus, das sie ihr eigen nennen konnten. Und genau das bekamen sie auch. Wir bezogen ein bescheidenes Halbgeschoßhaus in einem einfachen Viertel in Lexington, Massachusetts, dem Geburtsort der amerikanischen Revolution. Dieser Ort schien mir angemessen für meinen Neubeginn. Wie der »Minuteman«[3], dessen Statue im Stadtpark stand, hatte auch ich meine Unabhängigkeit von einem Unterdrücker erklärt.

Aber ohne Sicherheit gibt es keine Freiheit. Auf Anraten meines Anwaltes hin beantragte ich bei meiner Ankunft in Massachusetts als erstes einen Gerichtsbeschluß, der Hyo Jin jeglichen Kontakt zu mir untersagte. Ich konnte mir lebhaft vorstellen, wie wütend er sein würde, wenn er aufwachte und feststellte, daß ich und die Kinder fort waren. Ich wollte alles in meiner Macht Stehende tun, um ihn davon abzuhalten, uns zu suchen.

In meinem Antrag, den ich dem Gericht vorlegte, erläuterte ich, daß es sich nicht um einen typischen Fall von ehe-

---

[3] Anmerkung des Übersetzers: D.i. ein Freiwilliger im amerikanischen Unabhängigkeitskrieg, der sich zu unverzüglichem Heeresdienst bei Abruf verpflichtete.

licher Gewalt handelte. Ich legte dar, daß ich mich nicht nur vor meinem Ehemann fürchtete, sondern vor der einflußreichen Sekte, die hinter ihm stand. Schon die Versuche von normalen Mitgliedern, sich von der Vereinigungskirche zu lösen, werden nach Kräften unterbunden. Was würden Sun Myung Mun und seine Handlanger sich ausdenken, um seine Schwiegertochter und seine Enkel hinter die Eisentore von East Garden zurückzubringen?

Das ganze rechtliche Procedere schüchterte mich ein, aber die Bostoner Anwälte, die ich mit Hilfe meines Bruders engagiert hatte, beschwichtigten mich. Aisla Deitmeyer, eine Partnerin der Kanzlei, empfand ich als besonders beruhigend, vielleicht weil sie eine Frau war, vielleicht weil sie ein mitfühlendes Herz hatte. Sie vermittelte mir endlich ein Gefühl der Sicherheit.

Das Gericht ordnete die Geheimhaltung meiner neuen Anschrift an, um Bemühungen meines Ehemannes und der Vereinigungskirche vorzubeugen, mit mir in Kontakt zu treten. Ich wußte aber, daß es nur eine Frage der Zeit war, bis sie herausfinden würden, wo ich mich aufhielt. Ich war eine Frau mit fünf Kindern ohne gesichertes Einkommen. Wohin sollte ich gehen? Die Muns würden sich denken, daß ich zu meinem Bruder gezogen war; es würde nicht lange dauern, bis sie mich fanden.

Ich wußte, daß ein Gerichtsbeschluß nur ein Stück Papier war, aber ich dachte, es würde die Muns vielleicht davon abhalten, mir die Kinder gewaltsam wegnehmen zu wollen. In wie vielen weit weniger absonderlichen Sorgerechtsfällen waren Kinder nicht schon entführt worden?

Als ich in dem schäbigen Gerichtssaal in Cambridge stand, sah ich an der abblätternden Farbe und den abgenutzten Bänken vorbei. Mein Blick richtete sich auf die amerikanische Fahne. Ich dankte Gott, daß ich in Amerika war. Diese Fahne beschützte mich, ein koreanisches Mädchen, das illegal in dieses Land eingereist war und noch keine gültige Aufenthaltsgenehmigung besaß. Von Sun Myung Muns Sünden sind seine Angriffe gegen Amerika die hinterhältigsten, dachte ich. In meinem Heimatland hätten meine Chancen nicht so gut gestanden. Für mich bedeuteten die Vereinigten Staaten an diesem Sommertag Freiheit. Die amerikanische Flagge, die Stars and Stripes, war das Schönste, was ich je gesehen hatte.

Nachdem sie mir geholfen hatte, den Wagen auszuladen, war Madelene sofort nach New York zurückgekehrt, zurück an ihren Arbeitsplatz am *Manhattan Center*, um nur keinen Verdacht zu erregen. Hyo Jin rief sie jeden Tag an um zu fragen, ob sie von mir gehört habe. Er befahl ihr, auf Kosten des *MC* einen Privatdetektiv zu engagieren, einen Befehl, den sie einfach ignorierte. Als ich nach ein paar Tagen immer noch nicht wieder da war und mich auch nicht bei ihm gemeldet hatte, änderte sich der Inhalt seiner Forderungen an Madelene.

In einem Telefonat, das sie auf Band aufnahm, forderte Hyo Jin Madelene auf, sich mit ihm Ecke 125. Straße und Riverside Drive zu treffen und ihm genug Geld für Koks mitzubringen. »Ich will nur dieses Gefühl betäuben, high werden. Dann kann ich wenigstens alles vergessen. Maddie, es tut mir leid, aber ich habe keine andere Wahl. Ich werde einfach nicht fertig mit diesen Gefühlen ... Ich will niemanden anderen fragen. Komm schon, Maddie. Tu mir den Gefallen. Komm schon ... Ich habe nichts mehr zu verlieren, Maddie, okay?«

Am nächsten Tag fuhr Madelene Hyo Jin zum Flughafen; er sollte sich in der Hazelden-Klinik in West Palm Beach,

Florida, einem Drogenentzug unterziehen. Auf der Fahrt beschrieb er Madelene in allen Einzelheiten, in welcher Weise er mich sadistisch zu foltern gedachte, falls er mich je wieder in die Finger bekam. Er beschrieb ihr sehr plastisch, wie er mir die Haut abziehen und die Zehennägel ausreißen würde. Ich hatte guten Grund, mich vor ihm zu fürchten.

Er war erst wenige Tage in Hazelden, als die Ärzte ihn aufforderten, die Klinik wegen mangelnder Kooperationsbereitschaft zu verlassen. Als nächstes schickten die Muns ihn nach Kalifornien in die Betty-Ford-Klinik, wo er mehr als einen Monat am dortigen Entgiftungsprogramm teilnahm. Erst der Verlust seiner Frau und seiner Kinder hatte Hyo Jin Mun und seine Eltern gezwungen, endlich etwas gegen seine Alkohol- und Drogensucht zu tun. Ich wußte, daß sie erwarteten, daß seine Bekundung guten Willens mich erweichen würde, aber ich kannte Hyo Jin zu gut. Er würde tun, was nötig war, um seine Eltern zu beschwichtigen, aber ich glaubte kaum, daß die Nüchternheit, die er in der Klinik erlangte, sich in East Garden lange würde aufrechterhalten lassen.

Derweil waren meine Kinder und ich wie berauscht von unserer neuerworbenen Freiheit. Unser Haus war klein, und die Schlafmöglichkeiten waren beengt, aber wir waren zusammen und aus dem Schatten der Muns herausgetreten. Die Küche war besonders klein, was mich im Augenblick jedoch nicht sonderlich störte, da ich ohnehin nicht kochen konnte. Kochen gehörte zu den zahlreichen Haushaltspflichten, die ich nie gelernt hatte. In East Garden hatte das Personal sich 14 Jahre lang dieser täglichen Aufgaben angenommen. Köchinnen, Wäscherinnen, Haushälterinnen, Friseurinnen, Kinderfrauen, Installateure, Sekretäre, Automechaniker, Schlosser, Elektriker, Schneider, Gärtner, Zahnärzte, Ärzte und Dutzende von Wachleuten hatten rund um die Uhr auf Abruf zur Verfügung gestanden. Ich wußte nicht einmal, wie man eine Geschirrspülmaschine bediente, den Rasen mähte oder Wäsche wusch. Als die Toilette das erstemal verstopft war und überlief, rief ich voller Panik Madelene in New York an.

Es fiel mir schwer, mich an die neuen Lebensumstände zu gewöhnen, aber für die Kinder, die von Geburt an behandelt worden waren wie Prinzen und Prinzessinnen war es noch schlimmer. Für Kinder, denen Dienstmädchen hinterhergeräumt hatten, war es nicht leicht, Ordnung zu halten, den Müll rauszubringen und ihr Zimmer zu putzen, aber sie bemühten sich. Sie lernten, sich zu mehreren ein Zimmer zu teilen und zu warten, wenn unser einziges Bad besetzt war. Schnell begriffen sie, daß sie nicht länger Teil der Wahren Familie und somit auch anderen Kindern nicht mehr überstellt waren, und schlossen ihre ersten Freundschaften auf gleichberechtigter Basis.

Ich hatte weder die Mittel noch den Wunsch, sie auf Privatschulen zu schicken, wie sie sie in New York besucht hatten; das Schulgeld des vergangenen Jahres hatte sich insgesamt auf 56 000 Dollar belaufen. Wenn ich wollte, daß meine Kinder ein normales Leben lebten, gab es kaum einen besseren Weg, als sie auf eine ganz normale öffentliche Schule zu schicken. Lexington ist ein friedlicher Vorort von Boston mit einem exzellenten Schulsystem, wofür ich überaus dankbar war.

Meine Kinder und ich stolperten gemeinsam auf die Eigenständigkeit zu. Wir hatten viel zu lernen, aber wir waren nicht allein. Meine Schwester, mein Bruder und meine Schwägerin standen mir mit Rat und Tat zur Seite. Dank der Nähe zu ihnen brauchten wir uns nicht zu fürchten, als wir dieses neue Leben begannen. Die Kinder hatten ihre Cousins und Cousinen, und ich hatte Erwachsene, die verstanden, wie schmerzlich und schwierig der Wandel für mich war. Die Sorgen, die mir nachts den Schlaf raubten, gehörten nicht zu den Dingen, über die man bei einer Tasse Tee mit einer Nachbarin plaudern konnte.

Ich hatte unsere Flucht möglichst nah an den Anfang des neuen Schuljahres gelegt. Ich wußte, daß die Kinder ihre Freunde vermissen würden, und ich wollte ihnen die Möglichkeit geben, möglichst bald neue Freundschaften zu schließen. Im September meldete ich Shin June für die siebte Klasse an. Sie würde das einzige meiner Kinder auf der Mittelschule[4] sein. Sie war das älteste und eigenständigste meiner Kinder; ich war sicher, daß sie schulisch und auch im Umgang mit anderen keine Probleme haben würde. Die anderen Kinder sollten alle dieselbe Grundschule in der Nachbarschaft besuchen. Das Baby würde mich daheim auf Trab halten.

Ihre Lehrer berichteten von nur geringen Anpassungsschwierigkeiten, und das Haus war voller glücklicher Kinder. Ihr Vater hatte in ihrem Leben in New York eine so untergeordnete Rolle gespielt, daß es mich nicht wunderte, daß sie erleichtert waren, daß er und seine Mißhandlungen nicht Bestandteil ihres neuen Lebens in Massachusetts waren.

Shin June spielte in einem örtlichen Blasorchester Flöte. Shin Gil schloß leicht Freundschaften, reagierte aber sehr empfindlich auch auf die leiseste Kritik von mir oder einem der Lehrer. Seine Lehrerin erzählte mir, daß sie einmal mit

---

[4] Anmerkung des Übersetzers: In den USA gibt es noch eine Schule zwischen Grundschule und High-School; gewöhnlich umfaßt die sogenannte *Middle School* (Mittelschule) die Stufen 3 bis 8.

ihm auf den Flur hinausgegangen war, als er den Tränen nah gewesen war, um ihn zu fragen, was ihn bedrücke. »Er sagte, er hätte früher in einem riesigen Herrenhaus gewohnt«, sagte sie. »Jetzt mangele es ihm an Privatsphäre, und es gäbe auch nicht viel zu tun. Er vermißt seine Freunde. Ich habe ihn nach seinem Dad gefragt. Er sagte, daß er auch ihn ab und an vermisse, daß sein Dad aber ein Trunkenbold wäre, der viel herumbrülle.«

Wie zu erwarten gewesen war, war der erste Druck, den die Muns auf uns ausübten, finanzieller Natur. Meine Ersparnisse reichten gerade aus, um für Lebensmittel und unsere sonstigen Grundbedürfnisse aufzukommen. Mein Gehaltsscheck vom *Manhattan Center* kam für die Hypothekenzahlungen auf. Hyo Jins Anwälte hatten meinen Anwälten versichert, daß mein Gehalt weiter gezahlt würde, bis das Gericht über die Höhe des zu zahlenden Unterhalts für die Kinder entschieden hatte.

Die Zahlungen wurden jedoch eingestellt. Meine Anwälte reichten bei Gericht einen Antrag auf Unterhaltszahlung ein. »Offenbar werden die Zahlungen an Mrs. Mun zurückbehalten, möglicherweise, um sie zu zwingen, zu ihrem gewalttätigen Ehemann zurückzukehren«, schrieben meine Anwälte an Kirchenvertreter. »Mrs. Muns Entschluß, einer extrem gefährlichen Situation zu entfliehen, wurde jedoch nicht leichtfertig getroffen, und sie gedenkt auch nicht, je zu ihrem Mann zurückzukehren, ganz egal unter welchen Umständen.«

Mit Hilfe meines Bruders und meiner Schwester engagierte ich »Choate, Hall und Stewart«, eine der besten Kanzleien Bostons, um mich in einem Scheidungsprozeß zu vertreten, der langwierig zu werden versprach. Wir wußten, daß ich die besten Anwälte brauchen würde, wenn ich es mit den Muns aufnehmen wollte. Wie so viele andere Frauen vor der Scheidung, hatte ich keine Ahnung, wie ich meine Anwälte bezahlen sollte. In einer Studie aus dem Jahre 1989 über geschlechterbezogene Benachteiligungen vor Gericht war der Oberste Gerichtshof von Massachusetts zu dem Ergebnis gelangt, daß »Frauen mit geringem Einkommen zu wenig Rechtshilfe geleistet wird, teilweise, weil Richter keine angemessenen Beratungshonorare vorschreiben, vor allem bei schwebenden Verfahren.«

Meine Scheidungsanwälte waren ein brillanter, kultivierter Bostoner namens Weld S. Henshaw und seine ebenso fähige wie mitfühlende Partnerin Ailsa De Prada Deitmeyer. Beide waren zuversichtlich, daß das Gericht Hyo Jin zur Zahlung meiner Anwaltskosten verpflichten würde. Aber trotz seiner weitreichenden Erfahrung gestand mir Weld, daß ihm noch nie ein Scheidungsfall wie der meine untergekommen wäre. Hyo Jin Mun war kein durchschnittlicher Gegner; es würde schwierig sein, sein genaues Vermögen zu ermitteln.

Hyo Jin engagierte Rechtsanwälte in New York und Massachusetts, darunter die Kanzlei »Levy, Gutman, Goldberg und Kaplan« aus Manhattan. Gutman war Jeremiah S. Gutman, der einstmalige Vorsitzende der *New York Civil Liberties Union*, derselbe Mann, der sich für Sun Myung Mun eingesetzt hatte, als dieser 1982 wegen Steuerhinterziehung verurteilt worden war.

Unser Fall wurde Richter Edward Ginsburg vom Familiengericht zugewiesen. Er war ein vernünftiger Gentleman kurz vor der Pensionierung, der in seinem Gerichtssaal in Concord ein strenges, aber menschliches Regiment führte. Richter Ginsburg war ein wenig exzentrisch und leicht auszumachen, wenn er an einem Sommermorgen zur Arbeit kam. Er war der Typ in dem blauen Anzug aus leichtem, kreppartigem Leinen mit dem hechelnden apricotfarbenen Pudel an der Leine. Sein Hund, Pumpkin, begleitete den Richter jeden Tag ins Gericht.

Kaum hatte ich bei Gericht beantragt, Hyo Jin zu Unterhaltszahlungen für seine Kinder zu verpflichten, als sich die Muns direkt an mich wandten. Geld war eine große Motivation. In Jin ließ mir über meine Anwälte einen Brief zukommen, in dem sie mich bat, die Scheidungsklage zurückzuziehen und nach Hause zu kommen. Sie legte eine Kassette bei, auf der Mrs. Mun dieselbe eindringliche Bitte an mich richtete.

Ich zuckte zusammen, als ich in meinem neuen Zuhause Mrs. Muns Stimme hörte. Sie konnte ihren Zorn nicht verhehlen, gab sich aber alle Mühe, liebevoll zu klingen und so, als sei sie todtraurig, daß ich East Garden verlassen hatte. Die Wahre Familie mußte intakt bleiben. Im Grunde aber gab man wie immer mir die Schuld an allem. »Nansook, dein Benehmen ist für die Menschen, die dich lieben, inakzeptabel.« Sie prophezeite mir, daß viele Menschen mich verurteilen würden für diesen Schritt, und legte mir nahe, zurückzukommen.

Ich war wieder einmal verblüfft davon, wie selektiv die Muns bei der Anwendung der Lehren der »Göttlichen Prinzipien« sein konnten. Niemand hatte in der Vergangenheit bereitwilliger verziehen als ich. Hatte ich Hyo Jin nicht verziehen, als er mich nur Wochen nach unserer Heirat wegen einer anderen Frau verlassen hatte? Hatte ich Hyo Jin nicht verziehen, daß er mich mit Herpes angesteckt hatte? Hatte ich Hyo Jin nicht verziehen, als er sich mit Prostituierten eingelassen hatte? Hatte ich Hyo Jin nicht verziehen, als er Hunderttausende von Dollar vergeudet hatte, die für die

Zukunft unserer Kinder gedacht gewesen waren? Hatte ich Hyo Jin nicht verziehen, daß er mich geschlagen und angespuckt hatte? Hatte ich Hyo Jin nicht verziehen, daß er mich und unserer Kinder im Stich gelassen hatte für ein Leben im Drogen- und Alkoholrausch? Hatte ich Hyo Jin nicht verziehen, daß er sich eine Geliebte genommen hatte an dem Tag, an dem ich mit unserem neugeborenen Sohn aus dem Krankenhaus gekommen war?

Nicht ich hatte die Konsequenzen meines Handelns außer acht gelassen. Ich hatte mich 14 Jahre lang geweigert, auch nur die Möglichkeit in Betracht zu ziehen, Hyo Jin Mun zu verlassen und ein Leben ohne Angst und Gewalt zu führen. Ich hatte East Garden nicht übereilt verlassen. Ich hatte alles versucht, damit meine Ehe funktionierte. Hatten die Muns je in Betracht gezogen, daß möglicherweise nicht ich im Unrecht war, sondern sie?

Der vorwurfsvolle Tonfall in In Jins Brief war derselbe wie auf Mrs. Muns Band. Sie schrieb, daß sie Verständnis für meine Situation hätte, verurteilte aber, daß ich einen Gerichtsbeschluß gegen Hyo Jin erwirkt hatte – einen Mann, der mich 14 Jahre lang mißhandelt, gedemütigt und bedroht hatte. Vor allem aber schien es ihr darum zu gehen, mich davon abzubringen, rechtliche Schritte gegen die Muns einzuleiten.

Sie deutete an, daß man mir leicht niedere Motive unterstellen könne dafür, daß ich meinen Mann verlassen hatte. »Manche sagen sogar, du hättest Hyo Jin nach all den Jahren nur verlassen, weil er seinen Job und seine Stellung innerhalb der Familie eingebüßt hat«, schrieb sie. Ich könne die Familie nur von meinen guten Absichten überzeugen, wenn ich zurückkehrte und Hyo Jin half, sich seinem Alkoholismus und seinem Drogenproblem zu stellen. »Du verletzt alle, die dich lieben, wenn du das Gesetz benutzt, um deinen Willen durchzusetzen«, hieß es weiter. Sie bezeichnete das System als »feindselig« und schrieb, daß es nur Leid über alle bringen würde.

Die Muns waren einfach nicht in der Lage zu begreifen, daß *ich* bereits verletzt worden war. Ich wollte keine Versöhnung – ich wollte sicher sein vor den Mißhandlungen eines gewalttätigen Ehemannes und frei sein von den Zwängen einer Religion, die mir schon 29 Jahre meines Lebens genommen hatte. Ich hatte Gottes Präsenz nie deutlicher gespürt als in dem Augenblick, in dem ich den Entschluß gefaßt hatte, aus East Garden zu fliehen. Er hatte mir die Augen geöffnet; ich sah zum ersten Mal klar. Ich würde niemals zurückgehen.

Am 25. Oktober verfügte das Gericht, daß Hyo Jin monatliche Unterhaltszahlungen für die Kinder zu leisten habe, und bestellte eine Sozialarbeiterin, Mary Lou Kaufman, um zu prüfen, ob Besuche des Vaters im Interesse der Kinder seien oder nicht. Ich wollte meinen Kindern den Kontakt zu ihrem Vater oder ihren Großeltern nicht verbieten. Wie problematisch unsere Beziehung auch sein mochte, stand für mich fest, daß Kinder zwei Elternteile und zwei Großelternpaare verdienten. Ich wußte, daß Hyo Jin unsere Kinder liebte, sofern ein so egozentrischer Mann wie er fähig war zu lieben. Trotzdem flehte ich Mrs. Kaufman an, Besuche erst zu erlauben, wenn die Kinder sich richtig in ihr neues Leben eingefügt hatten und es glaubhafte Hinweise darauf gab, daß Hyo Jin keine Drogen mehr konsumierte und nicht mehr trank.

Ich war besonders unnachgiebig, was seine Nüchternheit anbelangte. Hyo Jin prahlte gern mit seiner Geschicklichkeit darin, das Gesetz hinters Licht zu führen. Einmal hatte er bei einem Drogentest, der nach seiner Verurteilung wegen Alkohols am Steuer angeordnet worden war, eine Urinprobe von Shin Gil gegen seine eigene ausgetauscht. Auch war für mich sehr aufschlußreich, daß Hyo Jin nicht mehr verlangt hatte, seine Kinder zu sehen, nachdem ich Unterhalt eingefordert hatte.

Mrs. Kaufman unterhielt sich an zwei aufeinanderfolgenden Tagen im November insgesamt mehr als vier Stunden mit Hyo Jin. In ihrem Bericht an das Gericht schrieb sie, daß er sehr angespannt und nervös gewesen wäre. Er hatte einen ganz trockenen Mund und hyperventilierte, so daß sich ihr der Verdacht aufdrängte, daß er Kokain genommen hatte. Seine Aussage sei mit Obszönitäten durchsetzt. Er sagte ihr, daß meine Eltern hinter der Scheidung steckten, daß meine Mutter sich zum Messias erklärt habe und meine Eltern beabsichtigten, sämtliches Geld, daß mir vom Gericht zugesprochen wurde, dazu zu verwenden, in Korea ihre eigene Kirche aufzubauen. Er hatte meinen Onkel Soon Yoo mitgebracht, damit dieser diese hanebüchene Geschichte bestätigte. Soon, der in den Anfangstagen meiner Mutter geholfen hatte, der Kirche beizutreten, übte nun Verrat an ihr, um seine eigene Position bei den Muns zu verbessern.

Hyo Jin versicherte Mrs. Kaufman, daß er immer ein engagierter und aktiver Vater gewesen sei, aber er wußte weder, wie alt unsere Kinder genau waren noch welche Klasse sie besuchten. Er behauptete, daß, wenn sie ihn nicht sehen wollten, das nur daran läge, daß ich sie gegen ihn eingenommen hätte. Er war schockiert, als er hörte, daß Shin Gil um ein Photo nicht etwa seines Vaters, sondern eines seiner Spielzeuge gebeten hatte.

In ihrem Bericht, den sie Anfang Dezember vorlegte, kam

Mrs. Kaufman zu dem Schluß, daß zwischen Hyo Jin und den Kindern keine Besuche gestattet werden sollten, bis Hyo Jin glaubhaft machen konnte, daß er über einen Zeitraum von zwei Monaten nicht mehr getrunken und keine Drogen mehr genommen hatte.

Die Kinder und ich waren vollauf damit beschäftigt, unser erstes Weihnachtsfest in unserem neuen Zuhause vorzubereiten. Meine Eltern würden aus Korea zu Besuch kommen. Es war Jahre her, seit wir alle zusammengewesen waren. Unsere Vereinigung würde für sich allein schon ein Fest der Freiheit sein. Wir schmückten das Haus mit den Bildern, die die Kinder in der Schule gemalt hatten, und einem 1,89 Meter hohen Christbaum.

Am Samstag vor Weihnachten klingelte ein Paketbote. Mein Herz raste, als ich den vertrauten Absender auf dem Päckchen sah. Hyo Jin hatte uns gefunden. Ich versuchte, meine Sorge vor meinen Eltern und den Kindern zu verbergen, aber seit ich das Mun-Anwesen verlassen hatte, war ich nicht mehr so geübt darin. Das Paket enthielt verschiedene kleine Weihnachtsgeschenke für die Kinder und eine an mich adressierte Karte auf Koreanisch. Hyo Jin bezog sich auf meine Angaben zu seinem Drogenproblem gegenüber dem Gericht und fragte, wie ich mich wohl fühlen würde, wenn meine »Nacktheit« der ganzen Welt preisgegeben würde. Das war eine verschleierte Drohung, Nacktaufnahmen von mir zu veröffentlichen.

Mein Vater, der meine Not spürte, versuchte, mich zu trösten. »Laß ihn nicht an dich heran«, riet er mir. »Wenn du dir die Laune verderben läßt, hat er sein Ziel, dich zu verletzen, erreicht.« Er hatte recht. Ich hatte nichts Falsches getan. Hyo Jin wohl. Sein Brief war ein Verstoß gegen den Gerichtsbeschluß, der ihm jede Kontaktaufnahme untersagte. Ich meldete die Drohung der Polizei. Hyo Jin wurde wegen eines kriminellen Vergehens angeklagt.

Über meine Anwälte schrieb Hyo Jin den Kindern, versicherte ihnen, daß er sie lieb habe und sie gern sehen würde. Aber er konnte der Versuchung nicht widerstehen, mich zu kritisieren. In einem Brief an Shin June schrieb er: »Natürlich bin ich manchmal böse auf deine Mutter, aber ich möchte ihr verzeihen. Es gibt vieles, was du von deiner Mutter nicht weißt, aber das ist unwichtig. Und weißt du auch, warum? Weil ich möchte, daß du ein liebevoller Mensch wirst, der jemanden für immer lieben kann, anstatt den Menschen im Stich zu lassen, den du liebst. Und damit du lernst, ihm in schlechten Zeiten, wie sie alle Paare durchmachen, zu verzeihen.«

Shin Ok schrieb er, daß er wisse, daß sie ihn liebe. »Wenn dir niemand erzählen würde, wie böse dein Dad ist, würdest du nicht eine Sekunde so von mir denken. Weißt du was? Auch wenn du meinst, dein Dad wäre böse, fühle ich mich gut, weil ich in Zukunft nicht mehr böse sein werde.«

Er versprach den Kindern, ihnen bald wieder zu schreiben, was er aber nie tat.

Im Februar 1996 traf Hyo Jin sich erneut mit Mrs. Kaufman, damit sie beurteilen konnte, ob es ratsam sei, ihm Treffen mit den Kindern zu gestatten. Er war außer sich, daß man ihm so lange verwehrt hatte, sie zu sehen. Er erzählte davon, wie er sich vor Gericht bei mir rächen wolle. Er erzählte Mrs. Kaufman, daß er eine »knallharte New Yorker Kanzlei« engagieren würde, um mich finanziell zu ruinieren. Er ginge zu den »Anonymen Alkoholikern«, behauptete er, und wolle künftig trocken bleiben.

Im Frühling erlaubte Mrs. Kaufman Treffen mit den Kindern im Beisein einer Aufsichtsperson. Hyo Jin sah seine

Kinder nur zweimal, bevor der Mann, der geschworen hatte, sich endgültig geändert zu haben, bei einem Drogentest durchfiel. Die Besuche wurden wieder ausgesetzt, bis Hyo Jin das Gericht erneut davon überzeugen konnte, daß er keine Drogen mehr nahm und dem Alkohol abgeschworen hatte. Dieser Beweis steht noch aus.

Trotz seiner Vorwürfe, weil man ihm den persönlichen Kontakt zu seinen Kindern verweigerte, hat Hyo Jin keinerlei Versuch unternommen, mit ihnen in Verbindung zu bleiben. Das Gericht ermutigte ihn, ihnen zu schreiben und die Briefe über meine Anwälte weiterleiten zu lassen, aber das tat er nicht. Er schickte ihnen weder zum Geburtstag noch zu Weihnachten Karten oder Geschenke. Er fragte nie, wie sie sich in der Schule machten.

So zwiespältig ihre Erinnerungen an ihren Vater auch sind, ist sein Schweigen für die Kinder schmerzlich. Vor allem Shin Gil, sein Lieblingssohn, der nun in den bescheidenen Verhältnissen leben muß, die mein begrenztes Einkommen uns ermöglicht, erinnert sich noch gut daran, wie sein Vater mit ihm Spielhallen aufgesucht und ihn mit teuren Spielsachen überhäuft hat. Shin Hoon hingegen, das Baby, das seinen Vater nie kennengelernt hat, fragt sich, wo er ist. Wenn ich ihn in den Kindergarten brachte, fragte er oft: »Wann kommt mein Daddy mich abholen so wie die Daddys der anderen Kinder?«

Eine Scheidung ist für Kinder niemals leicht, aber für einen Mann, der von sich behauptet, Mitglied der Wahren Familie zu sein, der Verkörperung traditioneller moralischer Werte, hat Hyo Jin es unseren Kindern noch viel schwerer gemacht als es hätte sein müssen.

Die Muns zahlten den vom Gericht festgelegten Unterhalt nicht regelmäßig. Wenn sie zahlten, dann kam der Scheck immer zu spät und erst nach Ermahnungen meiner Anwälte, die mir mehr Arbeitsstunden in Rechnung stellten, als ich je würde zahlen können. In einem Monat mußte ich einige Schmuckstücke verkaufen, um die laufenden Kosten zu decken. Hyo Jin behauptete, nicht in der Lage zu sein, meine Anwaltskosten zu bezahlen, weil er kein Einkommen habe. Er war vom *Manhattan Center* gefeuert worden und hatte auch keinen Zugriff mehr auf die Konten des *True Family Trust*. Er versuchte, dem Gericht weiszumachen, daß der Sohn eines der wohlhabendsten Männer der Welt mittellos sei.

Richter Ginsburg ließ sich jedoch nicht hinters Licht führen. Die Grenzen zwischen den Geldern der Vereinigungskirche, dem Privatvermögen der Muns und Hyo Jins Finanzen waren fließend. Hyo Jin hatte Zugriff auf unerschöpfliche Geldmittel, während er offiziell nur sehr geringe Vermögenswerte und ein bescheidenes Einkommen angab. Was Wohnen, Reisen, Autos, Privatschulen und Bedienstete anbelangte, waren ihm und seinen Geschwistern keinerlei finanzielle Grenzen gesetzt. Hyo Jins Argument, daß er kein Geld habe, weil er arbeitslos sei, hieß, die Tatsache außer acht zu lassen, daß seine Beschäftigung am *Manhattan Center* ebenso von seinem Vater finanziert worden war wie Sun Myung Mun noch heute für seinen Lebensunterhalt aufkommt. Sein Vater beherbergte ihn, ernährte ihn und beschäftigte ihn. Ohne die Vereinigungskirche war Hyo Jin Mun, der keinerlei Ausbildung vorweisen konnte, auf dem Arbeitsmarkt praktisch unvermittelbar. Die Behauptung, daß das Wenige, das er sein eigen nannte – und das war wirklich sehr wenig – aus anderen Quellen bezahlt worden war als der Großzügigkeit seines Vaters, war lachhaft.

Wenn man die Fiktion aufrechterhalten wollte, daß Hyo

Jin mittellos war, mußte man auch ignorieren, daß seine sämtlichen Bezüge aus ein und derselben Quelle stammten: Sun Myung Mun. Richter Ginsburg, dem der edle Schnitt der Anzüge nicht entging, die das Heer von Anwälten aus Boston und New York trug, die Hyo Jin vor Gericht vertraten, befahl ihm, meine Anwaltskosten zu begleichen und drohte ihm andernfalls mit einer Gefängnisstrafe wegen Mißachtung des Gerichts.

Die Muns weigerten sich zu zahlen. In jenem Sommer sponsorte Sun Myung Mun eine internationale Konferenz in Washington DC, auf der diskutiert wurde, wie sich die traditionellen Familienwerte wiederherstellen ließen. Die Ironie war beinahe unglaublich. Hyo Jin konnte nicht an dem zweitägigen Symposion in der großen Halle des *National Building Museums* teilnehmen und sich die Redner anhören, die über den weltweiten Verfall der Familienwerte referierten, unter ihnen auch die ehemaligen Präsidenten Gerald Ford und George Bush sowie der ehemalige britische Premierminister Edward Heath, der ehemalige Präsident von Costa Rica und Träger des Friedensnobelpreises Oscar Arias und der republikanische Präsidentschaftskandidat Jack Kemp. Sun Myung Muns Sohn verweilte da gerade in einer Gefängniszelle in Massachusetts – in Beugehaft, die Richter Ginsburg angeordnet hatte, nachdem Hyo Jin dem Zahlungsbefehl nicht nachgekommen war. Er sollte drei Monate einsitzen und erst wieder freikommen, nachdem er im Staate New York einen Offenbarungseid geleistet hatte, um zu beweisen, daß er mittellos war.

Geld wurde für mich zu einer ständigen Sorge. Was, wenn die Muns den Unterhaltsscheck nicht schickten? Was, wenn meine Anwälte es leid wurden, auf ihr Geld zu warten? Wie sollte ich allein für den Unterhalt meiner Kinder aufkommen? Ich hatte nur ein Vordiplom in Kunstgeschichte und war gerade mal qualifiziert, Führungen im Bostoner *Museum of Fine Arts* zu betreuen. Was ich damit verdienen würde, würde noch nicht einmal reichen, um die Zahnarztrechnungen für fünf Kinder zu bezahlen. In meiner Verzweiflung bewarb ich mich in einem nahegelegenen Einkaufszentrum als Verkäuferin im Kaufhaus Macy's. Den Verkäuferinnenlehrgang konnte ich nur absolvieren, weil meine Schwester und Madelene in dieser Zeit auf die Kinder aufpaßten. Madelene war einen Monat nach mir aus der Kirche ausgetreten und lebte jetzt ganz in der Nähe. Ohne sie, meine Schwester und meinen Bruder hätte ich das erste Jahr meiner Unabhängigkeit niemals durchgestanden. Erst nach Abschluß des Lehrgangs erfuhr ich, daß Macy's von mir erwartete, jedes Wochenende zu arbeiten. Wie sollte ich das? Wer würde dann auf die Kinder aufpassen? Entmutigt kehrte ich heim.

Unabhängigkeit hat ihren Preis. Ich mußte meine Scheidung durchziehen und mein Leben weiterleben. Wenn ich eine Arbeit finden wollte, die es mir erlaubte, meinen Kindern die Privilegien zu ermöglichen, die sie verdienten, Privilegien, die ihre Cousins und Cousinen in East Garden als selbstverständlich erachteten, würde ich mich weiterbilden müssen.

Über meine Anwälte bot ich den Muns eine Einigung an, die für immer jedes Band zwischen mir und der Familie Sun Myung Muns durchtrennen würde. Ich forderte, daß ein Treuhandkonto für mich und die Kinder eingerichtet wurde, aus dem Krankenversicherungsbeiträge, Ausbildungskosten, Kleidung, Miete beziehungsweise die Hypothekenzahlungen und alle anderen laufenden Kosten beglichen wurden. Dafür würde ich auf Unterhalt für mich und die Kinder verzichten. Auch meine Anwaltskosten würde ich selbst zahlen. Meine Anwälte faßten den Zweck meines Angebotes wie folgt zusammen: »Ein solcher Treuhandfond würde garantieren, daß keine Gelder sinnlos verschwendet würden. Außerdem würde die Angelegenheit damit ein für allemal geklärt, ohne die Möglichkeit, zu einem späteren Zeitpunkt noch irgendwelche Ansprüche geltend zu machen.«

Sun Myung Mun lehnte ab. Er beharrte darauf, daß Hyo Jins Finanzen nicht das geringste mit seinen zu tun hätten. Er weigerte sich, die Verantwortung für das Wohlergehen seiner Enkel zu übernehmen. Außerdem verlangten die Muns, daß die Einzelheiten jedweder Scheidungsmodalitäten geheim blieben. Sie wollten, daß ich den Mund hielt. Ich weigerte mich, mich zum Stillschweigen zu verpflichten.

In einer Erklärung, die er im Juli 1997 dem Gericht vorlegte, machte Sun Myung Mun seine Position deutlich.

Als mein Sohn Hyo Jin Mun als Begünstigter des True Family Trust *ausschied und ihm als Mitarbeiter, hoher Angestellter und Leiter der* Manhattan Center Studios, Inc. *gekündigt wurde, so daß er keinen Anspruch mehr hatte auf Lohnfortzahlung seitens der* Manhattan Center Studios, *bewog mich meine Sorge und Liebe zu seinen fünf Kindern, meinen Enkeln, die von dem für die Scheidung zuständigen Gericht in Massachusetts festgesetzten Unterhaltszahlungen zu leisten.*

Mein Sohn Hyo Jin Mun hatte und hat keinerlei Einfluß darauf, ob ich diese Zahlungen jeden Monat leiste oder in Zukunft noch leisten werde. Es handelt sich um freiwillige Leistungen meinerseits, die nur solange erfolgen werden, wie ich es kann oder wünsche.

Die Verhandlungen sind abgebrochen, und jetzt habe ich erfahren, daß meine Schwiegertochter darauf hinarbeitet, meinen Sohn erneut festnehmen zu lassen, der Tatsache zum

Trotz, daß er weder über eigene Vermögenswerte verfügt noch über Bezüge, die über das 3500-Dollar-Gehalt hinausgehen, das er seit seiner Wiedereinstellung bei den Manhattan Center Studios, Inc. bezieht. Ich werde meine Position also noch einmal überdenken.

Die Drohung, die Unterhaltszahlungen für die Kinder einzustellen, wenn ich mich nicht mit den Scheidungsmodalitäten der Muns einverstanden erklärte, war deutlich. Reverend Mun zahlte 50 000 Dollar an meine Anwälte, um seinem Sohn das Gefängnis zu ersparen, aber nicht aus Respekt gegenüber dem Gericht, das die Zahlung angeordnet hatte.

»Es freut mich, daß Hyo Jin Mun sich soweit erholt hat, daß er seine Aufgabe als Produzent von Musikaufnahmen wiederaufnehmen konnte, und ich hoffe, daß er auch weiterhin in der Lage sein wird, künstlerisch kreativ und produktiv zu arbeiten und genug zu verdienen, so daß ich ihn nicht weiter finanziell unterstützen muß, wie ich es in der Zeit habe tun müssen, da er keinerlei Einkommen bezog.« Reverend Mun verschloß immer noch die Augen vor der Wirklichkeit, daß Hyo Jin allein deshalb überhaupt Arbeit hatte, weil sein Vater ihm den Job zugeschanzt hatte.

Der Aktenberg in unserem Scheidungsfall war inzwischen auf über einen halben Meter angewachsen. Das Verfahren zog sich zweieinhalb Jahre hin. Sun Myung Mun hatte es vorgezogen, Hunderttausende von Dollar an Anwälte zu zahlen anstatt die Zukunft seiner Enkelkinder zu sichern. Soviel zum Thema Familienwerte.

Im Dezember 1997 akzeptierte ich schließlich eine geringe Abfindung und monatliche Unterhaltszahlungen für die Kinder. Ich wußte, daß wir auf ewig der Willkür der Muns ausgeliefert sein würden, wenn ich auf monatlichen Unterhaltszahlungen bestand. War der Rechtsstreit erst beigelegt, konnte Sun Myung Mun den Geldhahn jederzeit zudrehen. Ich konnte mir keinen wahrscheinlicheren Kandidaten zum »Habenichts-Vater« vorstellen als Hyo Jin Mun.

Aber vor allem wollte ich endlich einen Schlußstrich ziehen. Ich war müde. Meine Anwälte hatten hart gekämpft und für mich ihr Bestes gegeben. Ich hätte mir keinen besseren Rechtsbeistand wünschen können. Wieviele andere Frauen, die in komplizierte Scheidungen verwickelt waren, mochten es ebenso empfinden wie ich: der mit dem meisten Geld gewinnt? Es würde keinen Ausgleich und keinen Unterhalt geben als Entschädigung für die 14 verlorenen Jahre meines Lebens. Es würde kein Treuhandkonto geben, das meinen Kindern eine Hochschulausbildung sicherte. Wenn die Kinder finanzielle Unterstützung für eine College-Ausbildung wünschten, teilten mir Hyo Jins Anwälte mit, würden sie Sun Myung Mun persönlich aufsuchen und ihren Großvater darum bitten müssen.

Ich erhob keine Einwände gegen überwachte Treffen Sun Myung Muns und Hak Ja Hans mit den Kindern, zweifelte jedoch an der Aufrichtigkeit ihrer Forderung. In den zweieinhalb Jahren seit unserer Flucht von East Garden hatten sie kein einziges Mal geschrieben oder ihre Enkel angerufen. Sie hatten weder an ihren Geburtstagen noch an Weihnachten an sie gedacht. Sie hatten ihnen gegenüber dieselbe Gleichgültigkeit an den Tag gelegt wie ihr Sohn.

Um 9.15 Uhr an einem kalten, sonnigen Dezembermorgen, stand ich Hyo Jin Mun am Tisch meiner Anwälte in einem kleinen Gerichtssaal in Concord, Massachusetts, gegenüber. Ich antwortete »Ja, Euer Ehren«, als Richter Edward Ginsburg fragte, ob meine Ehe unrettbar zerrüttet wäre. Hyo Jin seinerseits murmelte ein respektloses »Klar«

auf dieselbe Frage. Richter Ginsburg ermahnte uns so wie alle anderen Scheidungspaare, daß eine Ehe zwar enden mochte, Elternschaft aber niemals. Er gab meinem Antrag statt, meinen Mädchennamen wieder annehmen zu dürfen, und mit einer Unterschrift des Richters war der Alptraum meiner Ehe mit dem gewalttätigen Sohn eines falschen Messias endlich vorbei.

Niemand hatte wirklich gewonnen. Ich nicht. Hyo Jin nicht. Unsere Kinder nicht. Nur Sun Myung Mun hatte bekommen, was er die ganze Zeit gewollt hatte. Meine Kinder und ich hatten uns dem Einfluß der Vereinigungskirche entzogen, aber wir würden auch künftig ein Dasein im Schatten der Muns führen müssen.

Nachwort

Der Messias ist 78 Jahre alt. Seinem Anspruch auf Göttlichkeit zum Trotz ist nicht einmal Sun Myung Mun unsterblich. Es ist sehr wahrscheinlich, daß Reverend Mun bei seinem Tod die Vereinigungskirche mit ins Grab nimmt.

Reverend Mun hat keine konkreten Pläne für seine Nachfolge getroffen. Hierzu müßte er zu Lebzeiten etwas von seiner Macht abtreten, und dies ist schlicht unvorstellbar für einen Mann, der es gewohnt ist, Mittelpunkt eines streng kontrollierten Universums zu sein. Die Vereinigungskirche ist ein klassisches Beispiel für das, was Psychologen mit »Personenkult« bezeichnen.

Dadurch, daß Mun keinen Nachfolger bestimmt und auf sein Amt vorbereitet hat, ist nach Reverend Muns Tod ein Krieg um Macht und Geld innerhalb der Familie vorprogrammiert. Seine Söhne ringen schon jetzt um die Kontrolle über sein Firmenimperium, und der Kampf wird noch erbitterter werden, wenn es erst um die Führung der Vereinigungskirche geht.

Eigentlich müßte der älteste Sohn die Nachfolge seines Vaters antreten, aber in Anbetracht von Hyo Jins Alkohol- und Drogenproblem stehen seine Brüder schon in den Startlöchern. In Jin, die als Frau keinerlei Chance hat, die Nachfolge ihres Vaters anzutreten, setzt sich verzweifelt für Hyo

Jin als legitimen Kandidaten ein. Sie hat sich schon vor langer Zeit auf seine Seite geschlagen. Wenn er unterliegt, gehen sie und Jin Sung Pak mit ihm unter.

Wenn er dieser Tage überhaupt dieses Thema anschneidet, deutet Reverend Mun an, daß Wahre Mutter weiter herrschen wird, sobald er ins Himmelreich eingekehrt ist. Niemand innerhalb der Kirche glaubt allerdings ernsthaft, daß Hak Ja Han fähig oder geneigt ist, mehr als eine symbolische Rolle an der Spitze der Vereinigungskirche einzunehmen.

Einen Monat vor meiner Flucht aus East Garden hatten Mrs. Mun und ich uns über die Zukunft der Vereinigungskirche unterhalten. Ich hatte ihr nahegelegt, die Kontrolle keinesfalls Hyo Jin in die Hände zu legen. Ich konnte mir keinen unfähigeren Führer für ein so gewaltiges religiöses Unternehmen vorstellen. Sie gab widerstrebend zu, daß Sun Myung Mun sich möglicherweise unter seinen anderen Söhnen nach einem Oberhaupt für die Vereinigungskirche umsehen müsse. Ich weiß, daß dieser Gedanke sie bedrückt. Durch Hyo Jins Geburt, nachdem sie zuerst eine Tochter zur Welt gebracht hatte, war ihre Position als Wahre Mutter gefestigt. Es hatte geschienen, als wäre ihr Schicksal untrennbar mit dem seinen verknüpft.

Die schlimmsten Übel im Herzen der Vereinigungskirche sind die Falschheit und Hinterlist der Muns, einer Familie, die allzu menschlich ist in ihrem unglaublich hohen Maß an Schwächen und Fehlern. Idealistischen jungen Leuten gegenüber, die sich zur Kirche hingezogen fühlen, den Mythos aufrechtzuerhalten, die Muns seien anderen Menschen spirituell überlegen, ist eine schändliche Täuschung. Hyo Jins Verfehlungen mögen am offensichtlichsten sein, aber es gibt in der zweiten Generation der Mun-Familie niemanden, auf den der Begriff »fromm« zutrifft.

Sun Myung Mun schrieb 1984 in einer Predigt über den moralischen und spirituellen Verfall in den Vereinigten Staaten die Grabschrift für die Vereinigungskirche. Seine Worte passen auf niemanden besser als auf seine eigene Familie: »Sodom und Gomorrha wurden wegen der dort herrschenden Unmoral und Gier nach Luxus von Gott zerstört. Rom erging es nicht anders. Es ging nicht an äußerlichen Einflüssen zugrunde, sondern am Ausmaß seiner eigenen Korruptheit.«

Die Vereinigungskirche zählt immer noch weltweit Millionen von Mitglieder. Wie viele von ihnen aktive Spendensammler sind beziehungsweise sich tatkräftig für die Kirche einsetzen, steht auf einem anderen Blatt. Anders als andere Religionen hat die Vereinigungskirche nur wenige offizielle Gotteshäuser errichtet, in denen die Anhänger ihren Glauben praktizieren können. In manchen Städten gibt es Kirchen, in anderen nicht.

Sogar viele der kircheneigenen Ausbildungszentren, in denen religiöse Zeremonien und Seminare abgehalten wurden, sind Anfang der neunziger Jahre geschlossen worden im Rahmen von Sun Myung Muns verheerendem Experiment namens »Heimkirche«. Aufgrund der negativen Publicity über das öffentliche Rekrutieren von Munies, schickte Reverend Mun Mitglieder heim, um ihre Verwandten und Nachbarn zu bekehren. Diese Dezentralisierung schwächte jedoch den Einfluß Reverend Muns auf seine Schäfchen. Viele Anhänger, die sich frei von Zwängen der wirklichen Welt und der Mißbilligung ihrer Familien von Sun Myung Mun ausgesetzt sahen, kehrten der Kirche den Rücken.

Nach diesem fatalen Mißerfolg starteten Reverend Mun und seine Kirchenführer eine neue Offensive. In den letzten Jahren haben sie eine bemerkenswert erfolgreiche Kampagne auf die Beine gestellt mit dem Ziel, Respektabilität und politischen Einfluß zu erlangen. Wie gewöhnlich ist ihnen dies mit Hilfe von Täuschung und Betrug gelungen. Die Vereinigungskirche hat weltweit Dutzende von gemeinnützigen Organisationen ins Leben gerufen, die sich für die Rechte der Frauen, den Weltfrieden und den Erhalt alter Familienwerte einsetzen und sich auf diesem Wege Zutritt zu neuen Gesellschaftskreisen verschafft. Natürlich bekennt sich keine dieser Organisationen offen zu Sun Myung Mun und der Vereinigungskirche.

Die *Women's Federation for World Peace*, die *Familiy Federation for World Peace*, die *International Cultural Foundation*, die *Professors World Peace Academy*, das *Washington Institute for Values in Public Policy*, der *Summit Council for World Peace*, das *American Constitution Commitee* und Dutzende anderer Organisationen bezeichnen sich als unabhängige, nichtkonfessionelle Vereinigungen. Sie alle werden von Sun Myung Mun finanziert.

Im März 1994 sponsorte die *Women's Federation for World Peace* auf dem Campus der *University of New York* in Purchase eine Aktion unter dem Motto »Förderung des Friedens und der Versöhnung«. Hyung Jin Mun, der 25jährige Sohn Reverend Muns, eröffnete die Veranstaltung mit der Ankündigung, Sun Myung Mun habe Amerika eine neue göttliche Offenbarung zu verkünden. Die Organisation hatte sich ein Empfehlungsschreiben von Sandra Galef beschafft, der örtlichen Abgeordneten. Ihr wurde nie gesagt, daß die Organisation mit Sun Myung Mun in Zusammenhang stand.

»Ich habe zu keiner Zeit die Vereinigungskirche unterstützt«, äußerte die zornige Abgeordnete später der *New York Times* gegenüber. »Ich habe diese Kirche immer als eine Organisation angesehen, die Familien zerstört. Wenn die Person, die mich in meinem Büro aufsuchte und um ein Empfehlungsschreiben bat, mir ehrlich gesagt hätte, um was für eine Organisation es sich tatsächlich handelte, hätte ich abgelehnt. Streng genommen war es arglistige Täuschung.«

Im selben Monat sponsorten die Toronto-Niederlassung der *Women's Federation for World Peace* und die *Collegiate Association for the Research of Principles* an der Universität von Toronto gemeinsam ein AIDS-Präventionsprogramm für Teenager in der *New York Public Library*. Das Flugblatt, auf dem für die Veranstaltung geworben wurde, forderte Eltern auf, ihre Kinder zur Teilnahme zu bewegen, damit diese sich für »ein Leben frei von Krankheit und Drogen« entscheiden könnten. Nirgendwo wurden die Vereinigungskirche oder Sun Myung Mun erwähnt.

Einige der prominentesten Persönlichkeiten der Vereinigten Staaten ließen sich von gewaltigen Honoraren verführen, an Programmen mitzuwirken, die von diesen Vereinigungen gesponsort wurden, ohne etwas von deren Beziehung zu den Muns zu ahnen. Der ehemalige Präsident Gerald Ford, Fernsehjournalistin Barbara Walters, Schauspieler Christopher Reeve, die erste Amerikanerin im All Sally Ride, Bürgerrechtlerin Coretta Scott King und Schauspieler Bill Cosby haben alle auf Veranstaltungen der *Women's Federation for World Peace* Vorträge gehalten.

Am verwerflichsten war vielleicht die Mitwirkung des ehemaligen Präsidenten George Bush und seiner Frau Barbara. Sie wußten von dem Zusammenhang zwischen Reverend Mun und diesen Vereinigungen und haben trotzdem 1995 nachweislich über eine Million Dollar kassiert als Honorar für Reden auf sechs Veranstaltungen der *Women's Federation for World Peace* in Japan.

Der ehemalige Präsident ist nicht naiv. George Bush ist

zweifellos bewußt, daß er, wenn er Sun Myung Mun wie in einer Ansprache in Buenos Aires 1996 als »einen Visionär« bezeichnet, er damit das Werk eines Mannes legitimiert, der mit Hilfe von Manipulation und Hinterlist billige Arbeitskräfte rekrutiert, die dazu beitragen, seinen ausschweifenden Lebensstil zu finanzieren. Präsident Bush wurde dafür bezahlt, zusammen mit Reverend Mun eine Party in Buenos Aires zu besuchen, um *Tiempo del Mundo*, »Die Welt-Times«, zu promoten, ein wöchentlich erscheinendes, achtzig Seiten starkes Boulevardblatt in spanischer Sprache, das in 17 Ländern Südamerikas vertrieben wird.

Jedes Photo Reverend Muns an der Seite einer politischen Größe, gleich welcher Nation, festigt seine Glaubwürdigkeit. Photos von Sun Myung Mun als Oberhaupt einer internationalen religiösen Vereinigung bringen Politiker wie Argentiniens Präsident Carlos Saul Menem dazu, sich mit ihm zu treffen, obgleich er in diesem Land nur ein paar Tausend Anhänger hat.

Und den Einfluß, den Reverend Mun sich nicht durch politische Beziehungen beschafft, übt er durch finanzielle Investitionen in Immobilien, Banken und Medien aus. Allein in Lateinamerika werden seine Vermögenswerte auf mehrere hundert Millionen Dollar geschätzt.

Hochgestellte Persönlichkeiten der führenden Religionen in diesen vornehmlich katholischen Regionen haben sich als weniger empfänglich erwiesen für Sun Myung Muns Rekrutierungsbestrebungen. »Manipulative Bekehrungsbestrebungen von Institutionen wie der Vereinigungskirche beleidigen den Glauben der Christen unseres Landes und anderer Länder Lateinamerikas«, hieß es in einem Statement katholischer Bischöfe in Uruguay im Jahre 1996. »Diese Organisationen werben mit fundamentalen menschlichen Werten, sind aber tatsächlich nur darauf aus, Gläubige für ihre religiöse Bewegung zu werben.«

Die größte Herausforderung der Vereinigungskirche wird in den nächsten Jahren darin bestehen, sich Japan als Finanzmotor zu erhalten, der diesen lukrativen Apparat am Laufen hält. Japan ist seit Jahrzehnten Sun Myung Muns umfangreichste Basis und zuverlässigste Geldquelle. Aber auch dort stagnieren die Einkünfte seit einigen Jahren nach einer Welle von öffentlichen Beschwerden, Prozessen und staatlichen Untersuchungen der Kirchenangelegenheiten. Die Kirche behauptet, sie hätte in Japan 460 000 Mitglieder, aber Kritiker meinen, die tatsächliche Anhängerschaft betrage wohl eher 30 000 Personen, darunter nur 10 000 aktive Mitglieder.

1982 gründete Reverend Mun die *Washington Times* als Gegengewicht zum liberalen Trend der amerikanischen Presse, vor allem der *Washington Post*. Die *Washington Times Corporation* gibt außerdem ein wöchentliches Nachrichtenmagazin namens *Insight* heraus, das ebenfalls als Forum für Reverend Muns antikommunistische Ideologie gegründet wurde. Sein Timing war perfekt; die *Washington Times* wurde zum Lieblingsblatt des konservativen Republikaners Ronald Reagan. Verwaltungsbeamte der Reagan-Regierung spielten den Reportern der *Times* häufiger Informationen zu. Obwohl die Herausgeber beider Zeitungen behaupten, ihre Publikationen wären unabhängig von der Vereinigungskirche, wurde der erste Herausgeber und Verleger der *Washington Times*, James Whelan, gefeuert, nachdem er sich eine Einmischung seitens der Kirche verbeten hatte.

Mit seinen Marmorsäulen, den Messinggeländern und den dickflorigen Teppichen wirkt der Hauptsitz der *Wa-*

shington Times professioneller als es die Zeitung tatsächlich ist. 16 Jahre nach ihrem ersten Erscheinen erwirtschaftet die Zeitung immer noch Verluste. Sie erhält Zuschüsse aus den Gewinnen anderer Unternehmungen Reverend Muns sowie in zunehmendem Maße »Spenden« von japanischen Kirchenmitgliedern.

Bei der Feier zum zehnjährigen Bestehen der *Washington Times* 1992 sagte Reverend Mun, er habe in den ersten zehn Jahren ihres Bestehens fast eine Milliarde Dollar in die Zeitung gesteckt, um aus ihr »ein Instrument zur Rettung Amerikas und der restlichen Welt« zu machen. Reverend Mun teilte den Gästen im Omni Shoreham Hotel in Washington mit, daß er die *Times* gegründet habe, weil er glaube, es sei Gottes Wille, daß er eine Zeitung herausbringe, mit der Mission, die Welt vor dem endgültigen Verfall der traditionellen Werte zu bewahren und die freie Welt vor der Bedrohung des Kommunismus zu schützen.

Im selben Jahr bewahrte Reverend Mun die Universität von Bridgeport vor dem Bankrott und verschaffte der Kirche somit eine legitime akademische Institution, die ihn in seinen Bestrebungen unterstützen sollte, die Welt zu retten. Die *Professors World Peace Academy*, eine Mun-Organisation, hat über 100 Millionen Dollar gespendet, um die Universität von Connecticut zu erhalten. Ein Verein, der sich als *Coalition of Concerned Citizens* bezeichnete, sperrte sich gegen Reverend Muns Angebot, im Austausch gegen eine gewisse Anzahl von Sitzen im Kuratorium die Schulden der Universität zu begleichen. Die Universität entschied sich fürs Überleben. Letztendlich unterlagen die Befürchtungen der Dozenten bezüglich der Einflußnahme der Muns auf die akademische Freiheit, dem Wunsch, ihre Arbeitsplätze zu erhalten.

Die Kuratoren waren bereit, die Augen zu verschließen vor der wahren Quelle der Gelder, die den Erhalt der Hochschule sicherten, und schenkten Sun Myung Muns Versicherungen, daß die Vereinigungskirche keinerlei Kontakt zu der Universität herstellen würde, bereitwillig Glauben. 1997 machte die Vereinigungskirche ihre Beziehung zur Universität von Bridgeport öffentlich, indem sie auf dem Campus ein Internat gründete. Die *New Eden Academy International* unterrichtet 44 Kinder von Kirchenmitgliedern. Der Direktor der Schule, Hugh Spurgin, ist seit 29 Jahren treuer Anhänger Sun Myung Muns. Seine Frau ist Vorsitzende der *Women's Federation for World Peace*. Die High-School benutzt Hörsäle der Universität für allerlei Fächer, einschließlich Religionsunterricht. Die Schüler essen in der Universitätsmensa und lernen in der Bibliothek, und trotzdem beharrt das Internat darauf, unabhängig zu sein und lediglich Räume der Universität anzumieten.

Stadtrat William Finch, eine der führenden Persönlichkeiten der *Coalition of Concerned Citizens*, hatte ganz recht, als er der *New York Times* sagte: »Der Umstand, daß es scheinbar niemanden kümmert oder beunruhigt, zeigt nur, wie weit die Vereinigungskirche gekommen ist in ihrem Bestreben, sich in der breiten Öffentlichkeit Akzeptanz zu verschaffen.«

In Japan sind allerdings sehr viele Leute beunruhigt von den Umtrieben der Vereinigungskirche. Hunderte haben geklagt, weil Mitglieder der Vereinigungskirche ihnen ihre ganzen Ersparnisse genommen haben unter dem Vorwand, Sun Myung Muns Fürsprache könne einen verstorbenen lieben Menschen vor dem Höllenfeuer bewahren. Staatliche Verbraucherzentralen berichten von fast 20 000 Beschwerden gegen die Vereinigungskirche seit 1987. Die Kirche hat bereits Millionen gezahlt als Abfindung in Prozessen, bei denen es um den Verkauf von Vasen, Ikonen und Gemälden ging, denen übernatürliche Kräfte zugesprochen wurden.

Die Vereinigungskirche hat in den Vereinigten Staaten und Europa nie großen Zulauf gehabt. Ihre geschäftlichen Aktivitäten sind weit verzweigt und die Erträge gewaltig. Als spirituelles Unternehmen war die Vereinigungskirche jedoch ein ziemlicher Flop. Die Kirche gibt die Zahl ihrer Mitglieder in den Vereinigten Staaten mit 50 000 an, aber ich persönlich schätze, daß es in den USA nicht mehr als ein paar Tausend aktive Mitglieder sind und in England nur ein paar Hundert. Sun Myung Mun persönlich wurde 1995 die Einreise in Großbritannien verwehrt, weil das Innenministerium, das auch für Einreise- und Immigrationsfragen zuständig ist, seine Anwesenheit als »schädlich für das Gemeinwohl« eingestuft hat. Es ist auch nicht mehr so einfach wie früher, beeinflußbare junge Leute zu finden, die bereit sind, 18 Stunden am Tag aus dem Kofferraum heraus Krimskrams zu verkaufen, um Geld für den Messias aufzubringen.

Reverend Mun hoffte, neue Rekruten in den Reihen seiner alten Feinde, der Kommunisten, zu finden. 1990 begann die Vereinigungskirche mit massiven Rekrutierungsmaßnahmen und Investitionen in der Sowjetunion. Sun Myung Mun traf sich auf der Krim mit Präsident Michail Gorbatschow und lud auch eine Anzahl ausgesuchter Journalisten in seine Residenz in Seoul ein, zu seinem ersten Interview in zehn Jahren. Im selben Jahr reiste Bo Hi Pak, einer von Muns engsten Vertrauten, an der Spitze einer Delegation von Geschäftsleuten aus Korea, Japan und den USA nach Moskau, um die dortigen Investitionsmöglichkeiten auszuloten. Vor seiner Abreise stellte Bo Hi Pak einen 100 000-

Dollar-Scheck aus als Spende für eine von Raissa Gorbatschows liebsten Kulturstiftungen.

Die Bemühungen Reverend Muns in Rußland scheinen seit dem Zusammenbruch des Kommunismus und der Zersplitterung der Sowjetunion zu stagnieren. Sein Fehlstart dort wurde überschattet von verheerenden Investitionsverlusten in China. Auf Drängen Bo Hi Paks hatte Reverend Mun 250 Millionen Dollar in eine Automobilfabrik in Huizhou in Südchina investiert. Er versprach auch, die *Panda Motors Corporation* mit einer Milliarde Dollar zu unterstützen und das ganze Land mit Kleinwagen zu versorgen. Reverend Mun behauptete, er sei nicht an Profit interessiert, sondern es ginge ihm nur darum, in ärmere Länder zu investieren. Sein Einsatz für die Entwicklung Chinas verflog allerdings schlagartig, als bürokratische Hindernisse und Planungsschwächen die Arbeiten an der Fabrik ins Stocken brachten. Er gab das Projekt nach kurzer Zeit auf und verdoppelte statt dessen seine Bemühungen in Südamerika, wo Kirchenführern zufolge die Zukunft rosiger ist.

Ich höre inzwischen Vorlesungen an der *University of Massachusetts*, während meine Kinder in der Schule sind. Ich studiere Psychologie, vielleicht ebenso von dem Bedürfnis getrieben zu begreifen, was mit mir geschehen ist, wie in Vorbereitung auf eine berufliche Laufbahn, bei der ich anderen in Not Geratenen helfen kann. Ich war jahrelang eine geprügelte Ehefrau, aber ich war auch Mitglied einer religiösen Sekte. Derzeit bemühe ich mich noch, die Entscheidungen zu verstehen, die ich im Laufe von 14 Jahren getroffen beziehungsweise nicht getroffen habe.

Eins habe ich jedenfalls aus der Erfahrung gelernt: Der menschliche Verstand ist etwas sehr Komplexes. Begriffe wie »Gehirnwäsche« und »Bewußtseinskontrolle« sind besser geeignet für politische als für psychologische Diskussionen über die Vereinigungskirche. Schlagworte können die Anziehung, die Gruppen wie die Munies auf bestimmte Menschen ausüben sowie das Ausmaß ihrer Macht über ihre Anhänger nicht ausreichend erklären.

Wenn ich glauben könnte, ich wäre einer Gehirnwäsche unterzogen worden, könnte ich mich freimachen von den Depressionen und quälenden Selbstvorwürfen, die meine neue Freiheit begleiteten. Noch verstehe ich nicht so ganz, wie ich so lange blind sein konnte gegenüber der Scharlatanerie Sun Myung Muns. Meine Erfahrungen waren andere als jene der rekrutierten Mitglieder. Man entzog mir weder Schlaf noch Nahrung, unterwarf mich nicht stundenlangen indoktrinierenden Predigten und isolierte mich nicht von meiner Familie. Ich wurde in diese Religion hineingeboren. Meine Eltern waren tief verwurzelt in Traditionen und Überzeugungen einer Kirche, die ihnen vorgab, wie sie leben, was sie arbeiten und mit wem sie Umgang pflegen sollten. Ich hatte nie etwas anderes gekannt.

Ich fühle mich betrogen, aber ich bin nicht verbittert. Ich fühle mich benutzt, aber ich bin mehr traurig als wütend. Ich wünschte, ich könnte die Jahre zurückholen, die ich an Sun Myung Mun verschwendet habe. Ich wünschte, ich könnte wieder ein kleines Mädchen sein. Ich frage mich, ob ich je romantische Liebe kennenlernen werde, ob ich jemals wieder in der Lage sein werde, einem Mann oder einer Führungspersönlichkeit zu vertrauen.

In vieler Hinsicht bin ich eine 30jährige Frau, die eine verspätete Jugend durchlebt. Ich lerne zusammen mit meiner 15jährigen Tochter alles über Unabhängigkeit, Rebellion, Mode, Gruppenzwang und persönliche Verantwortung.

Manchmal fühle ich mich erdrückt von meiner Verantwortung, aber ich genieße die Freiheit, meine eigenen Entscheidungen treffen zu können. Ich habe mein Leben im Griff. Es gibt auf der ganzen Welt kein befreienderes Gefühl. Zum erstenmal empfinde ich so etwas wie wahres Glück. Ich verspüre eine völlig neue Energie bei meinem Studium und bei meiner ehrenamtlichen Arbeit in einem Frauenhaus. Ich habe befriedigt festgestellt, daß ich nicht nur innerhalb meiner Familie Gutes tun kann, sondern auch außerhalb.

Es gibt ein altes koreanisches Sprichwort, das lautet: wenn du ins Wasser fällst, gib nicht dem Fluß die Schuld, sondern dir selbst. Zum erstenmal in meinem Leben ergibt diese Weisheit für mich einen Sinn. Ich allein bin verantwortlich für mein Leben. Ich allein bin verantwortlich für mein Handeln und für meine Entscheidungen. Es ist beängstigend. Ich habe mein halbes Leben lang sämtliche Entscheidungen einer »übergeordneten Autorität« überlassen. Zu lernen, eigene Entscheidungen zu treffen, bedeutet auch, bereit zu sein, die Konsequenzen zu tragen – die guten wie die schlechten.

Ich habe viel Zeit darauf verwandt, meinen Kindern dieses Prinzip verständlich zu machen. Ich weiß, daß möglicherweise eines Tages eines von ihnen mir erklärt, daß es zur Vereinigungskirche zurück möchte. Mir ist bewußt, daß Shin Gil als Hyo Jins ältester Sohn eines Tages enormem Druck ausgesetzt sein wird, in den Schoß der Wahren Familie zurückzukehren. Für die Hülle der letzten CD seiner neuen Band *Apocalypse* hat Hyo Jin ein Photo von sich und Shin Gil verwendet; der Titel des Albums lautet »Hold on to Your Love« (Halt an deiner Liebe fest).

Ich bete, daß weder Shin Gil noch eins seiner Geschwister sich als Erwachsener zurück in den Bannkreis der Vereinigungskirche locken lassen wird. Falls doch, wird es mich traurig stimmen, aber ich werde es akzeptieren. Ich hoffe, meinen Kindern bis dahin beigebracht zu haben, überlegt und besonnen zu handeln. Ich hoffe, daß es mir gelingt, sie zu lehren, sich nicht von Geld oder der Illusion von Macht blenden zu lassen. Ich hoffe, daß es mir gelingt, sie zu lehren, daß wir alle arbeiten müssen für das, was wir uns im Leben wünschen; daß, wenn wir etwas nicht erarbeitet haben, es nicht wirklich uns gehört; daß, wenn etwas zu gut erscheint, um wahr zu sein, dem vermutlich tatsächlich so ist.

Ich werde meine Kinder immer lieben, ganz egal, was für Entscheidungen sie für sich treffen, so wie ich meine eigenen Eltern immer geliebt habe, wie sehr ich auch einige ihrer Entschlüsse bereuen mag. Ich hoffe, daß meine Beziehung zu meinen Kindern immer offen und ehrlich genug sein wird, um unterschiedliche Meinungen zuzulassen, ohne daß diese sich zwischen uns stellen. Das ist wahre Liebe – und nicht, blind irgendeinem Messias zu folgen.

Ich gestehe, daß ich einen gewissen Zynismus entwickelt habe gegenüber organisierter Religion. Jene, die nur in »Sekten« Gefahren sehen, übersehen, wie schmal der Grat ist zwischen gemäßigter Religion und religiösem Extremismus. Was unterscheidet jene, die in Sun Myung Mun tatsächlich den Messias sehen, von denen, die den Papst für unfehlbar halten? Welche Religion behauptet nicht von sich, als einzige den besten Weg ins Himmelreich zu kennen? Viele Religionen setzen ein wenigstens vermindertes kritisches Denken voraus. Der Unterschied liegt natürlich darin, daß die großen Religionen ihre Anhänger ermutigen, sich völlig frei von Zwang für den Glauben zu entscheiden. Es gibt keine hinterlistigen Anwerbungspraktiken, keine wirtschaftliche Ausbeutung, keine erzwungene Isolation von der Außenwelt.

Ich bin enttäuscht von der Religion, nicht aber von Gott. Ich glaube immer noch an ein höheres Wesen. Ich glaube, daß es Gott war, der mir die Augen geöffnet hat, daß er mir die Kraft gegeben hat zu überleben und den Mut zu fliehen. Mein Gott ist eine allumfassende Gottheit, die mir in meinen schmerzlichsten Kämpfen zur Seite steht. Er war bei mir, als ich eine Kindbraut war, als ich im Teenageralter mein erstes Kind bekam und von meinem Ehemann mißhandelt wurde. Und er ist jetzt bei mir, da ich mich bemühe, meine Kinder nach seinem Vorbild zu erziehen. Gläubige haben verschiedene Namen für Gott und machen sich unterschiedliche Vorstellungen von ihm, aber wir alle kennen sein Herz. Der Gott, dem ich vertraue, hat mir die Fähigkeit zu denken gegeben; und er erwartet von mir, daß ich sie nutze.

Am 29. November 1997 führte Sun Myung Mun eine Massenheirat im Robert-F.-Kennedy-Stadion in Washington durch. Die Veranstaltung war weit entfernt von jenem ähnlichen Event im Madison Square Garden 1982. Bei dieser letzten Zeremonie mußte die Vereinigungskirche ganz schön die Werbetrommel rühren, um das Stadion zu füllen. Die meisten der 28 000 Paare, die teilnahmen, waren schon verheiratet und Mitglieder anderer Religionen. Viele hatten freie Eintrittskarten angenommen, die in Einkaufszentren und auf Supermarktparkplätzen verteilt worden waren. Offiziell nannte die Vereinigungskirche die Veranstaltung *World Culture and Sports Festival*. Die Attraktion war nicht Sun Myung Mun, der Messias, sondern Popstar Whitney Houston. Man hatte ihr eine Gage von einer Million Dollar für einen 45minütigen Auftritt geboten. Unglücklicherweise für jene, die kamen, um sie zu sehen, erfuhr Houston einen Tag vor der Veranstaltung, daß diese von Sun Myung Mun gesponsort wurde und sagte ab, eine plötzliche Erkrankung vorschützend.

Sie war nicht die einzige Berühmtheit, die absagte. Die pakistanische Premierministerin Benazir Bhutto, der Führer der christlichen Koalition Ralph Reed und Camelia Anwar Sadat, die Tochter des ermordeten ägyptischen Präsidenten, überlegten es sich alle anders, als sie erfuhren, daß das Festival nur eine Publicity-Veranstaltung Sun Myung Muns war.

Als die Vereinigungskirche erkannte, daß sie ihren Bezug zu dem Festival nicht geheimhalten konnte, gab Sun Myung Mun ganzseitige Zeitungsannoncen auf, in denen er verheiratete Paare aufforderte, an einem »ökumenischen« Ereignis teilzunehmen, um ihre Eheversprechen zu erneuern und ihre Familienwerte zu festigen, hieß es. »Wir versuchen nicht, mich als Person zu promoten oder die Vereinigungskirche als Institution zu fördern. Unser Ziel ist es, alle Menschen und alle Religionen zu vereinen in dem Bestreben, die Familie zu stärken.«

Unter jenen, die sich an diesem kalten Herbstnachmittag im RFK-Stadion einfanden, waren nur wenige Hundert Paare, die innerhalb der Vereinigungskirche frisch vermählt wurden. Sun Myung Muns zwei jüngste Söhne waren unter ihnen. Tatsächlich waren sie allerdings bereits einige Monate zuvor verheiratet worden. Bei dem pompösen Familienbankett im Anschluß an die Doppelhochzeit wurden auf dem Ehrentisch Tischkarten für sämtliche Mitglieder der Wahren Familie aufgestellt. Die Muns waren entschlossen, die Fiktion der Einheit und Vollkommenheit der Familie aufrechtzuerhalten. Es gab ein Gedeck für Je Jin und eins für Jin, obwohl Sun Myung Muns älteste Tochter und mein Bruder zusammen mit ihren Kindern daheim in Massachusetts waren.

Neben dem Hyo Jin zugedachten Platz fand sich auch ein Gedeck für mich. Mein Stuhl war leer, als wäre ich eben erst aufgestanden und als erwarte die Wahre Familie mich jeden Moment zurück.

Zoya ist 23 Jahre alt und stammt aus Kabul. Seit 1994 ist sie Mitglied von RAWA, dem revolutionären Frauenverband Afghanistans. Diese Widerstandsbewegung kämpft seit über 20 Jahren gegen fundamentalistische Restriktionen und für eine Gleichheit der Geschlechter, vor allem für Bildung und Gesundheitsversorgung für Frauen. Die sanften Rebellinnen operierten während der Taliban-Herrschaft unter unglaublichen Gefahren von Pakistan aus. Sie schleusten Ärzteteams und Krankenschwestern nach Afghanistan ein und brachten Mädchen und Frauen heimlich Lesen und Schreiben bei. In der pakistanischen Grenzstadt Ouetta haben sie ein Flüchtlingslager mit Krankenhaus und Schule organisiert.
Die beiden Journalisten John Follain und Rita Cristofari trafen Zoya in Rom, wo sie Vorträge hielt und Spendengelder für RAWA sammelte. Dort begann Zoya, ihre Lebensgeschichte zu erzählen und von ihrem gefahrvollen Alltag in Afghanistan zu berichten, wo Frauen weniger gelten als Tiere und öffentliche Hinrichtungen in Fußballstadien an der Tagesordnung sind.

ISBN 3-404-61497-6

BASTEI LÜBBE

Mit 17 Jahren heiratet Jacqueline einen malaysischen Prinzen und folgt ihm in seine Heimat. Aber die strengen Regeln, denen sich eine Prinzessin in einem muslimischen Land unterwerfen muss, sind für Jacqueline eine Qual. Als sich auch die Beziehung zu ihrem Mann immer mehr verschlechtert und er sogar beginnt, sie zu misshandeln, beschließt sie, ihn zu verlassen und mit ihren beiden Kindern in ihre Heimat zurückzukehren. Sie baut sich ein neues Leben auf, bis ihre Kinder eines Tages nicht mehr von einem Besuch beim Vater zurückkehren …

ISBN 3-404-61457-7

BASTEI
LÜBBE